AUTONOMOUS
VEHICLE
TECHNOLOGY

无人驾驶汽车技术

杜明芳 编著

人民交通出版社股份有限公司
China Communications Press Co.,Ltd.

内 容 提 要

本书内容涵盖无人驾驶汽车发展概述、总体技术、车载雷达系统、车道视觉检测与识别技术、导航定位技术、运动控制与规划决策技术、无人驾驶汽车能源动力系统、车联网、无人驾驶汽车产业化以及由无人驾驶汽车走向人工智能城市等。

本书可为科研单位、企业等开展无人驾驶汽车相关技术研发及产业化应用提供参考，也可作为高等院校人工智能、自动化、计算机、交通运输等相关专业的本科生、研究生教材。

图书在版编目（CIP）数据

无人驾驶汽车技术 / 杜明芳编著 .— 北京：人民交通出版社股份有限公司, 2019.10
ISBN 978-7-114-15807-0

Ⅰ. ①无… Ⅱ. ①杜… Ⅲ. ①汽车驾驶—无人驾驶—研究 Ⅳ. ① U471.1

中国版本图书馆 CIP 数据核字（2019）第 189171 号

书　　名：	无人驾驶汽车技术
著 作 者：	杜明芳
责任编辑：	刘　博　夏　犟　何　亮
责任校对：	赵媛媛
责任印制：	张　凯
出版发行：	人民交通出版社股份有限公司
地　　址：	（100011）北京市朝阳区安定门外外馆斜街 3 号
网　　址：	http://www.ccpress.com.cn
销售电话：	（010）59757973
总 经 销：	人民交通出版社股份有限公司发行部
经　　销：	各地新华书店
印　　刷：	北京印匠彩色印刷有限公司
开　　本：	787×1092　1/16
印　　张：	14.5
字　　数：	292 千
版　　次：	2019 年 10 月　第 1 版
印　　次：	2021 年 1 月　第 2 次印刷
书　　号：	ISBN 978-7-114-15807-0
定　　价：	58.00 元

（有印刷、装订质量问题的图书由本公司负责调换）

作者简介

杜明芳,副教授,博士生导师,清华大学互联网产业研究院超智能城市研究中心副主任。北京理工大学自动化学院复杂系统智能控制与决策国家重点实验室博士毕业,博士期间主要研究基于视觉的自主车道路环境理解技术。

北京市中青年骨干教师,北京市模式识别与智能系统人才团队成员。中国自动化学会、中国人工智能学会、中国通信工业协会、中国卫星导航定位协会、中国投资协会专家委员,中国工程建设标准化协会建筑信息模型(BIM)专业委员会理事。《AI城市智库》《智能工业智库》创始人、主编。曾任美国霍尼韦尔公司软件研发中心研发工程师,工业和信息化部赛迪研究院智慧城市高级咨询师。

主要研究方向:无人驾驶汽车,机器人,工业智能,人工智能,智慧城市(侧重于智慧建筑、智慧交通、智慧能源)。以第一作者发表论文近100篇,主编或参编专著、教材8部,参与国家标准、行业标准、地方标准制定10余项,主持或主要参与国家自然科学基金、北京市科学技术委员会项目等20余项。

前言
PREFACE

　　近年来，随着经济社会的发展，汽车自动化、网络化、智能化技术取得了重大进展。无人驾驶汽车技术正逐步走向实用化，在一些特定领域得到了应用，并逐渐影响着全球经济，悄悄改变着人类的生产和生活方式。无人驾驶汽车是一种智能汽车，也可以看作是一种快速轮式自主移动机器人，它利用车载传感器感知车辆周围环境，并根据感知所获得的道路、车辆位置和障碍物等信息控制车辆转向和速度，使车辆能够安全、可靠、自主地在道路上行驶。无人驾驶汽车集自动控制、人工智能、导航定位、机械、车辆等多学科技术于一体，是车辆工程、控制科学、计算机科学及人工智能理论与技术高度发展的产物。

　　无人驾驶汽车的发展前景光明，社会意义重大。目前，我国和美国、德国、英国、法国、日本等国家都已将发展智能汽车列入国家战略，并竞相在无人驾驶汽车的研发和试验方面加大投入。这种局面的出现宏观上与人工智能第三次历史高潮的到来具有密切关系，但从深层次看，更与无人驾驶汽车自身技术特点、产业优势及其对城市发展的影响富有多重联系。从技术方面看，无人驾驶汽车是人工智能、大数据、物联网、云计算、移动互联网、先进通信、智能控制、认知计算、导航、运载、机械等多种高新技术的综合体，是当前历史时期人工智能落地应用的一个最佳载体。从产业方面看，无人驾驶汽车是连接汽车电子和车联网产业链的核心单元，并能辐射和带动整个汽车产业的转型升级，甚至渗透到人工智能、电子信息、网络通信、自动化、机械、智能交通等多个相关行业，为相关行业的转型升级赋予能量。从长期发展视角来看，无人驾驶汽车将带来汽车相关产业链的重构及价值链的延伸。从城市方面看，无人驾驶汽车及车联网正逐步渗透到城市智慧交通系统，并承担着未来城市绿色交通系统终极实现者的历史使命。本书从以上多视角出发，系统性地论述了无人驾驶汽车的核心技术与产业化方式方法。人工智能城市将是新型智慧城市进一步发展的历史新形态。无人驾驶汽车及其产业链奠定了人工智能城市发展的基石，是人工智能城市建设发展的入口与支柱。无人驾驶汽车及无人系统技术的发展将为新时代数字中国、智慧社会、智慧城市的发展增添亮色，也将为"交通强国、制造强国、网络强国"的具体实现贡献重要力量。

本书共分10章，内容涵盖无人驾驶汽车发展概述、总体技术、车载雷达系统、车道视觉检测与识别技术、导航定位技术、运动控制与规划决策技术、无人驾驶汽车能源动力系统、车联网、无人驾驶汽车产业化以及由无人驾驶汽车走向人工智能城市等。本书较为系统全面地阐述了当今无人驾驶汽车的核心技术及产业化重点，可作为无人驾驶汽车研发和产业化应用的参考用书。本书内容综合了杜明芳副教授在博士研究阶段的科研成果及近几年工作中的实际项目经验，除第7章由王亚文编著外，其余部分由杜明芳编著。本书内容的创新点有：基于图像模式识别的快速鲁棒性无人驾驶汽车道路感知算法与系统，特别是交通标志识别、复杂道路识别等内容至今仍为领域中的技术难题；无人驾驶汽车的智能自主控制及基于机器学习的智能决策；基于5G-V2X技术的车联网系统；无人驾驶汽车测试场及特色小镇的规划设计；由无人驾驶汽车出发构建的人工智能城市。本书内容体系完整，微观层面，以解决现存技术难题为背景，对关键技术进行深入研究，理论底蕴深厚；宏观层面，结合特定场景下无人驾驶汽车的产业化及智慧交通与智慧城市应用，注重实用性。

本书编著过程中得到了斯坦福大学、清华大学、北京大学、北京理工大学、军事科学研究院专家及北汽集团、一汽集团高级工程师的悉心指导与帮助，也得到了住房和城乡建设部科技与产业化发展中心、福建省网信办、徐州市工业和信息化局、中建科技集团有限公司、徐州市国有资产投资经营集团有限公司、徐州国投大数据产业发展有限公司等单位的关注与支持，在此表示衷心感谢！2011年起，由于博士研究工作需要，本人开始接触和学习无人系统自主控制理论和技术，并参与研发无人驾驶汽车、自主移动机器人，特别感谢我的导师北京理工大学王军政教授，以及当时在研究方向给予指导的李德毅院士、陈杰院士、夏元清教授。感谢工作阶段给予我指导和帮助的清华大学朱岩教授。感谢本书的责任编辑人民交通出版社股份有限公司的刘博编辑和夏韡主任，你们的敬业精神与辛勤工作为本书的顺利出版作出了重要贡献。

由于笔者学识所限，书中难免有疏漏之处，敬请读者批评指正，联系邮箱为dumf@sem.tsinghua.edu.cn。

杜明芳
于清华大学
2019年8月

目 录
CONTENTS

第1章　无人驾驶汽车概述 ... 1
- 第1节　国内外无人驾驶汽车研究发展概况 ... 1
- 第2节　无人驾驶汽车测试发展情况 ... 9
- 第3节　无人驾驶汽车商业化瓶颈 ... 11
- 第4节　本书内容概述 ... 12

第2章　总体技术 ... 13
- 第1节　技术架构 ... 13
- 第2节　主要模块功能 ... 16
- 第3节　硬件平台及运算控制硬件前沿 ... 20
- 第4节　无人驾驶汽车操作系统（ROS） ... 24
- 第5节　基于AI+5G的无人驾驶汽车系统生态 ... 26

第3章　车载雷达系统 ... 30
- 第1节　车载雷达系统概述 ... 30
- 第2节　激光雷达 ... 31
- 第3节　毫米波雷达 ... 36
- 第4节　MIMO雷达虚拟阵及雷达二维成像 ... 43
- 第5节　超声波雷达 ... 45
- 第6节　无人驾驶汽车雷达系统配置实例 ... 45

第4章　车道视觉检测与识别技术 ... 50
- 第1节　视觉导航基础 ... 50
- 第2节　车道线检测与跟踪 ... 53
- 第3节　车道图像分割 ... 68
- 第4节　双目立体视觉障碍物检测 ... 79
- 第5节　交通标志理解 ... 85
- 第6节　基于卷积神经网络的车辆检测 ... 101

第5章 导航定位技术 ... 105
第1节 高精度电子地图 ... 105
第2节 GPS与北斗导航定位 ... 114
第3节 车载惯性导航系统 ... 116
第4节 智能组合导航 ... 117

第6章 运动控制与规划决策技术 ... 119
第1节 无人驾驶汽车自主运动控制 ... 119
第2节 规划与决策 ... 127
第3节 应用模块：自适应巡航控制系统（ACC） ... 132

第7章 无人驾驶汽车能源动力系统 ... 136
第1节 无人驾驶汽车能源动力系统简介 ... 136
第2节 燃油动力系统 ... 136
第3节 锂电池动力系统 ... 138
第4节 油电混合动力系统 ... 141
第5节 燃料电池动力系统 ... 143

第8章 车联网 ... 147
第1节 智能网联汽车 ... 147
第2节 车联网 ... 148
第3节 3GPP Release标准及5G ... 153
第4节 V2X及其通信技术 ... 157
第5节 国家政策法规与标准 ... 163

第9章 无人驾驶汽车产业化 ... 171
第1节 面向各种应用场景的特种无人驾驶汽车 ... 171
第2节 无人驾驶汽车测试场设计 ... 178
第3节 无人驾驶特色小镇设计 ... 187

第10章 从无人驾驶汽车走向人工智能城市 ... 195
第1节 无人驾驶汽车技术催生智慧交通新业态 ... 195
第2节 中国智慧城市发展演进阶段 ... 204
第3节 新一代人工智能发展情况 ... 206
第4节 人工智能城市 ... 209

参考文献 ... 219

第1章 无人驾驶汽车概述

第1节 国内外无人驾驶汽车研究发展概况

一 基本概念

自动驾驶汽车（Autonomous Vehicles; Self-piloting Automobile）又称为无人驾驶汽车、电脑驾驶汽车或轮式移动机器人，是一种通过计算机系统实现无人驾驶的智能汽车。无人驾驶汽车实质上是一种快速轮式自主移动机器人，它利用车载传感器感知车辆周围环境，并根据感知所获得的道路情况、车辆位置和障碍物等信息控制车辆的转向、制动和行驶速度，使车辆能够安全、可靠、自主地在道路上行驶。无人驾驶汽车在城市中运行的基本原理可用图1-1说明。

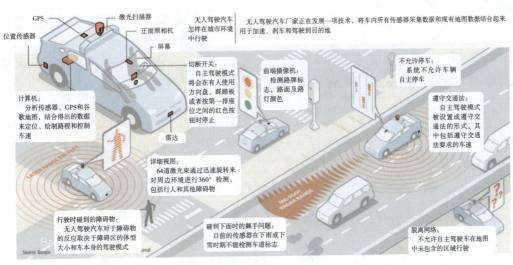

图 1-1

b)

图 1-1　无人驾驶汽车在城市中运行的基本原理

a) 城市交通环境；b) 无人驾驶汽车基本工作原理

车顶上的激光定位器发射64束激光射线，激光碰到车辆周围的物体后反射回来，就计算出了汽车与物体的距离。另一套在底部的系统测量出车辆在3个方向上的加速度、角速度等数据，然后再结合GPS或北斗数据计算出车辆的位置，所有这些数据与车载摄像机捕获的图像一起输入无人驾驶汽车计算机，软件以极高的速度处理这些数据，系统可以迅速做出判断。

美国汽车工程师协会（SAE）将自动驾驶技术进行了分级（图1-2），这是目前国际公认的界定。

自动驾驶分级		称呼（SAE）	SAE 定义	主体			系统作用域
NHTSA	SAE			驾驶操作	周边监控	支援	
0	0	无自动化	由人类驾驶员全权操作汽车，在行使过程中可以得到警告和保护系统的辅助	人类驾驶员	人类驾驶员	人类驾驶员	无
1	1	驾驶支援	通过驾驶环境对转向盘和加减速中的一项操作提供驾驶支援，其他的驾驶动作都由人类驾驶员进行操作	人类驾驶员系统			
2	2	部分自动化	通过驾驶环境对转向盘和加减速中的多项操作提供驾驶支援，其他的驾驶动作都由人类驾驶员进行操作				部分
3	3	有条件自动化	由无人驾驶系统完成所有的驾驶操作。根据系统请求，人类驾驶员提供适当的应答	系统	系统	系统	
4	4	高度自动化	由无人驾驶系统完成所有的驾驶操作。根据系统请求，人类驾驶员不一定需要对所有的系统请求作出应答，限定道路和环境条件等				
5	5	完全自动化	由无人驾驶系统完成所有的驾驶操作。人类驾驶员在可能的情况下接管。在所有的道路和环境条件下驾驶				全域

图 1-2　自动驾驶技术分级

L0属于传统驾驶，L1和L2属于驾驶辅助，L3~L5属于自动驾驶，L5的自动驾驶技术等级也称为"无人驾驶"。因此，按照自动驾驶技术等级划分，驾驶辅助<自动驾驶<无人驾驶。

驾驶辅助技术当前已经在量产车上部署，通常称为高级驾驶辅助系统（Advanced Driver Assistant Systems，ADAS）。ADAS是利用安装在车上的各式各样传感器，在汽车行驶过程中随时来感应周围的环境，收集数据，进行静态、动态物体的辨识、侦测与追踪，并结合导航仪地图数据，进行系统地运算与分析，从而预先让驾驶员察觉到可能发生的危险，有效增加汽车驾驶的舒适性和安全性。初级的ADAS以被动式报警为主，当车辆检测到潜在危险时，会发出警报提醒驾驶员注意异常的车辆或道路情况。对于最新的ADAS技术来说，主动式干预已较为普遍。驾驶辅助技术处于自动驾驶技术等级的L1和L2，L1阶段车辆开始介入制动与转向其中一项控制，分担驾驶员的工作，主要有自适应巡航控制（Adaptive Cruise Control，ACC）、车道保持功能（Lane Keep Assist，LKA）、自动紧急制动（Automatic Emergency Braking，AEB）等功能。L2阶段车辆开始接管纵向与横向的多个控制，驾驶操作由系统完成，但驾驶员注意力仍然要保持驾车状态，以便随时接管车辆，与L1的不同在于，横向和纵向系统需要进行融合。尽管L2与L1相比，驾驶操作的主体由人变成了系统，但负责周边监控的主体都是人。负责周边监控的主体是人还是无人驾驶系统，是高级驾驶辅助系统（ADAS）向自动驾驶系统过渡的核心标志。

无人驾驶技术是等级处于最高级时的自动驾驶技术，此时无人驾驶即是完全的自动驾驶。无人驾驶汽车中或许只有1个起动/关闭按钮，点击"起动"按钮，将目的地告诉系统，车辆就会载你到达目的地。中间行驶路径选择、行驶速度等均由无人驾驶汽车决定。在目前技术水平下，实现完全无人驾驶还有许多工作要做，主要涉及高精度电子地图定位、环境感知模式识别与认知算法、软件和系统的安全性、架构的可靠性和可重构性，其中任意一个问题的进一步改进都有相当难度。按照目前的技术发展，预计2020年后特定场景的无人驾驶汽车将会量产，但要实现全天候全区域的无人驾驶，至少要15年以后。

目前，国外无人驾驶汽车领域的领跑者有谷歌、福特、特斯拉、英伟达、苹果、Uber、本田、高通、三星等著名品牌，中国自主品牌则主要有百度、北汽、上汽、比亚迪、吉利、长安、一汽等。中国的无人驾驶汽车于2012年完成了在京津高速公路上的测试。

二 国外无人驾驶汽车研究发展情况

自动驾驶汽车的研究最早可追溯到20世纪初。1912年，凯迪拉克公司的自动起动系统意味着驾驶员可不再用手动曲柄起动汽车。1939年，奥兹莫比尔公司推出了第一个自动变速系统。1951年，克莱斯勒公司推出第一款油压转向系统。1958年，克莱斯勒公司的巡航控制系统使得驾驶人不用再时时注意汽车的行驶速度。1970年，克莱斯勒公司Imperial首先配备防抱死制动系统。1997年，部分丰田车配备基于雷达的自适应巡航控制，可与前车自动保持安全驾驶距离。2002年，丰田公司推出一款车内监视器NightView（夜视），可显示前方道路的近红外图像，凸显障碍。2003年，梅赛德斯推出Pre-Safe系统，采用感应器预测迫在眉睫的撞击，采取各种防范措施。2004年，英菲尼迪（日本豪华车品牌）推出第一款"离开车道"警示系统，在车驶离车道时提醒驾驶人。2005年，沃尔沃推出第一款盲点警报系统，当有车进入驾驶人盲点时就会发出警报。2006年，雷克萨斯（丰田旗下高档品牌）推出相机—声呐辅助的平行停车系统。2007年，卡内基梅隆大学的Tartan车队赢得美国国防部的自动汽车比赛大奖。2008年，梅赛德斯引进Attention Assist，在驾驶人显露疲劳征兆时发出警告。2009年，沃尔沃推出行人监测系统。2010年，奥迪无人驾驶汽车TTS行驶12.42km，抵达落基山派克峰顶；7辆车组成的Google无人驾驶汽车车队开始在加州道路上试行；梅赛德斯F800 Style概念车展示赛车助手——一款低速适应巡航控制系统。2011年，中国国防科技大学创造的一辆无人驾驶汽车行驶286km，从长沙开至武汉。2012年，通用汽车公司的阿兰•陶伯曾估计这一年自动驾驶系统将成为汽车标准配置。2015年，谷歌的无人驾驶汽车在自动模式下已经完成了209万km行驶。时至今日，自动驾驶技术仍是世界各大车企重点研究的前沿和焦点。

近十几年来，美国国防部高级研究计划局（the Defense Advanced Research Projects Agency，DARPA）在无人驾驶汽车的研究方面起到了举足轻重的推动作用。DARPA从2004年起发起了每年一届的沙漠机器人大挑战"DARPA Grand Challenge"，2007年起开始更名为"DARPA Urban Challenge"。国外里程碑式的无人驾驶汽车研制工作有：①美国陆军研究实验室及相关政府部门、产业合作伙伴联合开发的Demo III军用机器人，该机器人开创了半自主移动机器人研发的先河；②美国卡内基梅隆大学（Carnegie Mellon University，CMU）研制的NavLab系列无人驾驶汽车，典型车型有NavLab-1、NavLab-5和NavLab-11；③DARPA主持的军用无人驾驶汽车项目，包括地面无人战车（Unmanned Ground Combat Vehicle，UGCV）项目、越野感知战术移动机器人（Perception off-road Tactical Mobile Robotics，TMR）项目、有机飞行器（Organic Air Vehicle，OAV）项目等；④CMU研制的"Boss"自主车，曾在2007年"DARPA Urban Challenge"获得冠军；⑤斯坦福大学（Stanford University）研制的"Junior"，曾在2007年"DARPA Urban Challenge"获得亚军；⑥德国布伦瑞克技术大学（German Technical University of Braunschweig）研制的"Leonie"无人驾驶汽车，2010年展示了其在复杂城市交通环境——布伦瑞克市内环路上的成功运行；⑦Google公司研制的城市环境下的无人驾驶汽车；⑧意大利帕尔马大学研制的4辆无人驾驶汽车2010年7月从意大利帕尔马出发，经过100天行驶安全到达了中国上海，途径9个国家，完成了无人驾驶汽车历史上第一次国际旅行。最新几则关于无人驾驶汽车走向实用化的报道是：2014年初，法国Induct科技公司研发的Navia无人驾驶汽车成为全球首个被销售的无人驾驶汽车型号，最高时速20km/h，适用于机场、大学校园、体育馆、竞技场所等地使用。2013年10月，日本Nissan汽车获得官方授权可在家用市场测试其无人驾驶汽车技术，并预计在2020年正式进入市场。美国内华达州机动车辆管理局2012年5月为Google公司一辆汽车颁发美国首例自动驾驶汽车车牌，允许这辆汽车在公共道路测试行驶。目前，世界上主流的车商，包括通用、福特、梅赛德斯—奔驰、大众、日产、丰田、宝马、沃尔沃等都在展开无人驾驶技术的研发。截至2015年，美国已经有16个州启动无人驾驶立法；截至2014年是12个州，截至2013年是9个州，截至2012年是6个州。Nevada在2011年授权无人驾驶汽车的运营，是全美第一个授权无人驾驶的州。之后，California, Florida, Michigan, North Dakota, Tennessee和Washington D.C针对无人驾驶通过了相关的法案。Arizona州长签署了无人驾驶的行政命令。

未来战争系统（Future Combat Systems，FCS）是将无人驾驶汽车研究推向实用化的一个最重要领域。美国国防部近期公开的资料《Unmanned Systems Integrated Roadmap FY2011—2036》显示，美国2011至2036年集成化现代战争计划中，将无人系统划分为无人机系统（Unmanned Aircraft Systems，UAS）、无人地面系统（Unmanned Ground Systems，UGS）及无人潜水系统（Unmanned Maritime Systems，UMS）3部分。规划中的无人系统具备如下能力：环境感知，战场意识，化学、生物、放射物及核检测，排爆，精确瞄准，精确打击。无人地面车辆（Unmanned Ground Vehicle，UGV）是美国无人战争系统中的重要组成部分，将成为21世纪地面战场中的重要武器装备。美国国防部已在无人操纵的自主式机器人上投入了数十亿的资金，并称当前正处在自主系统的起始阶段。目前无人地面车辆的几个主要应用领域为侦查、排爆、发射反坦克导弹，在阿富汗和伊拉克战场上已成功服役，如美国拆弹机器人Talon和以色列多用途无人侦察车Guardium。

三 国内无人驾驶汽车研究发展情况

作为对美国无人驾驶汽车研究的跟进，我国自20世纪90年代初期开始研究陆地无人驾驶汽车，当时是以军用平台为背景，在智能移动机器人技术框架下进行。同期，国家"863"计划智能移动机器人主题立项，进行遥控驾驶防核化侦察车研制。"八五"期间，在总装备部（原国防科工委）领导下，由北京理工大学、国防科技大学、南京理工大学、清华大学、浙江大学、哈尔滨工业大学组成的团队，研制成功我国第一辆陆地无人驾驶汽车样车ATB-1（Autonomous Test Bed-1），即7B.8军用智能机器人平台，目前停放在北京理工大学。"九五"期间研制成功第二代陆地无人驾驶汽车ATB-2，后又研制成功第三代无人驾驶汽车，现正进行第四代无人驾驶汽车的研制工作。军用陆地无人驾驶汽车的研究为我国无人驾驶汽车的研究积累了关键技术，培养了人才队伍。贺汉根、杨静宇、何克忠、付梦印、陆际联、刘济林、朱森良等教授为此做出了巨大贡献。从2009年开始，国家自然科学基金委专门设立了"视听觉信息的认知计算"重大研究计划，将研发具有自然环境感知与智能行为决策能力的无人驾驶汽车验证平台作为其科学目标，至2014年，已连续6年开展"中国智能车未来挑战赛"，极大地促进了我国无人驾驶汽车的研究，这与李德毅院士、郑南宁院士以及专家组教授们的大力推动是分不开的。

国内自主汽车品牌已广泛展开在无人驾驶、自动驾驶领域的探索。2016年6月，由国家工信部批准的国内首个"国家智能网联汽车（上海）试点示范区"在上海嘉定正式投入运营。目前开放的封闭测试区（一期）可以为无人驾驶汽车提供综合性测试场地和功能要求。目前国家正在积极推动制定无人驾驶相关技术规范。虽然中国进入无人驾驶汽车领域相对较晚，不过分析人士认为，在更有利的管理和消费环境下，中国可能成为无人驾驶汽车的一个主要市场。据波士顿咨询公司预计，到2035年全球无人驾驶汽车的销量将达1200万辆，其中超过四分之一将是在中国出售。据预测，10年后，无人驾驶汽车将普及中国，占据全汽车领域80%的份额。

我国十大自主研发无人驾驶技术的车企情况如图1-3所示。

十大自主车企研发无人驾驶技术	
车企	研发进展
长安汽车	试制车展示阶段，2020年产业化应用
北汽集团	试乘试驾车型展示阶段
比亚迪汽车	与百度联合研发，暂无商业应用规划
力帆汽车	低速无人驾驶汽车2020年6月推出
长城汽车	已展示辅助驾驶技术，2020年推出高速全自动无人驾驶汽车
东风汽车	联合华为研发，目标实现无人驾驶
吉利汽车	沃尔沃实现无人驾驶汽车量产，吉利未来2～3年推出无人驾驶汽车
广汽集团	与中科院联合研发，已展示无人驾驶概念车
上汽集团	已展示技术进展，未来10年实现全路况无人驾驶
一汽集团	已展示无人驾驶技术，2025年实现50%车型高度自动化无人驾驶

图1-3 我国十大自主研发无人驾驶技术的车企

我国具有代表性的无人驾驶汽车产品研发工作有：

1.百度无人驾驶汽车

2013年，百度启动无人驾驶汽车项目。2015年12月10日，百度无人驾驶汽车进行第一次路测。2015年12月14日，百度自动驾驶事业部成立，百度无人驾驶汽车第一次出现在公众面前。

2. 清华大学THMR系列无人驾驶汽车

20世纪90年代初期清华大学开始研究无人驾驶汽车的相关技术。20世纪90年代后期，清华大学研发的无人驾驶试验平台THMR系列无人驾驶汽车问世。2003年，清华大学研制成功THMR-V（Tsinghua Mobile Robot-V）型无人驾驶汽车，能在清晰车道线的结构化道路上完成巡线行驶，最高车速超过100km/h。2008年，由中国工程院李德毅院士带队组成了清华大学智能车团队。

3. 国防科技大学红旗HQ3无人驾驶汽车

国防科大早期研制了CITAVT无人驾驶汽车，后来又研制了红旗HQ3无人驾驶汽车。红旗HQ3于2011年7月14日首次完成了从长沙到武汉286km的高速公路全程无人驾驶实验，创造了中国自主研制的无人驾驶汽车在复杂交通状况下自主驾驶的新纪录，实测的全程无人驾驶平均时速为87km，在特殊情况下进行人工干预的距离仅为2.24km，仅占无人驾驶总里程的0.78%。

4. 北京理工大学无人驾驶汽车

北京理工大学无人驾驶汽车技术研究始于1990年，是我国最早开展该项研究的单位之一，中国第一辆无人驾驶汽车现在仍停放在北京理工大学西山实验区。2013年11月，北京理工大学Ray车队在江苏常熟举行的第五届"中国智能车未来挑战赛"中获得总冠军。另外，在无人越野车和方程式赛车方面，2006年研制成功"北理精工"无人驾驶汽车，该车是在东风猛士1.5t级高机动性越野汽车的基础上改装而成的；无人驾驶大学生方程式赛车于2016年1月发布，是世界上第一辆无人驾驶的大学生方程式赛车。

其他具有代表性的无人驾驶汽车研发案例还有：中国科学院合肥智能机械研究所与奇瑞公司合作研制的"智能先锋"号无人驾驶汽车，西安交通大学研制的Springrobot实验车，军事交通学院与长城汽车合作研制的"猛狮"号智能车，吉林大学研制的JLUIV系列实验车等。总的来看，我国无人驾驶汽车的研究与开发已渡过以技术探索为特征的起步阶段，当时高等院校和科研院所是参与的主体；目前正进入以商用为目的的实用化研发阶段，传统汽车企业及相关高新技术企业成为研发的主力军，政府也正在参与进来。

四、无人驾驶汽车商用化前沿

无人驾驶汽车商用化的最前沿来自于美国谷歌。2016年2月初，美国国家公路安全交通管理局认定谷歌无人驾驶汽车采用的人工智能系统可以被视为"驾驶人"，也就是说为谷歌无人驾驶汽车获准上路行驶、最终商业化扫清了障碍。谷歌测试中的无人驾驶汽车场景（2018年初）如图1-4所示。

从全球范围看，富有代表性的无人驾驶汽车研发产品及无人驾驶测试方面的最新进展如下。

美国谷歌研发的无人驾驶汽车已经行驶超过30万km。谷歌第二代无人驾驶汽车如图1-5所示,是基于白色雷克萨斯RX 450H混合动力SUV改造的,而此前第一代无人驾驶汽车是基于丰田油电混合车普瑞斯改造的。

图1-4 谷歌测试中的无人驾驶汽车场景(2018年初)

图1-5 谷歌第二代无人驾驶汽车

在政府支持下,英国Oxbotica公司开发的二人座小型无人驾驶汽车在英格兰米尔顿凯恩斯(Milton Keynes)上路测试,并计划2020年正式上路,如图1-6所示。2016年起,英国政府加快推动发展无人驾驶汽车技术,并加速修订准许无人驾驶汽车上路行驶的相关法规。

图1-6 Oxbotica公司开发的二人座小型无人驾驶汽车

2018年1月,百度位于硅谷的美国研发中心对外开放,向国内外媒体展示Apollo开放平台最新自动驾驶技术成果。搭载Apollo2.0的无人驾驶汽车载着数十位中外媒体和合作伙伴在美国加州的开放道路公开试乘,完成红绿灯识别、掉头等复杂动作,百度无人驾驶汽车加州路测如图1-7所示。

图 1-7　百度无人驾驶汽车加州路测

第 2 节　无人驾驶汽车测试发展情况

无人驾驶汽车测试是伴随着无人驾驶汽车研发而随之兴起的领域,也是衔接无人驾驶汽车研发与商业化的重要渠道。无人驾驶汽车测试分为在封闭区域内的测试场测试和驶上实际道路的上路测试两类。无人驾驶测试场是重现无人驾驶汽车使用中遇到的各种各样道路条件和使用条件的测试场地,用于验证和试验无人驾驶汽车的软件算法的正确性。试验道路是实际存在的各种各样的经过集中、浓缩、不失真的强化并典型化的道路包括高速公路、城市道路、乡村道路等正常路面及可造成汽车强烈颠簸的坏路等。

一　测试场测试

Mcity测试场（图1-8）是世界上第一座为测试无人驾驶汽车、V2V/V2I车联网技术而打造的无人驾驶试验区,测试道路总长为4mile（6400多m）。Mcity测试场由密歇根大学交通改造研究中心（MTC）负责建立,位于密歇根州的安娜堡市,占地32acre（12.9万m^2）,斥资1000万美元（由密歇根大学和密歇根州交通部共同出资）。目前已与福特、通用、本田、日产、丰田、德尔福等15家车企及零部件供应商以注资方式展开合作。Mcity测试场模拟城市和郊区环境,这座虚拟城市将建造40栋大楼的正面外观、成直角的十字路口、交通圈、桥梁、隧道、砾石道路以及建筑护栏等大量障碍物。Mcity测试场主要包括两个测试区域:用于模拟高速公路环境的高速实验区域和用于模拟市区和近郊的低速实验区域。这个测试场的目标是:到2021年,在密歇根州南部街头建立起联网和自动移动系统,并计划在密歇根南部部署2万多辆汽车、货车以及公交车,作为评估消费行为和挖掘市场机遇的测试平台。

据不完全统计,我国目前有包括海南汽车试验场、一汽技术中心试验场等19个大型汽车试验场。其中,国家智能网联汽车（上海）试点示范区的封闭测试区是我国最主要也是最先建立的无人驾驶汽车测试中心之一。北京亦庄经济技术开发区智能汽车与智慧交通产业创新示范区计划在2016年至2020年间建成,将开展绿色用车、智慧路网、智能驾驶、便捷停车、快乐车生活、智慧管理六大应用示范,于2018年底,建设了道路总长为10km的封闭试验场地，里面包含30种以上城市道路元素，并完成约100km的开放或半开放市政道路基础改造，覆盖场景达180种以上。之后，继续扩展示范区的建设和示范场景，争取到2020年底，封闭试验场地可包含100种以上城市道路元素，并完成长达200km的开放或半开放市政道路基础实施改造，覆盖300种以上场景，以实现1000辆无人驾驶汽车在开放道路、半开放道路和封闭道路的多种复杂场景下应用示范。在武汉，法国雷诺开辟了中国首个无人驾驶汽车试验园区，并已正式投入使用。吉利与沃尔沃联合规划的试验场项目落户浙江省宁波市杭州湾新区，未来将依托同时落户的吉利汽车研发中心，开发无人驾驶汽车；百度与安徽省芜湖市人民政府签订合作协议，宣布将在芜湖共同建设"全无人驾驶汽车运营区域"；百度还与浙江省乌镇旅游区达成合作，双方将推动在乌镇景区道路上实现L4级无人驾驶汽车运营。

a)

b)

c)

d)

图1-8　Mcity测试场

a) Mcity鸟瞰图；b) 测试场；c) 道路；d) 福特无人驾驶汽车测试

二　上路测试

美国加州是全世界最先允许无人驾驶汽车上路测试的地方。2012年2月，加州成为全球首个可以自主为无人驾驶汽车制定法规的州，目前绝大部分企业选择在加州路测无人驾驶汽车，整个测试环境也比其他地方更为成熟。加州机动车管理局（DMV）是各大公司申请对无人驾驶技术进行测试的机构，同时DMV也针对这些测试制定限制法规。截至2017年9月，全世界范围内总共有39家公司在加州获准试驾其无人驾驶汽车。截至2018年1月，美国全境已有40多家企业拿到了无人驾驶汽车上路牌照。美国有4个州已经通过了有关允许无人驾驶汽车上路行驶的法律。

早在2015年1月，英国就开始允许无人驾驶汽车在公路上行驶，并考虑重新调整交通规则。2015年初，无人驾驶汽车在英国的4个城镇试运行。英格兰西南部城市布里斯托和中部城市考文垂推出各自的无人驾驶汽车试行项目，伦敦郊区的两个小镇格林尼治和米尔顿凯恩斯也加入了这项试验。

2017年12月，北京市印发了《北京市关于加快推进自动驾驶车辆道路测试有关工作的指导意见（试行）》和《北京市自动驾驶车辆道路测试管理实施细则（试行）》，这是在国内率先颁布的政府指导性文件，目的是让无人驾驶活动有法可依，鼓励无人驾驶做科学测试。随后，2018年1月，北京亦庄设置固定路段和时间，允许无人驾驶汽车上路测试。部分路段含"车路协同"模式，还有一种是高精度地图模式。

中国台湾地区交通管理部门在2017年9月份拟出无人驾驶汽车道路测试规定并在年底公告实施。2017年10月，中国台湾地区已有企业开发完成自动驾驶汽车并进行仿真环境测试。管理部门要求，申请车辆必须在封闭场域测试成功，才能进入到在专用道路分流行驶（如公交车专用道），再进入到道路混合行驶。地方政府未来审查无人驾驶汽车实测申请的条件包括车辆要求、测试人员资格、保险、赔偿责任等，核发测试车牌有效期为6个月。

第3节　无人驾驶汽车商业化瓶颈

按美国的标准，自动驾驶程度分五级。目前还是三级、四级的水平，主要还在科学实验阶段。业内预计，未来10年左右，无人驾驶汽车产业将迎来大发展，市场规模或达千亿级。不过目前无人驾驶汽车仍存在技术瓶颈，主要体现在道路环境感知和行为规划决策部分，这也正是制约其大规模商用化的根本原因所在。

尽管从20世纪60年代开始，在全世界范围内人们就对无人驾驶汽车开展了大量的研究与试制工作，但纵观以往研究历史及现状可知，目前无人驾驶汽车的环境感知及由感知信息驱动的自主导航技术只在比赛中得到了一定验证，仅限于规定好的任务，在实际道路运营中成功应用的还非常少，且这些应用也仅限于某些特定路段，如美国在伊拉克、阿富汗战场上投放的排爆、侦察机器人。环境感知系统的不成熟仍是阻碍无人驾驶汽车总体性能提高的最主要瓶颈，仍存在着大量无法解决的科学和技术难题，这也是无人驾驶汽车迈向大规模实用化阶段的最大阻力。近年来国内外无人驾驶汽车大赛的故障统计结果显示，故障大多数来自于环境感知部分。例如，在2007年的"DARPA Urban Challenge"无人驾驶汽车大赛中，卡耐基梅隆大学研发的冠军车Boss赛后总结自身不足时提出的关键问题是：检测算法在扬尘道路环境中将灰尘"疑视"为障碍物，多次反复试探导致车辆行为决策时间增长以至严重影响比赛成绩；在我国2009年组织的"中国智能车未来挑战赛"中，天津军事交通学院研发的冠军车赛后总结出的难点是：无法鉴别随机飞入车辆视野的鸟、树叶等伪障碍物，将其当作障碍物处理引起多次不必要的车辆紧急制动。Google无人驾驶汽车截至2013年尚没有解决的问题仍主要来自环境感知方面：当遇见闪亮表面反射时（如雨天路面），传感器出现混乱；车辆不知道如何过十字路口，缺乏对十字路口的认知能力。

影响感知性能的主要原因在于：现有算法大多只适用于良好可视环境，或只针对某种干扰进行改进，能够克服各种随机异源扰动的鲁棒、快速、统一的视觉检测及识别算法很难被开发出来，因此面向复杂不确定性环境的鲁棒视觉感知系统尚未问世。

第4节　本书内容概述

本书围绕无人驾驶汽车技术展开系统性论述，并融入作者多年来在无人驾驶汽车领域的实际研究和工程化经验。全书共包含10章，各章内容简介如下：

第1章为无人驾驶汽车概述，简介国内外无人驾驶汽车发展现状、典型产品、测试方法、商业化测试进展、商业化瓶颈。

第2章为总体技术，介绍无人驾驶汽车技术体系架构、各组成模块功能及世界前沿的无人驾驶运算控制硬件单元技术。

第3章为车载雷达系统，介绍无人驾驶汽车上用到的激光雷达、毫米波雷达、超声波雷达及其车道探测方法、技术。

第4章为车道视觉检测与识别技术，介绍车道图像处理与理解基础、车道线视觉检测原理、车道线特征提取及定位、车道线跟踪及车道自纠偏、车道图像分割、基于先验知识推理—颜色形状组合特征的导航标志检测、基于SURF特征优化匹配和深度学习的导航标志识别。

第5章为导航定位技术，阐述路网高精度地图、车载惯性导航定位、GPS和北斗导航定位系统等内容。

第6章为运动控制与规划决策技术，论述无人驾驶汽车自动控制、自主控制技术，以及无人驾驶汽车动作规划、行为规划、基于增强学习的智能决策等内容。

第7章为无人驾驶汽车能源动力系统，从燃油、动力蓄电池、油电混合几个角度全面论述当前无人驾驶汽车主流能源动力系统技术。

第8章为车联网，论述智能网联汽车、C-V2X、5G-V2X及相关国家政策与标准。

第9章为无人驾驶汽车产业化，介绍面向各种应用场景的实用化特种无人驾驶汽车的研发情况、无人驾驶汽车测试场设计以及无人驾驶特色小镇规划设计等内容，可有效指导实践。

第10章为从无人驾驶汽车走向人工智能城市，探讨无人驾驶汽车的未来发展趋势，以无人驾驶技术为突破口的未来智慧交通新业态，以及智慧城市、人工智能城市。最后，以复杂巨系统的视角提出了人工智能城市模型。

第 2 章 总体技术

第 1 节 技术架构

无人驾驶汽车3个核心工作任务是:"认知、决策、控制"。车辆在行驶过程中自行感知周围环境及道路上各种信息,并依据感知信息完成处理、融合过程,形成对全局的理解,进一步通过各种算法决策如何应对,最后将决策信息传递给各控制系统形成执行命令,完成驾驶动作。

为了完成以上任务,无人驾驶汽车总体技术体系主要由以下内容模块组成:操作系统(ROS)、地图(Map)、导航定位(GPS + IMU)、光学雷达(LIDAR)、雷达(Radar)、视觉(Camera)、规划(Planning)、控制(Control)、通信(Communications)、云平台(Cloud platform)、车联网(Vehicle network)、仿真(Simulation)。

无人驾驶汽车涉及的技术领域如图2-1所示。

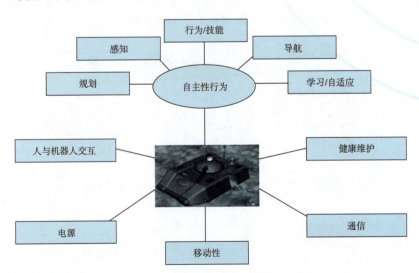

图2-1 无人驾驶汽车涉及的技术领域

无人驾驶汽车总体架构如图2-2所示。

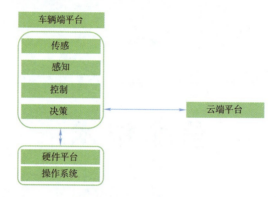

图 2-2　无人驾驶汽车总体架构

车辆端平台和云端平台包括不同的技术模块。

1.车辆端

车辆端分为上、下两层。

（1）上层包括软件和算法。

传感模块：如何更好地获取环境数据。

感知模块：如何更好地获取车辆周围环境，包括定位、物体识别、物体追踪。

控制模块：包括控制制动和加速、控制行驶方向、位姿等。

决策模块：在了解环境后如何更好地决策，包括路径规划、行为预测、障碍物躲避等。

（2）下层包括操作系统和硬件平台。

2.云端（无人驾驶云平台）

云端包括：高精地图、模型训练、模拟计算以及数据存储功能模块。具有学习能力的无人驾驶汽车包含的功能模块及其相互关系如图2-3所示。

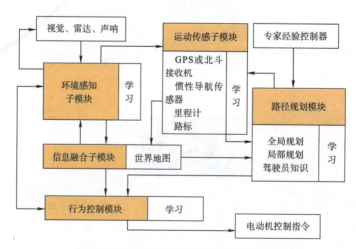

图 2-3　无人驾驶汽车包含的功能模块及其相互关系

无人驾驶汽车涉及的关键技术如图2-4所示。

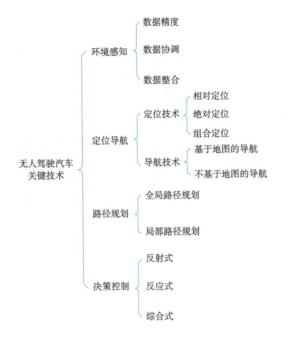

图 2-4　无人驾驶汽车涉及的关键技术

恩智浦提出的无人驾驶汽车技术架构如图2-5所示。

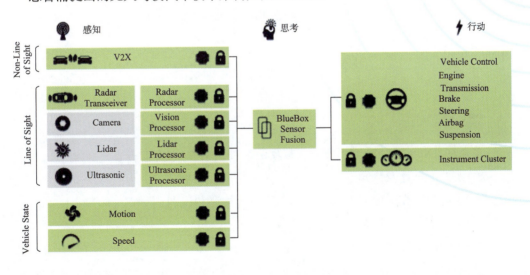

图 2-5　恩智浦提出的无人驾驶汽车技术架构

典型无人驾驶汽车详细技术架构与技术组成模块如图2-6所示。

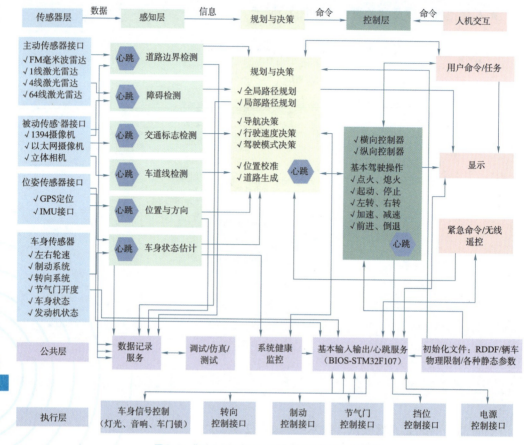

图2-6 典型无人驾驶汽车详细技术架构与技术组成模块

第 2 节 主要模块功能

一 感知模块

无人驾驶汽车的环境感知任务非常复杂,可归纳为4个方面:

（1）路形估计及认知。

（2）静态、交通参与者及其他动态障碍物检测和识别。

（3）车辆状态估计及运动补偿。

（4）地图辅助或无地图的定位。

感知模块负责为路径规划模块提供真实世界的模型,由道路环境感知、车辆运动传感、信息融合3个子模块组成。

道路环境感知子模块采用可见光双目立体摄像机、可见光单目摄像机、红外摄像机、激光雷达、微波雷达、超声波雷达、声呐等传感器获取车辆周围的三维环境信息,在满足系统需求前提下,尽量减少输入信息冗余,设计并构建架构最优型最小化视觉与雷达组合感知系统是该子模块的关键任务。

车辆运动传感子模块主要采用惯性导航传感器、里程计、GPS或北斗接收机等,它们可以提供车辆方位、姿态角、运动速度等状态信息,为全局导航提供原始信息。目标:测量得到车辆的实时加速度和视点。需测量值:沿3个轴的加速度和角速度。主要传感装置:加速度计(有运动加速度时,将测得一个不精确的倾角,即在车辆倾斜时只经过加速度计将无法得到精确的倾角);陀螺仪(测量旋转速度、车辆俯仰角和翻滚角,不是旋转视点,而是经过不断积分得到视点)。

信息融合子模块又分为3个子模块:环境感知信息融合子模块、运动传感信息融合子模块及子模块间信息融合子模块。环境感知信息融合子模块对应着感知模块中的环境感知子模块,主要负责该模块内部传感器信息的融合,将获取的图像(可见光、红外光等不同波段)、雷达(激光雷达、多普勒雷达、超声波雷达等不同类型)、声呐等多模态传感器信息通过算法进行有效约简及融合,为局部地图的形成提供原始数据支撑,同时也在特征级为可通过性分析提供证据。运动传感信息融合子模块对应着感知模块中的运动传感子模块,实时地融合、分析该模块内部各种输入数据,得到反映车体位姿、运动状态及前方路况等方面的信息。子模块间信息融合子模块对环境感知信息融合子模块和运动传感信息融合子模块间的信息进行有选择的交叉融合,以得到对导航有利的数据。将融合信息通过算法布置到导航图中就得到了世界坐标系下的三维地图,该地图为车辆导航提供直接指导,融合后的信息作为输入提供给路径规划模块和行为控制模块。基于ROS操作系统的各传感器信息融合框架如图2-7所示。

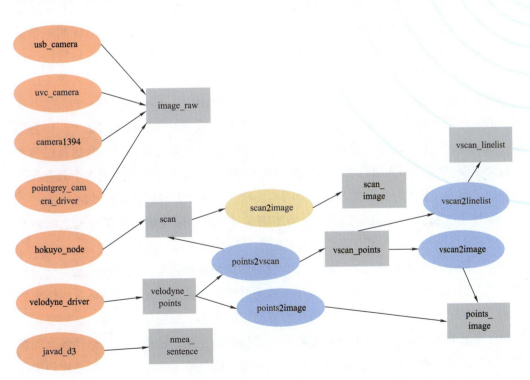

图2-7 基于ROS操作系统的各传感器信息融合框架

二 路径规划模块

路径规划模块以人工智能理论为基础，完成车辆行为及运动的规划、推理、决策等任务。整个模块以轨迹预测算法为中心，分为两个子模块：高层行为规划和低层运动规划，其架构如图2-8所示。

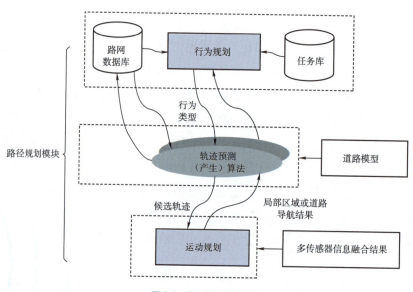

图2-8 路径规划模块架构

高层行为规划子模块结合路网数据库，负责执行任务库发出的命令，并制定道路上行驶、通过路口及让行时的车道变换、优先权、安全决策等方面的智能策略。行为规划结构建立在辨识一系列驾驶上下文的基础上，并依赖于精简的环境特征。3个典型的上下文是：车道、路口、区域，相应的独立行为类型是：车道行驶（Lane Driving）、路口驾驶（Intersection Handling）、区域到达（Achieving a Zone Pose）。区域指的是非结构化或无约束的行驶环境，如停车场、收费站。从行为时序看，行为结构可划分为两层：一是目标选择层，二是行为执行层。结构化道路下行为执行层包含的行为主要有3类——车道行驶、路口驾驶及区域到达。每类又可分解为多个具有先后次序的子行为，基于行为分类及子行为的模块化，高层行为规划架构如图2-9所示。

跟驰（distance-keeping）子行为指车辆通过控制实际速度与期望速度之间的差值，使得无人驾驶汽车与其他车辆之间的距离保持在某一恒定值上。

无人驾驶汽车的候选可通行目标分为道路和区域两种类型。道路指的是可检测出边界或车道线的目标；区域指的是无车道线但有特定含义的特定形状目标，如停车位区域，可用区域拐点坐标表示。轨迹预测算法根据行为规划层的目标指示，依据无人驾驶汽车瞬间前后时间段中的动静态障碍、路边界、车速、道路曲率、路径偏差等参数，通过评价函数创建出候选轨迹集合，作为输入提供给运动规划层。运动规划层再参照实时的多传感器信息融合结果，选择出最优运动轨迹，车辆直接执行此最优值，实现局部导航。在行为规划层和运动规划层中都可融入驾驶员行为知识。

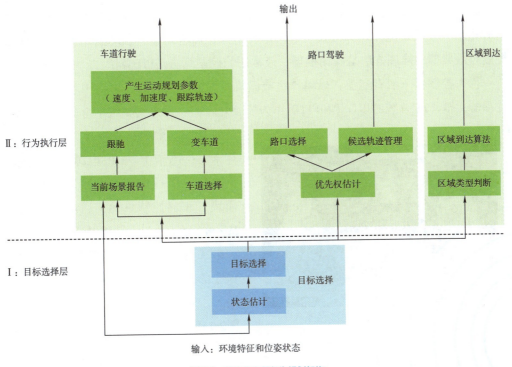

图 2-9 模块化高层行为规划架构

最典型的候选轨迹产生方法是模型预测法（model-predictive），2007年由Howard和Kelly提出。该算法提供了一种在状态约束$C(x)$下产生参数化控制量$u(p, x)$的方法。涉及3个关键概念：期望轨迹、实际轨迹及候选轨迹。执行轨迹自寻优算法，车辆可成功躲避障碍物并沿车道中间线行驶，两车道时的典型结果如图2-10所示，图2-10a)中蓝色线为车道线，白色短弧为允许的最小转弯半径，绿色矩形为其他车辆；图2-10b)中的红色线为提取出的期望轨迹；图2-10c)中的白色线为候选轨迹；图2-10d)给出了考虑动态障碍物时的可通行区域估计；图2-10e)给出了考虑静态障碍物时的可通行区域估计；图2-10f)为实际选择的一条轨迹。

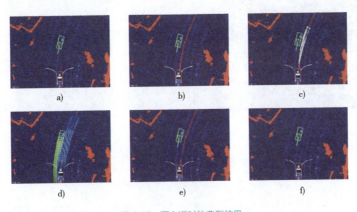

图 2-10 两车道时的典型结果

三 行为控制模块

行为控制模块是规划层的执行部分，对车辆的实际运动位姿与期望运动位姿进行实时比较，采用智能控制算法实现对汽车转向盘、加速踏板、制动踏板等执行机构的控制。最典型的推理方法是模糊推理，最常用的控制算法是PID算法。

行为控制器一般有三类：以单片机或微机处理器作为核心；以专用芯片作为核心处理器；基于PC总线的以DSP和FPGA作为核心处理器。无人驾驶汽车行李舱里的控制装置标配一般为：工控计算机（GPU运算卡、CAN卡）、UPS电源/稳压电源、交换机、低压电源分配器、GNSS/IMU模块、车辆控制单元（通常是dSPACE MicroAutobox）、散热及冷却机构等。如果采用了一些特定传感器，则还会有独立的工控机、融合器、接口和电源模块等。Tesla的Autopilot运算控制单元如图2-11所示。

图 2-11　Tesla 的 Autopilot 运算控制单元

第 3 节　硬件平台及运算控制硬件前沿

一 硬件平台

无人驾驶汽车硬件平台如图2-12所示。

a)

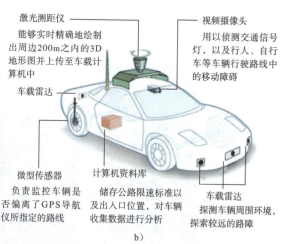

激光测距仪
能够实时精确地绘制出周边200m之内的3D地形图并上传至车载计算机中

车载雷达

微型传感器
负责监控车辆是否偏离了GPS导航仪所指定的路线

计算机资料库
储存公路限速标准以及出入口位置，对车辆收集数据进行分析

视频摄像头
用以侦测交通信号灯，以及行人、自行车等车辆行驶路线中的移动障碍

车载雷达
探测车辆周围环境，探索较远的路障

b)

图 2-12　无人驾驶汽车硬件平台
a) 实物图；b) 组成

控制平台是无人驾驶汽车的核心部件，控制着车辆的各种控制系统，包括汽车防

抱死制动系统（ABS）、汽车驱动防滑转系统（ASR）、汽车电子稳定程序（ESP）、电子感应制动控制系统（SBC）、电子制动力分配（EBD）、辅助制动系统（BAS）、安全气囊（SRS）和汽车雷达防碰撞系统、电控自动变速器（EAT）、无级变速器（CVT）、巡航控制系统等。

以北京理工大学Ray无人驾驶汽车为例，其硬件组成如图2-13所示。

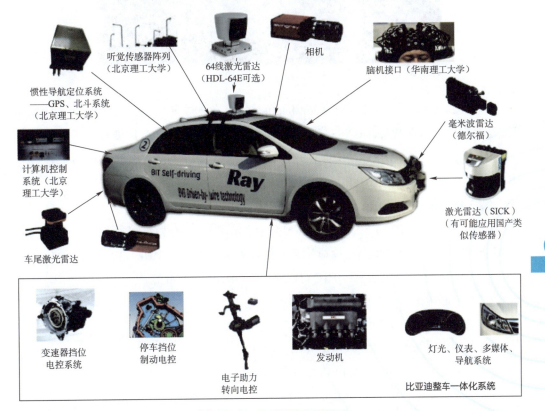

图2-13　Ray无人驾驶汽车硬件组成

二　运算控制硬件前沿

当前，国际最前沿最先进的无人驾驶运算控制单元、域控制器有：NVIDIA Drive PX2、Tesla的Autopilot运算单元、NXP BlueBox、高通9150 C-V2X芯片组、Audi的zFAS等。

Drive PX2 AutoChauffeur开发板——NVIDIA PX2版Drive系列是目前公开的最新一代无人驾驶系列产品，如图2-14所示。

本系列中最低配的Auto Cruiser配置单颗Parker SoC，具有高速公路巡航能力。中端配置的AutoChauffeur是一个定义面向L3的版本，其运算部分的配置是双Parker SoC外加双MXM3.1接口的Pascal架构独立运算单元。更高一级的Full Autonomy由两个AutoChauffeur组成。AutoChauffeur和AutoCruiser都采用了Infineon的TriCore AURIX TC297作为ASIL-D的功能安全控制单元。

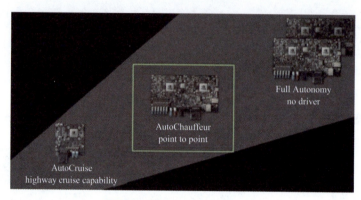

图 2-14　NVIDIA PX2 版 Drive 系列

Tesla AutoPilot2.0基本等同于AutoChauffeur的一半,或者AutoCruiser加上一块Pascal独立运算单元,同时增加了GNSS接收芯片。板子上包含的主要芯片型号如下:

(1) NVIDIA "PARKER" P94W97.01P TA795SA-A2,Parker SoC主控,内置了256 CUDA单元,4核A5、64位ARM和2核丹佛64位ARM。

(2) 四颗Samsung DRAM K4F8E3S4HBMHCJ。

(3) NVIDIA GP106-505-KC的MXM插卡,4GB GDDR显存,预留4个焊盘,最大可以到8GB,属于GP106系列去掉显示部分的运算卡,有1280个CUDA运算单元。

(4) INFINEON TriCore AUTRIX TC297TX-128 ASIL-D MCU。

(5) UBlox NEO-M8L GNSS接收模块。

(6) Toshiba eMMC和Spansion NOR Flash。

(7) Marvell 88EA1512 AVB/以太网收发器。

(8) Marvell 88EA6321 7口AVB交换芯片。

(9) Maxim MAX9260 GMSL显示输出。

(10) TI DS90UB964 LVDS摄像头输入。

CPU部分为4xA57+2xDenver+Aurix,其运算能力足以处理无人驾驶相关的HMI、总线通信、结果输出型传感器融合、GNSS数据处理以及车辆运动控制,大概还有一半的冗余。

GPU是256+1280个CUDA单元,以6个摄像头的配置,4个作为环视和SFM,2个前视用于车道线、行人/目标检测、交通标识检测以及前向空间(Free Space)的检测,按DriveWorks提供的代码和资源占用情况,其能力不太够满足同时运算的要求。车道线、目标和交通标识检测大概要占用90%左右的GPU。

荷兰半导体供应商恩智浦NXP的BlueBox计算平台主要用于帮助OEM主机厂生产、测试无人驾驶汽车,如图2-15所示。恩智浦芯片(Bluebox、毫米波雷达、V2X和安全等领域)将支持百度的阿波罗开放自动驾驶平台,而后者的目标是成为自动驾驶汽车行业的安卓。BlueBox是一台中央计算机,它能够同时处理来自无人驾驶汽车上安装的雷达、摄像头、激光雷达、视觉传感以及车载V2X系统采集到的所有数据,将推动L4级水平的无人驾驶汽车2020年投放市场。

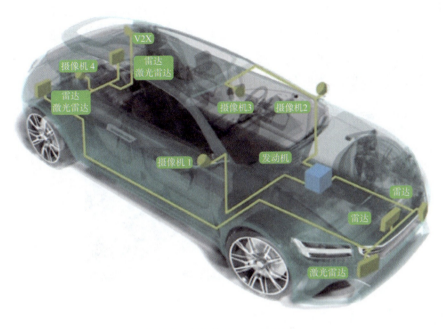

图 2-15　NXP 的 BlueBox 计算平台

　　BlueBox装备了一个恩智浦NXP S32V汽车视觉处理器和一个LS2088A嵌入式计算机处理器。S32V芯片包含有不同的图形处理引擎、特制的高性能图形处理加速器、高性能ARM内核、高级APEX图形处理和传感器融合。S32V属于安全控制器范畴，它的功能包括了传感器/执行器管理和故障检验，能够分析驾驶环境，评估风险因素，然后指示汽车的行为。负责进行高性能运算的LS2088A内嵌式处理器如图2-16所示，它是由8个64位ARM Cortex-A72内核组成，配合频率2GHz的特制加速器、高性能通信接口和DDR4内存控制器，延时极低。除了S32V和LS2088A这两枚核心处理器之外，BlueBox还搭载了其他为实现不同传感器节点功能的芯片，它们能够处理从V2X、雷达、视觉系统、激光雷达以及车辆状态获取的信息。

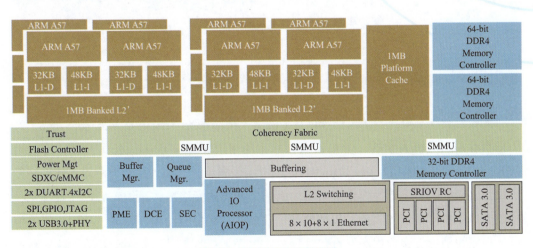

图 2-16　LS2088A 内嵌式处理器

2017年12月12日,高通获准测试一辆汽车和3名驾驶人,一并获准的还有竞争对手英伟达和其他技术公司。高通9150 C-V2X芯片组可以为车辆提供360°非视线感知能力,并能与其他车辆进行通信,还能与交通信号灯等基础设施进行通信。搭载高通9150 C-V2X芯片组的无人驾驶汽车测试,如图2-17所示。

a)

b)

图2-17 搭载高通9150 C-V2X芯片组的无人驾驶汽车测试

a)无人驾驶汽车测试;b)高通9150 C-V2X芯片组

第4节 无人驾驶汽车操作系统(ROS)

无人驾驶汽车操作系统可选择ROS(机器人操作系统,Robot Operating System)。ROS原本是斯坦福大学的一个机器人项目,后来由Willow Garage公司发展,目前由OSRF(Open Source Robotics Foundation,Inc)公司维护。ROS是专为机器人软件开发所设计出来的一套电脑操作系统架构。是一个开源的元级操作系统(后操作系统),提供类似于操作系统的服务,包括硬件抽象描述、底层驱动程序管理、共用功能的执行、程序间消息传递、程序发行包管理,它也提供一些工具和库用于获取、建立、编写和执行多机融合的程序。ROS用节点（Node）的概念表示一个应用程序，不同节点之间通过事先定义好格式的消息（Topic）、服务（Service）、动作（Action）来实现连接。ROS系统架构如图2-18所示。

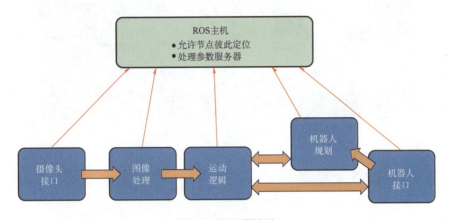

图 2-18 ROS 系统架构

ROS几乎包括了目前机器人领域最先进的算法，典型的常用算法如下：

Localization：基于扩展卡尔曼滤波（EKF）和无迹卡尔曼滤波（UKF）的无人驾驶汽车定位算法，可以融合各种传感器的定位信息，获得较为准确的定位效果（图2-19）。

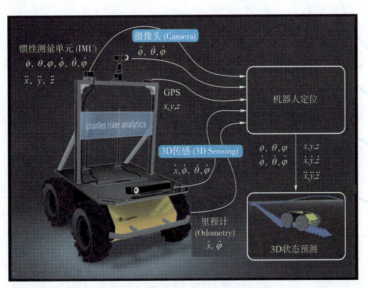

图 2-19 基于 ROS 的无人驾驶汽车定位

Navigation：基于Dijkstra、A*算法（全局规划器）和动态窗口法DWA（局部规划器）的移动机器人路径规划模块，可以在二维地图上实现无人驾驶汽车导航（图2-20）。

Gmapping：可以实现laser-based SLAM，快速建立封闭区域内二维地图（图2-21）。

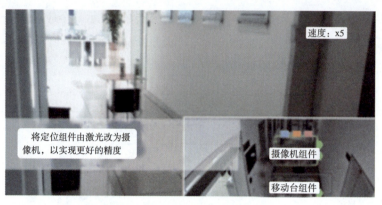

图 2-20　基于 ROS 的无人驾驶汽车导航

图 2-21　基于 ROS 的二维地图构建

第 5 节　基于 AI+5G 的无人驾驶汽车系统生态

一　基于 AI+5G 的无人驾驶汽车系统生态架构

无人驾驶汽车的运行会产生海量数据，这些数据的快速智能处理需求将会持续推动无人车专用计算处理单元技术的发展。AI+5G 正在影响并重构着整个无人驾驶汽车电子产业生态。5G 通信技术有望在未来两年实现商用，AI 则在算法与硬件的双向互动之下渗透进无人驾驶汽车电子应用的方方面面。从硬件革新的角度看，5G 的实现需要车载终端产品配合有更快的处理速度、更高清的显示效果、更高效的信号处理以及更长的使用时长；而 AI 的实现除了算法的进化，还需要芯片、传感器、摄像头、雷达、控制单元等硬件性能的全面升级。AI+5G支撑和引领的无人驾驶汽车生态系统架构如图2-22所示。

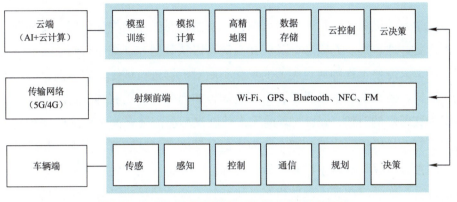

图2-22 AI+5G 支撑和引领的无人驾驶汽车系统生态系统架构

AI在无人驾驶汽车中的应用

AI在无人驾驶汽车中的应用主要包括语音识别、图像识别及云端深度学习三部分，如图2-23所示。

图2-23 AI 在无人驾驶汽车中的应用

人工智能在训练过程中，模型拟合的精确度取决于计算能力，因此人工智能对终端的算力要求呈现爆发式增长。从计算量来说，并行计算可以提高计算速度；而从计算精度来说，浮点运算能力越强则计算精度越高。人工智能芯片是人工智能市场中的重要一环，AI时代，以GPU、FPGA、ASIC等为基础架构的芯片将获得大规模应用。拥有并行计算能力的GPU更好地符合了深度学习的需要，未来将成为智能计算的主要支撑，诞生庞大的新增需求。此外，智能化也驱使核心芯片的复杂程度快速提高。苹果最新发布的A11仿生芯片内部除CPU外，还集成了GPU、性能控制器、神经网络单元和

ISP等模块，采用10nm FinFET工艺，单颗芯片集成了43亿只晶体管。华为麒麟970同样采用10nm制程，芯片集成了CPU、GPU、ISP/DSP和NPU，单颗芯片集成了50多亿只晶体管。

深度学习的优势在于可以模拟大脑识别机制，对于非结构化数据（比如图像语音等）进行更好地识别、判断和分类，让算法可以从数据和训练中得到学习。这样就像人脑一样，只需要工程师通过类似的场景不断对机器进行训练，它就能自己学会做出判断，这样即使在全新的场景里，汽车也知道如何处理，更有利于适应和扩展。同样是在识别红绿灯的时候，rule-base的无人驾驶汽车会需要在高精度地图上特别标注出所有红绿灯并让机器固定看到那个方向；但是深度学习算法可以直接从相机里识别红绿灯的颜色，所以车辆就可以自己看懂红绿灯以及整个路口的行车情况，以此来决定是否前行。深度学习在无人驾驶汽车环境感知系统中的优势已被充分体现，以至于越来越多公司都号称自己的技术是基于深度学习，但事实上真正做到的并不多。原因是技术难点仍无法在短期内完全被克服，例如：无人驾驶产生的数据量极大，在收集到无人驾驶数据之后，第一步要做的事情是标记它们，才能让算法引擎得到训练，但事实上1h无人驾驶产生的数据，即使是在大互联网公司里也需要800h的人工去标记它。在这些技术难点逐步被克服后，在不久的将来，深度学习将在无人驾驶汽车计算机视觉、激光雷达、毫米波雷达、驾驶人状态感知方面发挥巨大的作用。

三 5G在无人驾驶汽车中的应用

移动通信网络是以几乎每10年一代的方式，一步步演进过来的。从1G到2G，移动通信技术完成了从模拟到数字的转变，在语音业务基础上，扩展支持低速数据业务。从2G到3G，数据传输能力得到显著提升，峰值速率可达2Mbps至数十Mbps，支持视频电话等移动多媒体业务。4G的传输能力比3G又提升了一个数量级，峰值速率可达100Mbps至1Gbps。相对于4G技术，5G将以一种全新的网络架构，提供峰值10Gbps以上的带宽，用户体验速率可稳定在1Gbps~2Gbps。5G是指第五代移动通信网络（5th-Generation），国际电信联盟（ITU）对5G的定义：5G网络是能提供20Gbps速率，时延1ms，100万/km^2连接，网络稳定性99.999%的下一代蜂窝无线通信网络。

5G是实现无人驾驶汽车的基础，也将对智能网联汽车的应用起到关键的支持作用。4G主要满足人与人之间的通信，而5G不仅仅连接人，还将"车""人""路"连接在一起，实现车与人、车与路以及车与车之间的连接。

5G具有高连接密度、稳定性强、安全性高等优点。超低延迟：延迟可以说是通信中最令人头疼的问题之一，在无人驾驶汽车中更是如此，5G网络具有低延迟性，从而保证无人驾驶汽车的控制信号传输保持较快的响应速度。高带宽：带宽是另一个重要问题，作为代替驾驶人的无人驾驶系统，每辆汽车必须能够随时保持与网络数据中心进行信息交互，提供实时的车辆位置信息及相关车况信息，同时还要与其他车辆和基础设施进行实时数据交互，完成精准定位；如果每一辆汽车需要同时联网，必然会有很大的数据流量，因此，高带宽也将成为车联网、无人驾驶的必备条件之一。除此以外，5G还有另外两点优势；一方面，5G技术能根据数据的优先级来分配网络，从而保证无人驾驶汽车的控制信号传输保持较快的响应速度；另一方面，5G技术将允许近距离设备直接通信，这样，可大大降低网络整体压力并降低平均延迟。

目前全球5G频谱共识逐步形成，基本聚焦3.4~3.8GHz、26GHz、28GHz、39GHz等频段。但在不同频段的制式选择方面，各国的规划有所差异，在低频段：3.5GHz是各地区5G部署的首选频段；而在高频段：如26GHz和39GHz，中国和欧洲的规划基本一致，与美国、日本、韩国等国家的规划有所不同。

据业界预期，5G将在2020年商用。目前，全世界都在进行大规模的5G试验和部署。在国内，5G技术也已经进入第二阶段测试。业界普遍预期5G在2020年前后大规模商用。相比于4G而言，5G在无人驾驶汽车车联网应用场景下，传输速率高，可让信息快速上传下载，多接入终端可容纳更多的数据源，而低延迟则有利于保障实时性、同步性及安全性。数据在5G通道搭建完成后将会真正实现及时有效地传递至云端，利用云计算和AI算法等智能内核，将数据归纳、分析，完成具有全局视野的决策与控制，真正实现透明计算和全息交互。

第3章

车载雷达系统

第1节 车载雷达系统概述

无人驾驶汽车传感器系统包含的雷达一般有激光雷达、毫米波雷达、超声波雷达、红外线雷达4种,其中激光雷达、毫米波雷达一般是基本、必备的车载传感装置,超声波雷达、红外线雷达依据具体应用场合是可选装置。表3-1和表3-2给出了车载雷达及摄像头的优劣势和工作能力对比。

车载雷达及摄像头的优劣势对比 表3-1

优劣势	超声波雷达	单眼·立体摄像头	红外线雷达	激光雷达	毫米波雷达
优势	结构简单、价格便宜、体积小巧	成本适中。可以分辨出障碍物的距离和大小,并能够识别行人和自行车	低成本。夜间不受影响	测距精度高、方向性强、响应时间快、不受地面杂波干扰	不受天气情况和夜间的影响。可以探测到远距离(100米以上)的物体
劣势	会受到天气和温度变化的影响。最大测量距离一般只有几米	与人眼一样会受到视野范围的影响	会受天气条件限制。只能探测到近距离的物体。难以识别出行人	成本很高。不能全天候工作	成本较高。难以保证全天候工作

车载雷达及摄像头的工作能力对比 表3-2

工作能力	超声波雷达 Ultrasonic	摄像头 Vision	红外线雷达 Infrared	激光雷达 Laser	毫米波雷达 Micro-wave
远距离探测能力	弱	强	一般	强	强
夜间工作能力	强	弱	强	强	强
全天候工作能力	弱	弱	弱	弱	弱
受气候影响	小	大	大	大	小
烟雾环境工作能力	一般	强	弱	弱	强
雨雪环境工作能力	强	一般	弱	一般	强
温度稳定性	弱	强	一般	强	强
车速测量能力	一般	弱	弱	弱	强

第 2 节 激光雷达

一、技术原理

20世纪60年代首次登场的激光雷达技术原本是宇航员用来绘制月球表面图景或考古学家绘制地图的。之后应用领域不断扩大，进入21世纪之后逐渐被用在无人驾驶汽车领域，目前成了ADAS的最核心技术之一，可应用于自适应巡航控制（ACC）、前车碰撞警示（FCW）及自动紧急制动（AEB）。高级驾驶辅助系统（ADAS）包含的传感器系统及车载激光雷达如图3-1所示。

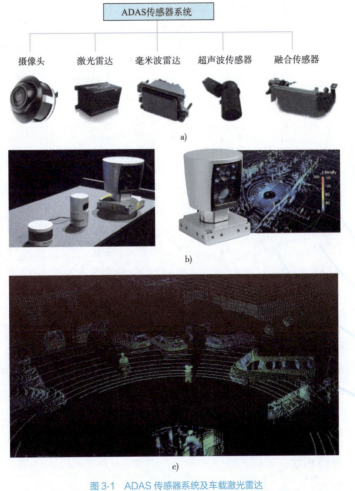

图 3-1　ADAS 传感器系统及车载激光雷达
a) ADAS 传感器系统；b) 车载激光雷达；c) 雷达感知的环境

激光雷达（Light Detection And Ranging，LIDAR）是以发射激光束探测目标的位置、速度等特征量的雷达系统，是一种集激光、全球定位系统（GPS）及惯性导航系统（INS）三种技术于一身的系统，用于获得数据并生成精确的地面数字高程模型DEM。激光雷达的组成部件如图3-2所示。

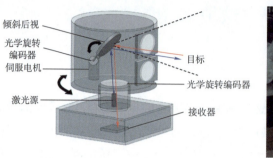

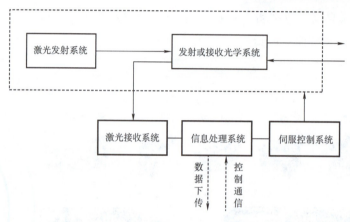

图 3-2　激光雷达的组成部件

激光雷达的基本工作原理是：向目标发射探测信号（激光束），然后将接收到的从目标反射回来的信号（目标回波）与发射信号进行比较，作适当处理后，就可获得目标的有关信息，如目标距离、方位、高度、速度、姿态甚至形状等参数，从而对飞机、导弹等目标进行探测、跟踪和识别。传感器每秒发射数万或数十万个激光脉冲，当发出光脉冲时启动秒表，然后当光脉冲（从遇到的第一个人或物体时反射回来）返回时停止计时器，通过测量光脉冲的"飞行时间"，进而计算传感器及车与人或物体之间的距离。激光雷达由激光发射机、光学接收机、转台和信息处理系统等组成，激光器将电脉冲变成光脉冲发射出去，光接收机再把从目标反射回来的光脉冲还原成电脉冲，送到显示器。车载激光雷达测距和识别物体原理如图3-3所示。

激光雷达常用的性能指标如下：

（1）最大辐射功率。

（2）水平视场 "horizontal Field of View (FOV)"。

（3）垂直视场 "vertical FOV"。

（4）光源波长 "Wavelength of optical source"。

（5）最远测量距离 "Maximum distance to be measured"。

（6）测量时间/帧频 "Measurement time / frame rate"。

（7）纵向分辨率 "depth resolution"。

（8）角分辨率"angular resolution"。

（9）测距精度"Range Measurement accuracy"。

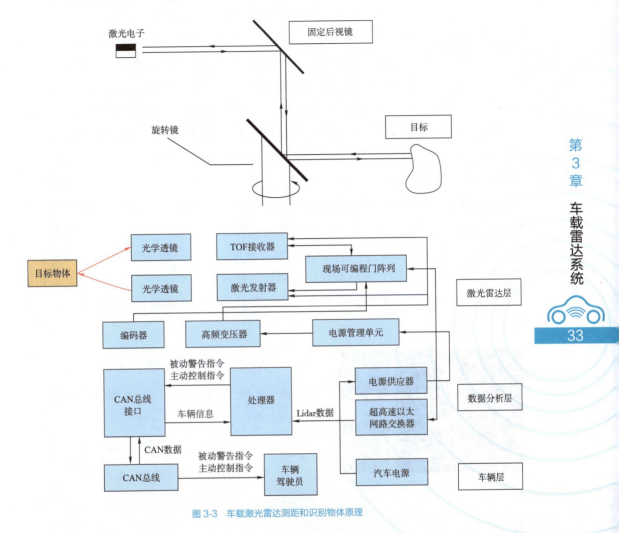

图 3-3 车载激光雷达测距和识别物体原理

二 作用

车载激光雷达的首要作用是定位。利用激光雷达SLAM的回环检测或者与全局地图做匹配，可做到厘米级定位，这是业内一致的做法，百度、谷歌和通用主流厂家都采用此种方法。通用在其超级巡航里已经制作了美国所有高速公路的激光地图。百度无人驾驶汽车定位方法如图3-4所示。

这种定位方法的缺点是需要提前制作激光雷达地图，即Prior LIDAR MAP。如果没有提前制作激光雷达地图的区域（如人烟稀少、地域广大的郊区和农村），无人驾驶汽车就做不到厘米级定位，只能做到传统GPS最高3m的定位精度。

车载激光雷达的第二个作用是与摄像头数据融合，做目标分类识别和轨迹跟踪。由两侧朝下的激光雷达来获得道路细节，如车道线、路沿、隔离带、虚实线、斑马线。百度、谷歌、丰田等无人驾驶汽车均是采用激光雷达来获得道路细节。中间正前方的激光雷达与摄像头数据融合可以加大识别目标的速度和准确性。用激光雷达识别目标有两种做法，一种是利用激光雷达反射强度值，不同特性的物质对激光雷达反射强度差异很大，利用这个差异可以对目标进行简单分类，比如行人、车辆、建筑物、植物、路面、草地等。由于只是简单的阈值滤波器，计算量很小，速度极快，远高于深度学习的目标分类。2018年1月，瑞萨宣布和初创公司Dibotics合作，把增强激光雷达（Augmented LiDAR）软件嵌入进其芯片中，采用这种方法做分类识别。第二种是将激光雷达的点云转换为具备张量结构的密集的图像数据，然后用faster RCNN识别。后者需要强大的运算资源，处理速度比较慢。faster RCNN是图像识别领域公认最优秀的方法，通用采用了这种方法。激光雷达还有一个优势就是擅长预测移动物体的轨迹和进行轨迹跟踪，这是行为决策的基础。就像人类驾驶员，可以预估行人或其他车辆下一步的方向或位置，根据这个预估来做出决策。激光雷达天生具备轨迹场（trajectory-yielding）的能力，Velodyne的16线激光雷达在美国最隆重的超级碗赛事上能够准确预测四分卫投球后球的移动位置。用激光雷达做目标跟踪比摄像头用光流法计算轨迹并预测要快得多，运算资源消耗也远远低于光流法。

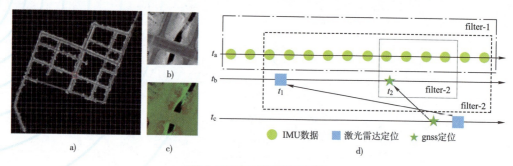

图3-4 百度无人驾驶汽车定位方法

目前激光雷达检测车道线主要有4种方法：一是根据激光雷达回波宽度；二是根据激光雷达反射强度信息形成的灰度图，或者根据强度信息与高程信息配合，过滤出无效信息；三是激光雷达SLAM与高精度地图配合，不仅检测车道线还进行自车定位；四是利用激光雷达能够获取路沿高度信息或物理反射信息不同的特性，先检测出路沿，在道路宽度已知条件下，根据距离再推算出车道线位置。对于某些路沿与路面高度相差低于3cm的道路，这种方法无法使用。后3种方法需要多线激光雷达，最少也是16线激光雷达。第一种方法可以使用4线或单线激光雷达。目前绝大部分都是采用第二种方法，这种方法的标志就是需要激光雷达尽量贴近路面或朝向路面以取得比较多的反射强度信息。丰田、谷歌都是在车最前部保险杠处安置激光雷达，通用则由于保险杠附近有9个毫米波雷达和1个摄像头，安装空间不足，只能将其放在车顶。

三 优缺点

与微波雷达相比,激光雷达工作频率高了许多,因此带来了很多优点,主要有以下几点。

1. 分辨率高

激光雷达可以获得极高的角度、距离和速度分辨率。通常角分辨率不低于0.1mard,也就是说可以分辨3km距离上相距0.3m的两个目标(这是微波雷达无论如何也办不到的),并可同时跟踪多个目标;距离分辨率可达0.1m;速度分辨率能达到10m/s以内。距离和速度分辨率高,意味着可以利用距离——多普勒成像技术来获得目标的清晰图像。

2. 隐蔽性好、抗有源干扰能力强

激光直线传播,方向性好、光束非常窄,只有在其传播路径上才能接收到,因此被截获非常困难,且激光雷达的发射系统(发射望远镜)口径很小,可接收区域窄,有意发射的激光干扰信号进入接收机的概率极低;另外,与微波雷达易受自然界广泛存在的电磁波影响的情况不同,自然界中能对激光雷达起干扰作用的信号源不多,因此激光雷达抗有源干扰的能力很强,适于工作在日益复杂的信息环境中。

3. 低空探测性能好

微波雷达由于存在各种地物回波的影响,低空存在有一定区域的盲区(无法探测的区域)。而对于激光雷达来说,只有被照射的目标才会产生反射,完全不存在地物回波的影响,因此可以"零高度"工作,低空探测性能较微波雷达强了许多。

4. 体积小、质量轻

通常普通微波雷达的体积庞大,整套系统质量数以吨记,光天线口径就达几米甚至几十米。而激光雷达就要轻便、灵巧得多,发射系统的口径一般只有厘米级,整套系统的质量最小的只有几十千克,架设、拆收都很简便。而且激光雷达的结构相对简单、维修方便、操纵容易、价格也较低。

激光雷达的缺点如下:

首先,工作时受天气和大气影响大。激光一般在晴朗的天气里衰减较小,传播距离较远,而在大雨、浓烟、浓雾等坏天气里,衰减急剧加大,传播距离大受影响。大气环流也会使激光光束发生畸变、抖动,直接影响激光雷达的测量精度。

其次,由于激光雷达的波束极窄,在空间搜索目标非常困难,直接影响对非合作目标的截获概率和探测效率,只能在较小的范围内搜索、捕获目标,因而激光雷达较少单独直接应用于目标探测和搜索。

四 商用

激光雷达的低价化是其规模化商业应用的基础与核心,当前离激光雷达普遍商用

还有一段距离。目前常用的车载激光雷达的性能指标及售价如图3-5所示。

型　号	HDL-64E	HDL-32E	VLP-16/PUCK	Ultra Puck-32A
售价（美元）	50万～100万	10万～30万	7999	500的目标价格（大规模量产）
特点	性能佳，价格贵	体积更小，更轻	适用于无人机	汽车专用
激光器数	64	32	16	32
尺寸（mm）	203×284	86×145	104×72	104×72
重量（kg）	13.2	1.3	0.83/0.53	0.8～1.3
激光波长（nm）	905	905	905	905
水平视野（°）	360	360	360	360
垂直视野（°）	26.8（+2～−24.6）	41.34（+10.67～−30.67）	30（+15～−15）	28
输出频率（万点/s）	130	70	30	70
测量范围（m）	100～120	80～120	100	200
距离精度（cm）	<2	<2	<3	<2
水平分辨率	5 Hz：0.08° 10 Hz：0.17° 20 Hz：0.35°	5 Hz：0.08° 10 Hz：0.17° 20 Hz：0.35°	5 Hz：0.1° 10 Hz：0.2° 20 Hz：0.4°	
垂直分辨率（°）	0.4	1.33	2.0	
防护标准	IP67	IP67	IP67	IP67

图 3-5　车载激光雷达的性能指标及售价

诞生于美国加州的Velodyne，最早2007年开始对外出售第一款激光雷达产品，售价高达8万美元，之后通过持续的研发，现如今价格降至8000美元左右。据预测，激光雷达2020年市场规模有望超100亿美元，2020年其价格有望降到250美元左右。实际上，为了降低激光雷达的成本，各厂家也在不断地进行各种尝试。当前，通过缩小水平视角，限制探测范围来降低成本的产品即将上市。也有一些厂商尝试减少激光线束或用集成芯片代替传感器和处理器等方式降低成本。

第3节　毫米波雷达

一、技术原理

毫米波雷达，是工作在毫米波（millimeter wave）波段，测量物体相对距离、相对速度、方位的高精度雷达传感器。毫米波是指频域在30~300GHz（波长为1~10mm）的电磁波。毫米波雷达早期多被应用于军事领域，随着雷达技术的发展与进步，逐渐被应用于汽车电子、无人机、智能交通等多个领域。20世纪70年代后期以来,毫米波雷达已经应用于许多重要的军用和民用系统中,如近程高分辨力防空系统、导弹制导系统、目标测量系统等。

车载毫米波雷达的工作原理如下:车载毫米波雷达通过天线向外发射毫米波,接收目标反射信号,经后方处理后快速准确地获取汽车车身周围的物理环境信息(如汽车与其他物体之间的相对距离、相对速度、角度、运动方向等),然后根据所探知的物体信息进行目标追踪和识别分类,进而结合车身动态信息进行数据融合,最终通过中央处理单元(ECU)进行智能处理。经合理决策后,以声、光及触觉等多种方式告知或警告驾驶员,或及时对汽车做出主动干预,从而保证驾驶过程的安全性和舒适性,减少事故发生。车载毫米波雷达工作过程如图3-6所示。

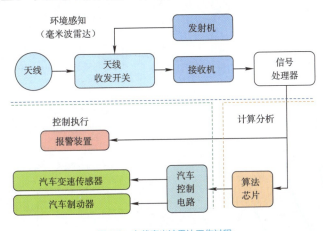

图 3-6　车载毫米波雷达工作过程

根据辐射电磁波方式不同,毫米波雷达主要有脉冲类型以及连续波类型两种工作方式,其中连续波又可以分为FSK(频移键控)、PSK(相移键控)、CW(恒频连续波)、FMCW(调频连续波)等方式,其特点和不足如图3-7所示。

工作方式	脉冲类型	连续波类型			
		CW(恒频连续波)	FSK(频移键控)	PSK(相移键控)	FMCW(调频连续波)
特点	适于长距离目标探测;测量过程简单,测量精度较高	通过来自目标的多普勒频移信息测速	可测量被测目标的距离、速度	利用随机二相码或四相码调制视频测量距离和速度	可对多个目标测量距离、速度信息;分辨率高,信号处理复杂度低、成本低廉、技术成熟
不足	在汽车防撞雷达这种短距离应用情况下,窄脉冲产生相对困难;发射峰值功率大,测量多目标困难	不能测量距离	难以测量多个目标	当要求分辨率较高时,对信号处理要求很高,目前技术难以实现	好的线性调频度不易获得,影响距离分辨率
公司	富士通天	天台	德尔福	博世	艾莱布斯	电装	日立
产品							
调制方式	FMCW	FMCW	FMCW	FMCW	FMCW	FMCW	CW
EHF器件	MMIC	MMIC	GUNN	MMIC	MMIC	MMIC	MMIC

图 3-7　毫米波雷达两种工作方式的特点和不足

由于可测量多个目标、分辨率较高、信号处理复杂度低、成本低廉、技术成熟，调频连续波（FWCW）雷达成为最常用的车载毫米波雷达，德尔福、电装、博世等供应商均采用FMCW调制方式。FMCW雷达系统主要包括收发天线、射频前端、调制信号、信号处理模块等，MMIC芯片（单片微波集成电路）和天线PCB板是硬件核心，通过接收信号和发射信号的相关处理实现对目标距离、方位、相对速度的探测，FMCW雷达系统组成及工作原理如图3-8所示。

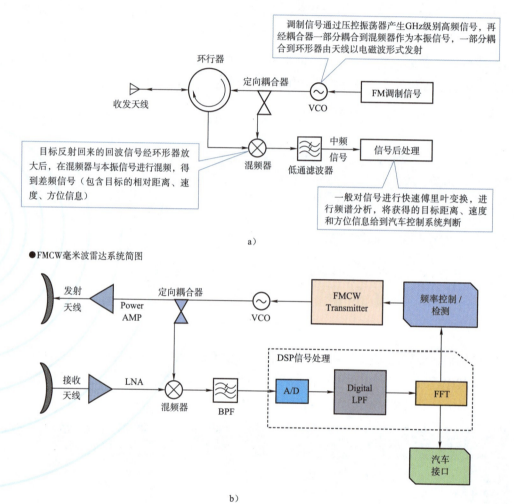

● FMCW毫米波雷达系统简图

图 3-8　FWCW 雷达系统组成及工作原理

a) 系统组成；b) 工作原理

毫米波雷达的关键部件——前端单片微波集成电路（MMIC）技术由国外半导体公司掌控，而高频的MMIC只掌握在英飞凌、飞思卡尔等极少数国外芯片厂商手中。国内的MMIC仍处于起步状态，厦门意行和南京米勒为正在研发雷达MMIC，相关性能仍有待验证。另外唯一的毫米波雷达国家重点实验室（东南大学）也一直在研发77GHz毫米波集成电路。

二 优点

毫米波雷达的优点是：毫米波波长短、频段宽，比较容易实现窄波束，毫米波雷达分辨率高，不易受干扰。毫米波的波长介于厘米波和光波之间，因此毫米波兼有微波制导和光电制导的优点。与光波相比，毫米波与亚毫米波在大气中传播时的衰减小，受自然光和热辐射源影响小。同厘米波导引头相比，毫米波导引头具有体积小、质量轻和空间分辨率高的特点。与红外、激光、电视等光学导引头相比，毫米波导引头穿透雾、烟、灰尘的能力强，具有全天候（大雨天除外）、全天时的特点。另外，毫米波导引头的抗干扰、反隐身能力也优于其他微波导引头。

三 车载应用

目前各个国家或地区对车载毫米波雷达分配的频段如图3-9所示，主要集中在24GHz区域（21.65~26.65GHz）和77GHz（76~81GHz）区域，少数国家（如日本）采用60GHz频段。比较常见的汽车毫米波雷达工作频率在24GHz、77GHz、79GHz这3个频率附近。由于77GHz相对于24GHz的诸多优势（如部件体积更小、天线尺寸更小、更容易实现单芯片集成结构、更高的速度分辨率等），未来全球车载毫米波雷达的频段会趋同于77GHz频段（76~81GHz）。

国家或地区	24 GHz	60 GHz	77 GHz	79 GHz
欧盟	允许		允许	允许
美国	允许		允许	允许
日本		允许	待定	待定
中国	允许		允许	待定

图3-9 各个国家或地区对车载毫米波雷达分配的频段

把毫米波雷达安装在汽车上，可以测量从雷达到被测物体之间的距离、角度和相对速度等。毫米波雷达目前主要应用于中高端车型，将逐渐向低端车型普及。根据安装的位置，汽车毫米波雷达又分为后向雷达和前向雷达两类。后向雷达一般每车安装两个，分布在车辆的左侧和右侧尾部。前向雷达一般在车上安装一个，在前保险杠中间位置。后向雷达和前向雷达所能实现的功能如表3-3所示。

前、后向雷达功能对比　　　　　　　表3-3

后 向 雷 达	前 向 雷 达
盲点探测（Blind Spot Detection）	自适应巡航（Adaptive Cruise Control Stop&Go）
变道辅助（Lane Change Assist）	自动紧急制动（Automatic Emergency Braking）
后方碰撞预警（Rear Pre Crash）	前碰撞预警（Forward Collision Warning）
倒车碰撞报警（Reverse Collision Warning）	
后方十字交通报警（Rear Cross Traffic Alert）	
开门报警（Door Open Warning）	

利用毫米波雷达可以实现自适应巡航控制（Adaptive Cruise Control）、前向防撞报警（Forward Collision Warning）、盲点检测（Blind Spot Detection），辅助停车（Parking aid）、辅助变道（Lane change assistant）等高级驾驶辅助系统（ADAS）功能。其中24GHz雷达系统主要实现近距离的探测（SRR），而77GHz雷达系统主要实现远距离的探测（LRR），SRR和LRR组合应用如图3-10所示。

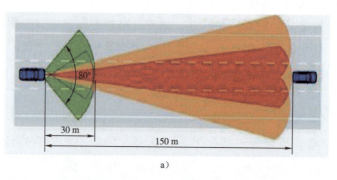

a）

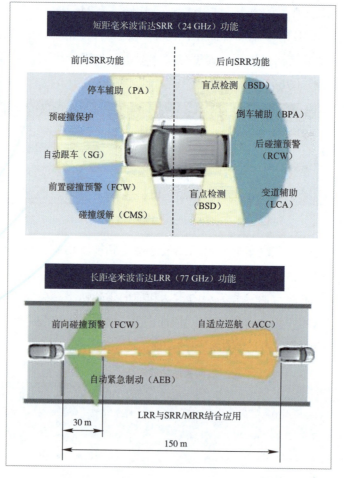

b）

图 3-10

图 3-10 SRR 和 LRR 组合应用

想要完全实现ADAS各项功能一般需要"1长+4中或短"5个毫米波雷达。目前全新奥迪A4采用5个毫米波雷达（1长+4短），奔驰的S级采用7个毫米波雷达（1长+6短）。以自动跟车型ACC功能为例，一般需要3个毫米波雷达：车正中间一个77GHz的LRR，探测距离在150~250m之间，角度为10°左右；车前两侧各一个24GHz的MRR，角度都为30°，探测距离在50~70m之间。AEB是最有实际意义的ADAS功能，未来会成为中高档汽车的标配，需要1个77GHz的LRR。

在美国，如果要想使用未经FCC（Federal Communications Commission，美国联邦通信委员会）认证的无线设备，必须先申请临时许可（STA），否则是违法行为。2017年3月17日，日本车用电子供货商Alps Electric申请了STA许可证，Alps Electric要测试的是名为Ukaza的车用毫米波雷达，工作频段为76~81 GHz。这是该频段毫米波雷达第一次公开测试。10天后，通用也向FCC递交了类似的STA许可证申请，要测试的也是Ukaza雷达，这是为通用要打造的300辆无人驾驶汽车测试车队做准备。

四 产业地图、主流产品及发展趋势

车载毫米波雷达产业地图如图3-11所示。

目前毫米波雷达技术主要由大陆、博世、电装、奥托立夫、Denso、德尔福等传统零部件巨头所垄断，特别是77GHz毫米波雷达，只有博世、大陆、德尔福、电装、TRW、富士通天、Hitachi等公司掌握。2015年，博世及大陆汽车雷达市场占有率均为22%，并列全球第一。

目前中国市场中高端汽车装配的毫米波雷达全部依赖进口，市场被美、日、德企业垄断，价格昂贵，自主可控迫在眉睫。汽车毫米波雷达分为短距、中距、长距3档，对应价格也是低、中、高3档。现有主流汽车毫米波雷达一览如图3-12所示。

Bosch雷达体积较小，Delphi的短距雷达和长距雷达、ZF-TRW的长距雷达、Autoliv的长距雷达会在近年内量产。除上述公司外，还有一些公司（如日本FUJITSU TEN、

Nidec ELESYS）也有对应的毫米波雷达产品。国内自主车载毫米波雷达产品总体仍处于研制阶段。因研发成本及难度较低，目前国内厂商研发方向主要集中于24GHz雷达产品。预计到2025年，自主品牌车载毫米波雷达可逐步实现批量装车应用。

图 3-11　车载毫米波雷达产业地图

中距雷达 MRR（mid-range radar sensor）
76～77 GHz
前向：探测距离≤160 m
后向：探测距离≤80 m　　视场150°

长距雷达 LRR4（the fourth generation long-range rader sensor）
76～77 GHz
前向：探测距离≥250 m

a）

短距雷达 SRR320
（the third generation of the short range radar sensor）
24～25 GHz
后向：探测距离？

长距雷达 ARS410
（Advanced Radar Sensor）
76～77 GHz
前向：探测距离≤170 m

长距雷达 ARS430
（Advanced Radar Sensor）
76～77 GHz
前向：探测距离≤250 m

b）

图 3-12

中距雷达 ESR2.5（electronically scanning radar）
76~77 GHz

前向：探测距离≤174 m

c)

图 3-12　现有主流汽车毫米波雷达一览

a) 德国 Bosch 中距、长距雷达；b) 德国 Continental 短距、长距雷达；c) 美国 Delphi 中距雷达

从全球范围长期来看，最终车载毫米波雷达将会统一于77GHz频段（76~81GHz），该频段带宽更大、功率更高、探测距离更远；相比于24GHz，物体分辨准确度提高2~4倍，测速和测距精确度提高3~5倍，能检测行人和自行车；且设备体积更小，更便于在车辆上安装和部署。77GHz频率范围是全球装配永久认可的权威频段，因此更适用于全球车辆平台。其中76~77GHz主要用于长距离毫米波雷达，77~81GHz主要用于中短距离毫米波雷达。未来79GHz频段（77~81GHz）中短距离毫米波雷达会成为MRR的主流，且有望全面替代24GHz短距离雷达，取代周期取决于各国工业水平、市场趋势及政策力度。

第 4 节　MIMO雷达虚拟阵及雷达二维成像

MIMO（Multiple Input Multiple Output，MIMO）原本是控制系统中的一个概念，表示一个系统有多个输入和多个输出。如果将移动通信系统的传输信道看成一个系统，则发射信号可看成移动信道（系统）的输入信号，而接收信号可看成移动信道的输出信号。MIMO雷达的基本含义是：雷达采用多个发射天线，同时发射相互正交的信号，对目标进行照射，然后用多个接收天线接收目标回波信号并对其进行综合处理，提取目标的空间位置和运动状态等信息。

MIMO雷达虚拟阵的一个典型应用是用于雷达二维成像，雷达二维成像的距离分辨力主要取决于雷达信号的带宽，方位分辨力主要取决于天线的波束宽度。要提高成像的距离分辨力，需要增加雷达信号的带宽，这是相对比较容易的。而要提高雷达信号的方位分辨力，需要增大天线或阵列的孔径，而这在实际中受到多方面因素的限制，有很大的难度。目前广泛采用的解决办法是采用合成孔径技术，在不增加天线物理尺寸的基础上，得到大孔径的阵列。与合成孔径的思想不同，MIMO雷达是利用多发多收的天线结构等效形成虚拟的大孔径阵列，获得方位上的高分辨力。而这种虚拟阵的形成是实时的，能够避免传统的ISAR成像中存在的运动补偿问题。故MIMO雷达在成像应用上有其独特的优势。

NXP在2018年1月11日推出的MR3003和S32R274就是典型的级联设计方案，MR3003是一款3发4收的毫米波雷达收发器，NXP的级联设计最低是级联4个MR3003，达到12发16收，由S32R274做处理器，最多可支持高达20个MR3003级联，达到惊人的60发80收毫米波雷达，足以成像。所谓级联，实际上类似多输入多输出的MIMO系统。

一对发射阵元和接收阵元可以虚拟出一个收发阵元，则对于m发n收的MIMO雷达，发射阵元和接收阵元共有$m*n$对，即可以虚拟出$m*n$个收发阵元，其个数一般是远远大于n的，从而实现了阵列孔径的扩展。德州仪器使用4个3发4收的AWR1243雷达，就是192个虚拟通道（天线或者称为阵列），如图3-13所示。

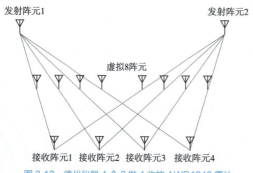

图3-13 德州仪器4个3发4收的AWR1243雷达

图3-14所示为德州仪器4个AWR1243级联后雷达的参数，远距离分辨力大大提高，40m处可以做到1°的方位角分辨率，也就是4.5cm的精度和大约9cm的物体分辨精度。

Four AWR1243 cascaded 3D radar		
Sweep bandwidth	3333 MHz	275 MHz
Range resolution	4.5 cm←high resolution	55 cm
Max unambiguous range	40 m	250 m←long range
Azimuth angular resolution	1°	1°
Cross-range resolution @ max range	70 cm	4.4 m
Elevation angular resolution	14°	14°
Ramp slope	54 MHz/μs	9 MHz/μs
Chirp duration	61.3 μs valid(+ 13 μs inter-chirp)	30.7 μs valid(+ 7 μs inter-chirp)
Number of chirps	16	256
Max beat frequency	15 MHz	15 MHz
ADC sampling rate (I, Q)	16.7 MSPS(complex)	16.7 MSPS(complex)
Frame time	16×74.3 μs=1.2 ms	256×37.7 μs=9.7 ms
Range FFT size	1024 (complex)	512 (complex)
Radar data memory	1024×16×16 RX×4 Bytes=1 MB	512×256×16×4=8 MB

图3-14 德州仪器4个AWR1243级联后雷达的参数

如果是百万像素45° FOV的摄像头，那么40m处只有大约20像素的方位角分辨率，无法分清行人和骑行者。MIMO具备很宽的FOV，像德州仪器这种4个级联的雷达FOV高达192°（摄像头80°的FOV都算是广角了），边缘处可能有广角失真。

图3-15所示为德州仪器测试的多片级联雷达（MIMO）的FFT输出图，很明显通道数越多，精细程度就越高。

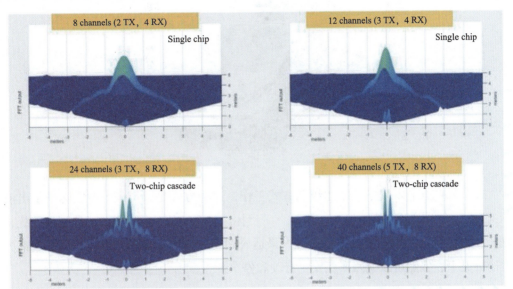

图3-15　德州仪器测试的多片级联雷达（MIMO）的FFT输出图

第5节　超声波雷达

激光雷达安装在车顶，在车辆底部便形成一个无法测量的圆形区域，这也是激光雷达的感知盲区。用于自适应巡航的毫米波雷达用于远距离测量，对于近距离测量的精度不够。无人驾驶汽车在停车时的精度需达到厘米级，这是激光雷达和毫米波雷达无法做到的，因此这时候就会用到善于近距离测量的超声波雷达。倒车雷达通常采用的是超声波雷达，安装在后车轮附近。谷歌无人驾驶汽车原型车就在后车轮附近安装了一颗用于近距离测量的超声波雷达，主要作用是自动停车。

第6节　无人驾驶汽车雷达系统配置实例

一、通用Cruise无人驾驶汽车

通用Cruise无人驾驶汽车雷达系统配置状况如图3-16所示，采用5个激光雷达，21个毫米波雷达，另外还配置了16个摄像头。5个激光雷达是Velodyne的VLP16，即16线激光雷达。2018年1月初，Velodyne下调VLP16的售价，从7999美元到3999美元。21个

毫米波雷达中12个79GHz毫米波雷达由日本ALPS提供，两个前向和两个后向长距离毫米波雷达推测由德国提供，型号是ARS-408。5个高分辨率（通用称之为Articulating）毫米波雷达由德国博世提供，主要安装在车两侧和正前方，其带宽最高是传统77GHz雷达的8倍，因此分辨率可达4cm。

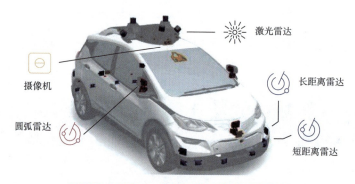

图3-16　通用Cruise无人驾驶汽车雷达系统配置状况

12个79GHz毫米波雷达采用级联方式工作，这种方式足以让毫米波雷达呈现出清晰的360°全景图像，还可以同时跟踪上千目标。12个79GHz毫米波雷达是冗余系统，毫米波雷达应对复杂环境的能力最强，最适合做冗余系统，在激光雷达和摄像头都失效的情况下，依然可以保障车辆安全行驶和停车。

二、谷歌无人驾驶汽车

谷歌无人驾驶汽车（Google Driverless Car）是谷歌公司的Google X实验室研发中的全自动驾驶汽车，不需要驾驶员就能起动、行驶以及停止。目前正在测试，已驾驶了48万km。谷歌使用过7辆试验车，其中6辆是丰田普锐斯，一辆是奥迪TT。这些车在加州几条道路上测试，其中包括旧金山湾区的九曲花街。这些车辆使用摄像头、雷达来感知道路环境和交通状况，并且使用详细地图实现前方道路导航。谷歌无人驾驶汽车测试实景如图3-17所示。

图3-17　谷歌无人驾驶汽车测试实景

谷歌无人驾驶汽车传感器系统的配置情况如图3-18所示，它安装了4个毫米波雷达（3个在车头，1个在车尾，车前毫米波雷达如图3-19所示）和1个车顶三维激光雷达（LIDAR HDL-64E，Velodyne公司产品）。毫米波雷达用于计算前后车辆与无人驾驶汽车之间的相对速度并进行速度变化预判。HDL-64E雷达一边旋转一边不间断地发射64束最远射程可达120m的激光束，并接收反射回来的光束，依据返回时间差计算出物体与汽车之间的距离，绘制出汽车周围实时的3D地形图，综合探测数据后还可以判断出物体的形状、大小和大致的运动轨迹，以此作为未来行动的判断依据之一。HDL-64E每秒可以给谷歌无人驾驶汽车的处理器提供130万组数据，因此可以保证提供的信息几乎是实时的。HDL-64E"眼"中的世界如图3-20所示。

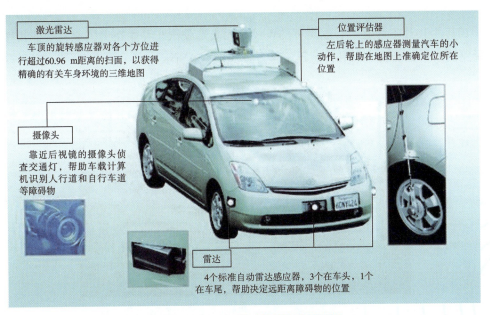

图3-18　谷歌无人驾驶汽车传感器系统配置情况

图3-19　车前毫米波雷达

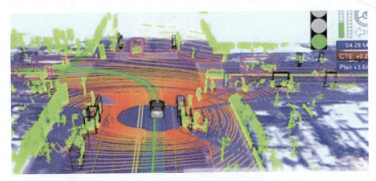

图3-20　HDL-64E"眼"中的世界

除雷达系统外，谷歌无人驾驶汽车还配备了车道保持视觉系统（Lane-keeping

Vision)、红外摄像头(Infrared Camer)、立体视觉(Stereo Vision)、GPS和惯性导航系统、车轮角度编码器(Wheel Encoder)。

三、Waymo无人驾驶汽车

2017年10月中旬起，谷歌旗下的Waymo无人驾驶汽车开始在美国亚利桑那州做公开道路测试，其测试实景和传感器配置方式如图3-21所示。

图3-21 Waymo无人驾驶汽车测试实景和传感器配置

a) 测试实景； b) 传感器配置

Waymo无人驾驶汽车上的传感器配置情况如下：

激光雷达（LiDAR）系统包含3种：能够提供四周连贯视野的短距离LiDAR、高清中距离LiDAR以及能够看到几乎3个橄榄球场之外的新一代长距离LiDAR。LiDAR昼夜均可使用。

毫米波雷达系统：使用多种波长来探测物体和运动。这些雷达波能够绕过雨滴等物体，因此在雨天、雪天和雾天也能发挥效果，而且不受昼夜变化的影响。Waymo的雷达系统具备连续的360°视野，所以可以探测车辆前后和两侧的道路参与者的速度。

视觉（摄像头）系统：视觉系统包含为了像人类一样看到周围世界而设计的摄像头，但它具备360°的同步视野，而人类驾驶员只能看到120°的视野。由于高清视觉系统能够探测颜色，因此可以帮助系统识别交通信号灯、施工区、校车和急救车的频闪灯。Waymo的视觉系统由多组高清摄像头组成，目的是在白天和低光照条件下都能看清远方的物体。

补充传感器：Waymo还有很多额外的传感器，包括可以听到警车和急救车警笛的音频探测系统。

Waymo无人驾驶汽车靠传感器和软件的配合，能感知到周围世界，可识别车辆、行人、自行车、障碍物等，还可以辨别交通灯的颜色、临时停车标志等，Waymo无人驾驶汽车"看"到的世界如图3-22所示。

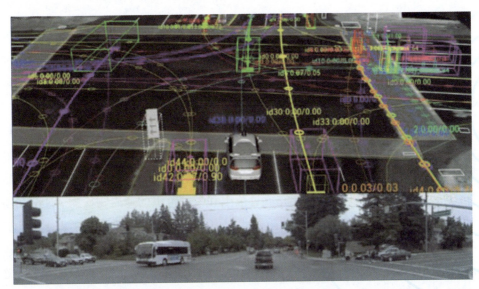

图3-22　Waymo无人驾驶汽车"看"到的世界

第4章
车道视觉检测与识别技术

第1节 视觉导航基础

车道图像理解的目的是为了实现视觉导航。早期的室外移动机器人视觉导航大多采用基于无地图的方法，研究背景主要针对结构化环境，包括高速公路车辆自动巡航和工厂自动导引车（AGV）。根据道路环境结构类型，室外视觉导航分为结构化环境下的视觉导航和非结构化环境下的视觉导航2大类。

结构化环境下的视觉导航主要是指道路检测及跟踪。道路检测及跟踪方面最具代表性的研究成果是卡耐基梅隆大学（Carnegie Mellon University，CMU）的Navlab项目。该项目从1984年开始，已研制成功一系列的汽车机器人。最新的Navlab家族产品是Navlab 11，由越野车改装而成，能完成近范围和中等范围的障碍物检测。Navlab项目中的单幅图像算法包括3个阶段：第1阶段是对道路和非道路像素采用高斯分布进行颜色和纹理分类；第2阶段是对道路像素执行Hough变换以获取道路消失点和朝向参数；第3阶段是根据确定的道路边缘对像素再分类。NavLab在有车道线道路上行驶的道路场景如图4-1所示，其车道保持系统如图4-2所示。许多结构化室外道路跟踪的研究工作实际上都是延续了Navlab项目的思想。

图 4-1 NavLab 在有车道线道路上行驶的道路场景

a) 有车道线，正常道路 1；b) 有车道线，正常道路 2；c) 有车道线，湿滑道路

视觉导航系统的一般算法框架通常包括特征提取、环境参数估计和系统状态跟踪3部分，如图4-3所示。

 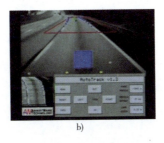 

图 4-2　Navlab 的车道保持系统

a) 路段 1；b) 路段 2；c) 路段 3

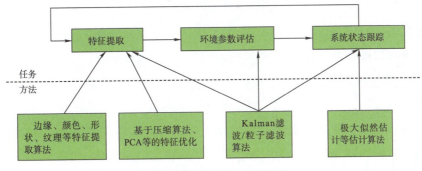

图 4-3　视觉导航系统的一般算法框架

按照与摄像机间的距离，一般可将道路图像分为近视野区和远视野区，在道路边界曲率较小、车辆视野不大的近视野区，道路边界及车道线可用直线模型描述；近视野区或远视野区道路边界曲率较大时，可用二次曲线模型描述。若采用直线模型来匹配，则计算量小，实时性高。实际道路在车辆视野中出现的典型情况如图4-4。

图 4-4　实际道路在车辆视野中出现的典型情况

a) 直线；b) 近视野直线，远视野曲线；c) 曲线

由于透视投影变换，二维图像坐标系中道路平面上平行的道路边界和车道线畸变为三维世界坐标系中的相交线。以图像的左上方顶点为坐标原点，在图像坐标系中，道路几何模型定义为：

（1）直线模型。

车道线和路边界在图像中均为直线，数学表达式为：

$$y = kx + b \tag{4-1}$$

具体的，左右车道线 L_L 和 L_R 可分别描述为：

$$y_L = k_{PL} \cdot x_L + b_{PL} \quad (4\text{-}2)$$

$$y_R = k_{PR} \cdot x_R + b_{PR} \quad (4\text{-}3)$$

$$k_{PL} \neq k_{PR} \quad (4\text{-}4)$$

设L为虚拟出的车辆导航参考线，则L可表示为：

$$y = \tan\left(\frac{\arctan k_{PL}}{2} + \frac{\arctan k_{PR}}{2}\right) \cdot x + b \quad (4\text{-}5)$$

（2）抛物线模型。

车道线和路边界在图像中为抛物线，表达式为：

$$y = \alpha x^2 + \beta x + \gamma \quad (4\text{-}6)$$

以上模型中，x、y为像素坐标，(k, b)、(α, β, γ)为道路参数，均为实数。确定了这些参数，就可以确定车道线和道路边界的位置，实现道路跟踪。实际中检测到的道路特征数据需通过数值拟合或Hough变换获取与道路特征点匹配程度最高的候选直线或曲线集合。

理想的状况是：无人驾驶汽车在道路上行驶时能保持在两车道线中间或车道线与道路边界中间，即理想路径为中线。用点状模型来表示车体（B点），并在点上延伸出箭头用以表示车体实际运动方向。假设车体的理想位置为A点；车辆跟踪道路的偏差用二维向量(θ, d)来刻画，其中θ表示方向角误差，是车体实际运动方向与中线切线之间的夹角；d表示车体偏离中线的距离，即横向位置误差，则可建立如图4-5所示的道路及跟踪误差模型（虚线框为感兴趣区域）。图4-5a)~图4-5c)为北京道路实拍。

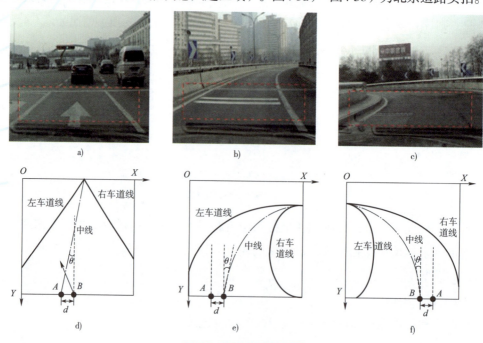

图 4-5 道路及跟踪误差模型

a) 直路视频帧；b) 右弯路视频帧；c) 左弯路视频帧；d) 直路及跟踪误差模型；e) 右弯路及跟踪误差模型；f) 左弯路及跟踪误差模型

第 2 节　车道线检测与跟踪

一、Hough变换及其改进算法

经典Hough变换可检测图像中的直线，后扩展到可检测任意形状物体。为改善检测精度及速度，一些改进的Hough变换算法被提出，如概率Hough变换、四分树Hough变换、分层Hough变换等。

实际应用中，Hough变换算法需配合其他图像处理环节才能较好发挥作用，且需要根据系统特点进行改进。将前视图先变换为IPM图，且仅在感兴趣区域内检测车道线可有效提升检测效果。

结合车道图像检测的应用特点，本书提出一种基于IPM车道图像的快速鲁棒车道线检测方法，即：先采用小波变换对车道图像进行预处理，同时起到减小Hough变换中极坐标参数ρ的作用，再采用快速Hough变换进行车道线检测。像素为$m\times n$的图像，通常ρ的取值范围为$[-\sqrt{2}m/2,\sqrt{2}n/2]$，$\theta$的取值范围为$[-90°，90°]$。经过一次小波变换后，$m\times n$的图像像素为$(m/2)\times(n/2)$，在重构低分辨率图像中采用Hough变换，$\theta$保持不变，$\rho$缩短为原来的一半，有效提高了Hough变换的实时性。为了尽可能减少经过预处理后仍存在的干扰像素的影响，在车道线初始检测时使用基于极角约束区域的Hough变换检测出候选车道线，再根据前一帧图像信息用基于动态ROI的Hough变换进行车道跟踪。检测步骤如下。

1. 确定车道线的粗略方向

IPM图中，经预处理后的候选车道线的方向大致为：$\theta\approx 0°$。

2. 在粗略方向θ邻域内使用Hough变换检测直线

图像空间的一条直线上的点，对应着一个参数空间(ρ,θ)累加器$H(\rho,\theta)$。$H(\rho,\theta)$事实上就是某方向上目标点的数目。传统的霍夫变换方法对每个像素点均做从0到179°的坐标空间变换，计算量非常大，本书仅在$[\theta-30°，\theta+30°]$区间内进行累加投票。同时采用分层思想，先每隔10°计算$H(\rho,\theta)$值，选择最大的$H(\rho,\theta)$值对应的方向，然后在该方向的10°区间内每隔1°计算$H(\rho,\theta)$值，精确定位直线。这大大降低了直接检测的计算量。

二、自校正闭环视觉检测器

闭环思想在控制领域具有奠基性地位，其主要目的是根据反馈值实时削弱直至消除误差。但在检测领域，闭环检测一直没有建立完善的理论体系，也极少有人提到。本书认为对于采用动态视觉的复杂检测系统来讲，闭环检测的思想是非常适用的。以往的车道线特征检测实际上都是一种开环检测，系统中无反馈。鉴于此，本文借鉴自校正自适应控制系统理论的方法，结合无人驾驶汽车道路感知的实际状况，提出自校正闭环视觉检测器架构，如图4-6所示。

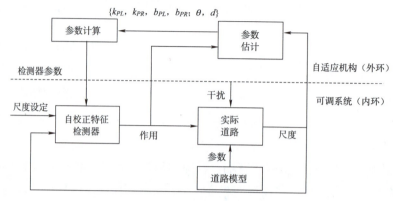

图4-6 自校正闭环视觉检测器架构

系统参数包括道路模型几何参数及道路跟踪偏差，表示为：

$$P_{road} = \{k_{PL}, k_{PR}, b_{PL}, b_{PR}; \theta, d\} \quad (4-7)$$

与自适应控制系统不同的是，检测器施加在检测对象即实际道路上的量是某种参数下的检测算法，而不是控制量。控制量对受控对象的状态是产生影响的，检测算法对被检对象的未来状态也是产生影响的，即实际道路呈现给检测器的可检测视野是受到影响的，从这点上看，控制器和检测器是相同的。因此不同于传统的系统架构画法（传统系统中，根据信息流向箭头，都是由检测对象指向检测机构），本书检测器与受检对象间采用相反的箭头方向。

干扰指光照度变化、阴影、尺度变化、旋转、视角变化、天气变化、粉尘污染、伪障碍物等各种异常检测条件。这些条件正是检测器分辨率设定的依据。例如在良好检测条件下，为提高系统实时性，就可以选择较低分辨率，只要反馈回的可信度表明能够稳定跟踪导航标志即可。

系统中的自校正闭环视觉检测器算法如下：采用小波包去噪后再利用小波模极大值进行车道线多分辨率边缘检测，在关键帧处输出边缘检测可信度，转换成相应尺度后反馈回检测器输入端，作为尺度空间尺度设定的依据。本书基于自校正闭环视觉检测器架构，提出一种基于最佳小波包的检测器算法；基于小波包对图像稀疏描述的原理，提出一种由压缩去噪和边缘特征提取共同构成的道路环境图像实时压缩感知算法。

从信号的角度看，车道线边缘是一类明显的信号突变点。在无人驾驶汽车动态图像系统中，信号突变非常快，这表现为信号在时间和空间的局部极值点的变化。自适应选择合适的分解尺度，借助小波分析良好的局部分析功能可以快速捕捉到主要特征点。

三 基于逆透视映射的车道线检测

逆透视映射（Inverse Perspective Mapping，IPM）是透视映射的逆过程，可利用摄像机的角度、高度等位置信息建立三维坐标系，消除透视作用，得到场景的俯视图。经过逆透视映射之后，原本有相交趋势的车道线转化为俯视图中的平行线，更便于检测。

逆透视映射技术领域的典型IPM公式是由M.Bertozzi等人推导出来的，并成功应用于GOLD无人驾驶汽车上。该IPM公式如下：

$$\begin{cases} x(u,v) = h \times \cot\left[(\theta-\alpha) + u \times \dfrac{2\alpha}{m-1}\right] \times \cos\left[(\gamma-\beta) + v \times \dfrac{2\beta}{n-1}\right] + l \\ y(u,v) = h \times \cot\left[(\theta-\alpha) + u \times \dfrac{2\alpha}{m-1}\right] \times \sin\left[(\gamma-\beta) + v \times \dfrac{2\beta}{n-1}\right] + d \end{cases} \quad (4\text{-}8)$$

由式4-8可推导出世界坐标系下路面坐标$(x, y, 0)$与图像坐标(u, v)的关系式为：

$$u(x,y,0) = \dfrac{\cot\left\{\dfrac{h \times \sin\left[\cot\left(\dfrac{y-d}{x-l}\right)\right]}{y-d}\right\} - (\theta-\alpha)}{2\alpha/m-1} \quad (4\text{-}9)$$

$$v(x,y,0) = \dfrac{\cot\left(\dfrac{y-d}{x-l}\right) - (\gamma-\beta)}{2\beta/n-1} \quad (4\text{-}10)$$

公式推导工程背景为摄像机的位置参数，如图4-7所示，其中：摄像机在世界坐标系中的位置坐标为(l, d, h)，单位为m；摄像机分辨率为$m \times n$，单位为像素；视场角为$2\alpha \times 2\beta$，单位为rad；偏航角为γ，单位为rad；俯仰角为θ，单位为rad。

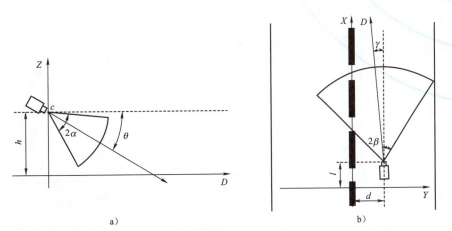

图 4-7　摄像机的位置参数
a) 侧视图；b) 顶视图

世界坐标系中一点$Q(x,y,z)$坐标与其像点$q(u,v)$坐标的关系如下：

$$Z\begin{bmatrix}u\\v\\1\end{bmatrix}=\begin{bmatrix}\dfrac{1}{d_x}&0&u_0\\0&\dfrac{1}{d_y}&v_0\\0&0&1\end{bmatrix}\begin{bmatrix}f&0&0&0\\0&f&0&0\\0&0&1&0\end{bmatrix}\begin{bmatrix}\mathbf{R}&\mathbf{t}\\0^{\mathrm{T}}&1\end{bmatrix}\begin{bmatrix}x\\y\\z\\1\end{bmatrix}$$

$$=\begin{bmatrix}a_x&0&u_0&0\\0&a_y&v_0&0\\0&0&1&0\end{bmatrix}\begin{bmatrix}\mathbf{R}&\mathbf{t}\\0^{\mathrm{T}}&1\end{bmatrix}\begin{bmatrix}x\\y\\z\\1\end{bmatrix}=\mathbf{M}_t\mathbf{M}_0\begin{bmatrix}x\\y\\z\\1\end{bmatrix}=\mathbf{M}\begin{bmatrix}x\\y\\z\\1\end{bmatrix} \quad (4\text{-}11)$$

式中，Z 是归一化系数；u_0、v_0 是图像的中心点像素坐标；d_x、d_y 是传感器水平和垂直方向的像元物理尺寸；f 是镜头焦距，$a_x=f/d_x$，$a_y=f/d_y$，$0^{\mathrm{T}}=(0, 0, 0)$；矢量 $\mathbf{t}$ 是摄像机坐标系与世界坐标系原点间的相对位置关系；矩阵 $\mathbf{R}$ 是摄像机坐标系与世界坐标系坐标轴间的姿态关系，称为相机旋转矩阵；$\mathbf{M}_t$ 是内参数矩阵（摄像机一旦给定就确定）；$\mathbf{M}_0$ 是摄像机外部参数矩阵；$\mathbf{M}$ 是投影矩阵。

若摄像机坐标系与世界坐标系重合，则外参数矩阵 $\mathbf{M}_0$ 只需考虑旋转矩阵 $\mathbf{R}$ 的影响。在针孔透视投影模型下，假定路面平坦，在 $Z=0$ 的平面，场景点世界坐标系坐标 $Q(x, y, z)$ 与该点在图像坐标系中的投影点坐标 $q(u, y)$ 间的转换关系如下：

$$x=\dfrac{\beta h(u-u_0)}{\alpha[(v-v_0)\sin\theta+\beta\cos\theta]} \quad (4\text{-}12)$$

$$y=-\dfrac{h(v-v_0)}{(v-v_0)\sin\theta\cos\theta+\beta\cos\theta\cos\theta} \quad (4\text{-}13)$$

将图像坐标系中的车道逆投影到路面世界坐标系，就得到实际路面的车道。逆投影后得到近视野区域和远视野区域的车道方程如下：

$$x=\dfrac{(kv_0-u_0+b)\sin\theta-k\beta\cos\theta}{\alpha}y_w+\dfrac{h(kv_0-u_0+b)}{\alpha\cos\theta} \quad (4\text{-}14)$$

$$x=k_1\dfrac{(-y\beta\cos\theta)^3}{\alpha\left(y\sin\theta+\dfrac{h}{\cos\theta}\right)^2}+k_2\dfrac{(-y\beta\cos\theta)^2}{\alpha\left(y\sin\theta+\dfrac{h}{\cos\theta}\right)}-k_3\dfrac{y\beta\cos\theta}{\alpha}+k_4\dfrac{y\sin\theta+\dfrac{h}{\cos\theta}}{\alpha} \quad (4\text{-}15)$$

在车辆行驶过程获取的实际动态图像序列中，被检测的车道ROI区域经过逆透视变换得到的并不是只存在车道线和路面的干净IPM车道图像，特别是在车辆转弯等不理想条件下，直线车道线模型的获取非常不稳定，车道图像中总会存在干扰，所以Hough变换检测到的线段不可避免地会加入别的非车道线成分，而去除这些非车道线成分又会引发大量后处理计算。因此，改进前期图像获取方法及优化IPM图像的预处理过程十分有用。

本书采用的基于逆透视变换的车道线检测算法,其流程及其后续应用如图4-8所示。

加州理工车道数据集目前是全世界范围内研究和验证车道线检测效果的公用数据平台,本书选择此数据集作为算法测试的实验平台。来源于加州理工车道数据集的车道ROI区域如图4-9所示。

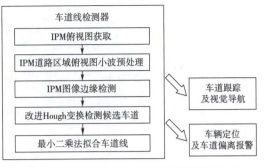

如果直接对原图(前视图)进行边缘提取,则会将车道线目标外的大量非目标边缘也一同提取出来,如树木、天

图4-8 车道线检测算法流程及其后续应用

空、交通标志、车辆、行人等,这些构成车道线检测的干扰源。在IPM图上进行选定道路区域的边缘提取就几乎不存在这类问题,干扰点少,这是因为俯视图中的道路区域形状规整,很容易被分割出来,且车道线呈平行状态,变得清晰、明显。在原始图像(640×480像素)上初步选定车辆正前方车道线明显出现的矩形区域(两车道模式下为226×122像素,四车道模式下为560×130像素),即为车辆行驶过程中的感兴趣区域。

a)   b)

图4-9 车道ROI区域

a) 两车道模式; b) 四车道模式

从图4-9可见,三维道路场景在二维图像平面上的透视映射过程对后续的边缘提取及车道线建模带来不利条件。

获得投影矩阵**M**后,进行图像IPM变换,即可得到路面俯视图,来源于加州理工车道数据集的无阴影四车道原始图像ROI和IPM俯视图如图4-10所示。对比原始图像ROI和IPM俯视图,显然IPM俯视图中的车道线更加清晰(基本平行),且道路全貌清晰,手工便可分割出有用的道路区域,因此更便于检测。来源于加州理工车道数据集的有阴影车道IPM图如图4-11所示。

摄像机的安装高度对摄像机能够看到的前方最远距离有直接影响,不同摄像机安装高度下的IPM图获取实验结果如图4-12所示。

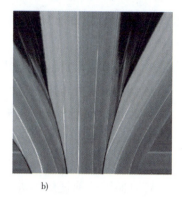

a)   b)

图 4-10　无阴影四车道原始图像 ROI 和 IPM 俯视图

a) 原始图像 ROI；b) IPM 俯视图

图 4-11　有阴影车道 IPM 图

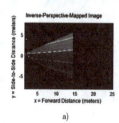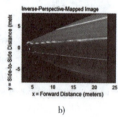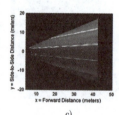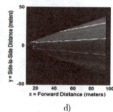

a)　　　　　　b)　　　　　　c)　　　　　　d)

图 4-12　不同摄像机安装高度下的 IPM 图获取实验结果

a) $h=0.5$ m；b) $h=0.8$ m；c) $h=1.5$ m；d) $h=3.3$ m

采用低频子图重构原图的实验结果如图 4-13 所示。

a)　　　　　　　　b)　　　　　　　　c)

图 4-13　采用低频子图重构原图的实验结果

a) 第 1 层重构；b) 第 2 层重构；c) 第 3 层重构

采用小波法进行图像压缩的优势在于可分层进行,并可根据具体应用图像特点自适应地选择压缩的最大层数,在满足应用需求的前提下得到任意压缩比。

针对车道线特征提取及候选车道线定位,本书提出的一种方法为先采用小波多尺度边缘提取法提取车道线图像的边缘特征,再采用概率Hough法精确定位车道线。

实际道路检测实验表明,自然道路图像受光照强度、车道线清晰程度影响较大,检测的实时性和精度是需要综合考虑又相互制约的因素,因此理想的边缘检测算法应能根据路况实时调整精度,基于小波模极大值的多尺度边缘检测算法恰好能够满足此要求。本文提出一种基于二维样条小波的快速多尺度自适应车道线边缘检测算法,并以IMP道路图像为例进行研究和实验。

采用二维样条滤波器$h(n, m)$对原图进行数字滤波处理,逐级计算小波变换的模,本实验共计算5级,加州理工车道线多尺度边缘检测结果如图4-14所示。

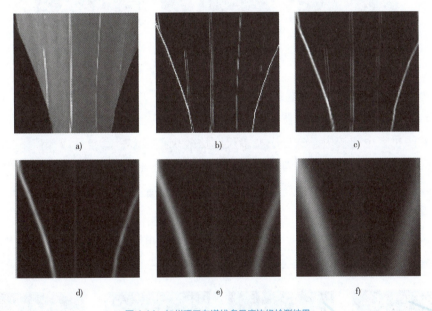

图4-14 加州理工车道线多尺度边缘检测结果

图4-14a)~图4-14c)依次为原图、1级边缘、2级边缘;图4-14d)~图4-14f)依次为3级边缘、4级边缘、5级边缘。从图4-14中可看出,1级边缘的提取效果最好,适用于各种路况条件(晴天、雨天、有无遮挡等);2级边缘在路况条件较好(如光线正常、采集到的原始图像清晰、动态障碍物干扰少等)时也可以使用;3级及以下的边缘不清晰,在导航精度要求高的情况下不宜使用。1级边缘、2级边缘的检测结果说明:①该方法不存在车道线漏检现象;②车道线外的干扰点非常少,完全可通过进一步滤波处理得到干净的车道线;③1级边缘、2级边缘检测结果都可用,可根据路况自适应选择边缘检测的级别,选择2级时是一种压缩感知法,将大幅提高系统处理速度,有利于系统实时性的提高。

为对比检测效果,再采用自适应阈值的Sobel算子对同样图像进行边缘特征提取,无树荫IPM图Sobel算子边缘检测结果如图4-15所示。

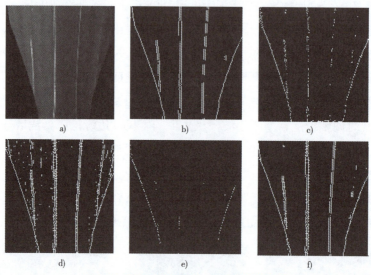

图 4-15　无树荫 IPM 图 Sobel 算子边缘检测结果

a) 原图；b) 自适应阈值 =0.0831；c) 阈值 =0.02，水平方向；d) 阈值 =0.02，垂直方向；e) 阈值 =0.05，水平方向；f) 阈值 =0.05，垂直方向

Sobel算子边缘检测结果表明：①阈值=0.02时能够检测出全部的车道线，但此时同时检出的干扰点也比较多，这比小波多尺度法效果差很多；②自适应阈值下并不能检测出全部车道线，存在漏检，而小波法不存在；③Sobel算子的检测速度的确非常快。对于实际道路图像序列，很难确定出不存在漏检的自适应Sobel算子阈值，因此Sobel算子法具有局限性。

在采用小波多尺度边缘检测基础上，采用概率Hough变换检测1级、2级IPM图像中的车道线，IPM道路图Hough变换检测车道线结果如图4-16所示。

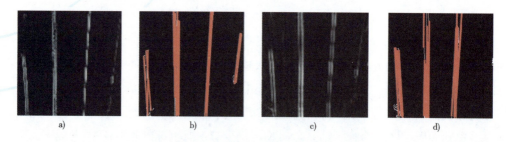

图 4-16　IPM 道路图 Hough 变换检测车道线结果

a) 1 级边缘图；b) 1 级边缘图车道线；c) 2 级边缘图；d) 2 级边缘图车道线

也可采用另外一种方法：Canny边缘提取加概率Hough法。具体实现方法如下。

采用OpenCV库函数cvCanny中的Canny算子对无树荫IPM道路图进行边缘检测，再采用概率Hough变换检测车道线。Canny边缘检测及Hough变换检测车道线结果如图4-17所示。

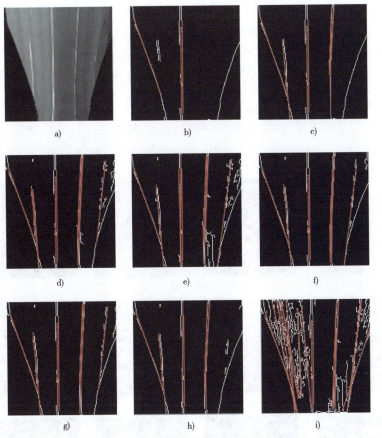

图 4-17 Canny 边缘检测及 Hough 变换检测车道线结果

a) 原图; b) 阈值组合 1; c) 阈值组合 2; d) 阈值组合 3; e) 阈值组合 4; f) 阈值组合 5; g) 阈值组合 6; h) 阈值组合 7; i) 阈值组合 8

Canny 边缘检测算法采用双阈值，根据高阈值得到一个含有很少假边缘的边缘图像，但由于阈值较高，检出的边缘可能不闭合，故设置另一个低阈值。

针对 IPM 道路图像，图 4-17b)、c)、d)、e)、f)、g)、h)、i) 中 cvCanny 的双阈值 threshold1、threshold2 设置情况及检测效果如下：

阈值组合 1：threshold1=30，threshold2=450，车道线漏检严重；

阈值组合 2：threshold1=30，threshold2=350，部分车道线漏检；

阈值组合 3：threshold1=20，threshold2=150，不存在漏检；

阈值组合 4：threshold1=10，threshold2=150，不存在漏检，细碎边缘增多；

阈值组合 5：threshold1=50，threshold2=150，不存在漏检，细碎边缘少，效果好；

阈值组合 6：threshold1=50，threshold2=100，不存在漏检，细碎边缘少，效果好；

阈值组合 7：threshold1=75，threshold2=150，存在漏检，细碎边缘很少；

阈值组合 8：threshold1=5，threshold2=50，出现许多假车道线，边缘过多。

由实验结果可见：①针对该图像，threshold2=150 左右，threshold2/threshold1 在 2~3 之间时，检测效果最理想；②threshold1 越大，细碎边缘越少，反之，越多；threshold2

越大，边缘总量越少，反之，越多；③边缘数量越多，Hough变换的运算量就越大，过多会导致虚检；边缘数量越少，Hough变换的运算量就越小，过少会导致漏检。总之，过多或过少的边缘检出量都不利于Hough变换对车道线的检测，只有在恰当的边缘检测结果图上，Hough变换才能有效检测出车道线。因此，边缘检测及前序的预处理结果对Hough变换有直接作用。

对有树荫干扰的道路图像，本书提出的方法同样适用，且效果良好。对IPM图采用不同预处理方法，有树荫IPM道路图Hough变换车道线检测结果如图4-18所示。

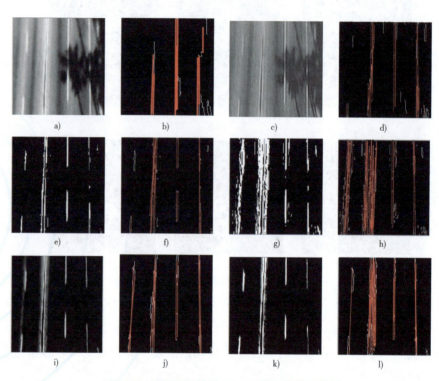

图 4-18　有树荫 IPM 道路图 Hough 变换车道线检测结果

a) 原图；b) 原图直接 Hough 变换检测结果，有漏检；c) 小波系数增强图；d) 小波系数增强后 Hough 变换检测结果；e) 较高灰度阈值分割图；f) 较高灰度阈值分割后 Hough 变换检测结果；g) 较低灰度阈值分割图；h) 较低灰度阈值分割后 Hough 变换检测结果；i) 亮度 =-99，对比度 =68 的预处理图；j) 亮度 =-99，对比度 =68 预处理图 Hough 变换检测结果；k) 亮度 =-98，对比度 =90 的预处理图；l) 亮度 =-98，对比度 =90 预处理图 Hough 变换检测结果

以上实验结果表明，在二值化的预处理后IPM图像上检测车道线效果比较好，例如图4-18k)、l)的处理及检测效果就比较理想。另外，原IPM图与预处理后IPM图的检测结果对比后说明，图像预处理对车道线检测的精度、速度影响都还是较大的。

由于以上提取的是存在于某一参数子空间的所有车道线点，因此最后还需要通过拟合提取出的车道线点得到车道线模型的参数，并确定出最终车道线位置。

为了提高系统实时性，在满足导航精度的前提下，经测试只选择每条车道线上的主控点（每条车道6个点）进行拟合。将每一条车道线用矩形框住，分别在4个矩形中依次拟合车道线。车道主控点选择如图4-19所示。

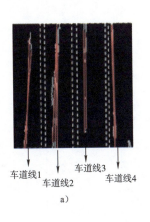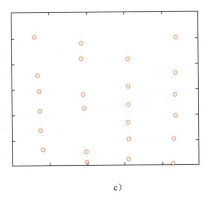

图 4-19 车道主控点选择

a) 矩形分割；b) 某条车道线的主控点；c) 四条车道的主控点

不同函数的拟合效果如图4-20所示。

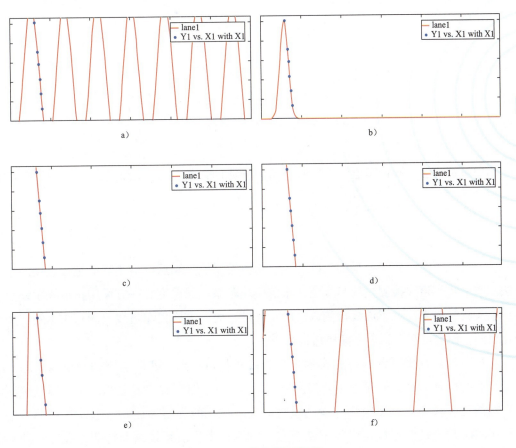

图 4-20 不同函数的拟合效果

a) Fourier 函数；b) Gaussian 函数；c) 插值函数；d) Polynomial 函数；e) 平滑样条拟合函数；f) 正弦函数

对比后，选择效果较好的Polynomial函数作为车道线拟合函数。车道线2、3、4的拟合结果如图4-21所示。

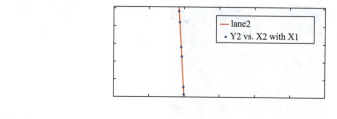

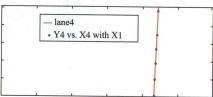

图4-21 车道线2、3、4的拟合结果

4条车道线拟合完毕后的结果如图4-22所示。

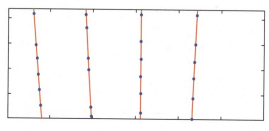

图4-22 4条车道线拟合完毕后的结果

通过拟合多条候选车道线,最终得到车道线的精确位置,从而完成车道线检测。

四、车道线跟踪及车道偏离预警系统

1.总体思路

为验证车道线检测结果的正确性,将检测结果输入到后续应用环节是最直接的办法。本书将车道线检测模块与车道线跟踪模块联系起来研究,一方面用车道线跟踪及纠偏实验结果来验证车道线检测方法的正确性,另一方面使车道线检测算法达到实用化目的,使之可嵌入到车道偏离预警系统中。

车道偏离预警系统的核心技术是车道线检测与跟踪。实际道路的车道线跟踪是一个非线性目标跟踪问题,主要涉及3个核心问题,即模型、方法和评估。模型包括目标的运动模型和观测模型,运动模型取决于目标的类型和运动状态,观测模型由传感器类型及观测量决定。本书结合自主车辆视觉导航系统路面特征,提出一种基于小波域多尺度特征检测和尺度自适应Kalman滤波相结合的车道线跟踪及自动纠偏方法。

2.车道纠偏机理

基于机器视觉的车道偏离报警系统的实现步骤如下。

（1）在当前时刻视频帧中检测车道线。

（2）依据环境条件及检测质量评估当前尺度的适用性，给出最佳尺度值。

（3）在最佳尺度上进行Kalman滤波，与过去时刻视频帧中的车道线进行匹配。

（4）综合实际检测值与估计值，定位出左、右车道线。

（5）如果车辆偏离车道线，则进行报警提示。

总体算法流程如图4-23所示。

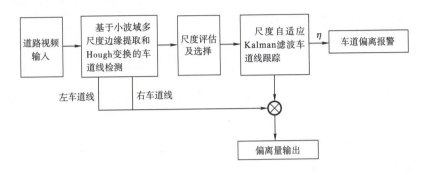

图4-23　车道偏离预警系统总体算法流程

车道模型及纠偏机理如图4-24所示。

图4-24a是机器视野中的车道图，以x_m为界限，$x=x_m$以上部分每一条车道可用二次函数$y=ax^2+bx+c$来模拟，$x=x_m$以下部分即近视场部分近似为直线，可采用直线$y=kx+d$来表示。事实上，车辆偏离车道与否用近视场的车道线就可以判断。

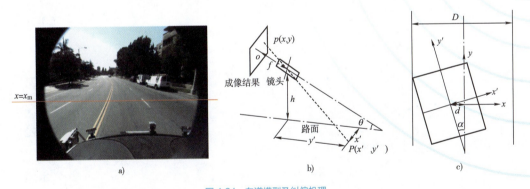

图4-24　车道模型及纠偏机理

a) 机器视野中的车道；b) CCD 成像模型；c) 车道纠偏机理示意

图4-24b为车载CCD成像模型。摄像头的安装高度为h，摄像头和水平面的夹角为θ，摄像头的焦距为f。设路面上一点$P(x',y')$，其和摄像头镜头中心的径向和横向距离分别为x'和y'，在图像坐标系里对应点$P(x,y)$的坐标为：

$$x = \frac{x'f}{\sqrt{h^2 + y'^2 - (h\cos\theta - y'\sin\theta)^2}} \quad (4\text{-}16)$$

$$y = \frac{(h\cos\theta - y'\sin\theta)f}{\sqrt{h^2 + y'^2 - (h\cos\theta - y'\sin\theta)^2}} \quad (4\text{-}17)$$

图4-24c为车道纠偏机理示意图。路面坐标系中,两车道线间的距离为D,左右车道线的函数分别为$x = -\frac{D}{2}$和$x = \frac{D}{2}$,根据道路图像中车道线斜率大小可以求出当前车辆和2条车道线之间的距离。当车辆行驶中左右偏离时,CCD取得图像中车道线的斜率值也会随着车辆偏移而改变。通过车道线的斜率参数就可以很简单地判断车辆是否发生偏离。车道偏离的程度η可由下式得到:

$$\eta = \arctan\frac{-h\cos\alpha}{D/2 - d} + \arctan\frac{h\cos\alpha}{D/2 + d} \quad (4\text{-}18)$$

η值在车辆正常行驶时一般在π附近。若η偏大则有右偏趋势,偏小则有左偏趋势。

3.尺度自适应Kalman预测器

在导航系统存在采样率不同、观测不同步、采样不均匀等情况时,宜采用多尺度估计理论。本书结合自主车辆视觉导航系统特点,在随机线性离散系统Kalman预测器及多尺度估计理论基础上,提出一种基于小波域特征检测的尺度自适应Kalman滤波方法。尺度自适应Kalman滤波算法比多尺度Kalman滤波算法更加简洁实用。

每一尺度$i-1(L \leq i \leq N)$上的动态系统模型为:

$$X_{i-1,k+1} = A_{i-1}X_{i-1,k} + \Gamma_{i-1}W_{i-1,k} \quad (4\text{-}19)$$

$$Z_{i-1,k} = H_{i-1}X_{i-1,k} + V_{i-1,k} \quad (4\text{-}20)$$

最粗尺度L(最高分辨率级)上的动态系统为:

$$X_{L,k+1} = A_L X_{L,k} + W_{L,k} \quad (4\text{-}21)$$

其中

$$A_L = A_{L+1}^2 \quad (4\text{-}22)$$

该尺度上的观测方程为:

$$Z_{L,k} = H_L X_{L,k} + V_{L,k} \quad (4\text{-}23)$$

式中,$V_{L,k}$是与$W_{L,k}$互不相关的均值为零的高斯白噪声,其方差为R_L。

假设经系统评估后,实时性、精度综合最优的小波域特征检测结果位于尺度$L_1(L \leq L_1 \leq N)$上,在尺度L_1上进行Kalman滤波,得:

$$\hat{X}_{L_1,k+1} = X_{L_1,(k+1,k)} + K_{L_1,k+1}[Z_{L_1,k+1} - H_{L_1}X_{L_1,(k+1,k)}] \quad (4\text{-}24)$$

$$\hat{X}_{L_1,(k+1,k)} = A_{L_1}X_{L_1,k} \quad (4\text{-}25)$$

$$P_{L_1,(k+1,k)} = A_{L_1}P_{L_1,k}A_{L_1}^T + \Gamma_{L1}Q_{L_1}\Gamma_{L_1}^T \quad (4\text{-}26)$$

$$K_{L_1,k+1} = P_{L_1,(k+1,k)} H_{L_1}^T [H_{L_1} P_{L_1,(k+1,k)} H_{L_1}^T + R_{L_1}]^{-1} \qquad (4\text{-}27)$$

$$P_{L_1,k+1} = [I - K_{L_1,k+1} H_{L_1}] P_{L_1,(k+1,k)} \qquad (4\text{-}28)$$

从 $\hat{X}_{L_1,k}$ 和 $P_{L_1,k}$ 开始利用已建立的多尺度模型，利用当前评估后得出的最适宜尺度上的观测信息，即某一尺度上的小波域车道线检测输出结果，选择相应尺度上的Kalman滤波算法对目标状态进行递归估计。

4.实验与分析

车道线跟踪方法为首先将检测到的车道线存储成一个知识库，并对检测到车道线的次数进行累计。跟踪系统将当前视频帧中检测到的车道线与知识库中车道线进行匹配，若当前车道线与知识库中车道线的某条足够相似，则用新检测到的车道线取代库中车道线，采用尺度自适应Kalman滤波器预测知识库中车道线的位置，从而改进车道跟踪精度。车道偏离预警部分采用Hough变换车道线检测模块将极坐标转换为笛卡尔坐标，进而计算出两车道线间的距离及中心线位置。若偏航距离大于设定阈值，则系统发出报警提示。

设置基本实验参数为检测到并允许为合法车道线的最低帧数为5帧，车道线无法正确匹配而被错过的最大允许帧数为20帧。车道偏离报警实验结果如图4-25所示。

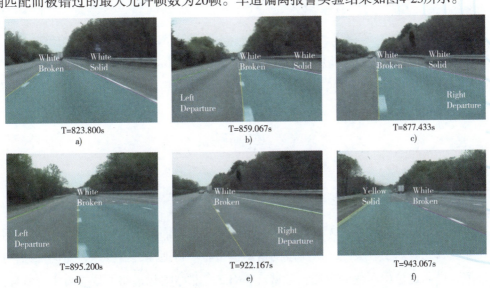

图 4-25　车道偏离报警实验结果

安全界限通过车辆与最近车道线的距离来表示。图4-26中曲线代表安全界限，当该曲线位于0基准线以下时，车辆就处于偏离车道状态，且偏离程度由偏离0基准线的程度决定；否则，车辆处于正常驾驶状态。

取1000帧道路序列图像的160次实验结果的平均值，不同尺度上的实验结果见表4-1。

实验结果表明，在误报率几乎相当的情况下，本书提出的方法耗时明显降低，算法综合性能优于传统方法。

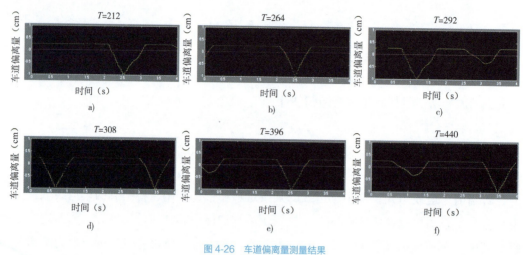

图 4-26　车道偏离量测量结果

不同尺度上的实验结果　　　　　　　　　　　　　　　　　　　表4-1

尺　　度	图像预处理速度（ms/帧）	漏报率（%）	误报率（%）
1	22	1	2
2	18	1.2	2.5
3	11	1.5	3
4	6	2	3.5
自适应尺度	6	1.6	1.8

第 3 节　车道图像分割

一　应用背景

在城郊、乡村等地方，无人驾驶汽车不可避免地要面临无车道线导航的非结构化道路环境，此时基于直线或二次曲线的道路模型将不再适用，需要通过对图像结构进行理解，进而定位出车辆的可通行区域。Navlab在非结构化道路上依靠自主视觉导航行驶的情形如图4-27所示。

视觉显著性特征、地形学习是非结构化道路理解领域较常采用的方法。非结构化道路理解涉及两个关键问题，一是特征选择和构建，二是像素分类算法。

非结构化道路包括有边界道路和无边界广义道路两种类型，本节仅对有边界道路理解问题进行研究。基本思路为在无车道线或车道线不足以作为导航依据的非结构化有边界道路中，道路导航标识退化为虚拟的道路中心线。因此，本章算法以检测道路边界、进而由边界位置计算出虚拟道路中心线为目标，通过图像的快速鲁棒分割实现道路边界检测。本章将压缩感知理论引入自主车道路图像理解领域，并采用自适应遗传算法对图像分割过程进行快速优化，提出一种基于单层小波包近似压缩感知的非结构化道路理解方法。

图4-27　Navlab在非结构化道路上依靠自主视觉导航行驶的情形

a) 无车道线，林间道路1；b) 无车道线，林间道路2

二　图像压缩感知理论

信号压缩是提高系统存储、传输及使用效率的一种必然手段，但在压缩过程中也同时存在着大量有用采样数据被丢弃的事实，即在压缩冗余信息的同时也压缩了有用信息。这说明带宽并不能本质地表达信号的信息，基于信号带宽的Nyquist采样定理是冗余的。

与信号带宽相比，稀疏性能够直观地、相对本质地表达信号的信息。稀疏性在现代信号处理领域一直起着至关重要的作用，例如基于稀疏性的逼近、估计、压缩、降维等。

Candès及其团队证明了以下原理：只须随机选取信号的$M \geqslant 2K$个Fourier系数，就能唯一精确重建原始图像。正是这个发现提供了压缩感知理论的思想来源。Candès和Donoho等人于2004年提出了压缩感知（compressed sensing）（或称压缩采样，compressive sampling）理论。该理论可以理解为将模拟信号压缩地转换成数字信号，即在采样过程中寻找最少系数来表示信号，并用适当的重构算法从压缩数据中恢复出原始信号。

压缩感知理论研究的三个核心问题是：

（1）具有稀疏表示能力的过完备字典设计。

（2）满足非相干性或等距约束性准则的测量矩阵设计。

（3）信号重构算法设计。

继莱斯（Rice）大学成功设计出一种基于压缩感知的新型单像素相机后，压缩感知理论已被应用到多个研究领域，包括：合成孔径雷达成像、遥感成像、核磁共振成像、深空探测成像、无线传感器网络、信源编码、图像识别、语音识别、探地雷达成像等。

当信号在某个变换域是稀疏的或可压缩的,则可以利用与变换矩阵非相干的测量矩阵将变换系数线性投影为低维观测向量,同时这种投影保持了重建信号所需的信息,通过进一步求解稀疏最优化问题就能够从低维观测向量精确地或高概率精确地重建原始高维信号。在该理论框架下,采样速率不再取决于信号的带宽,而在很大程度上取决于两个基本准则:稀疏性和非相干性,或者稀疏性和等距约束性。

许多自然信号在特定的基Ψ上具有紧凑的表示,即认为这些信号是"稀疏"的或"可压缩"的。自然图像在小波域是稀疏的,因此基于线性投影的压缩感知理论能够应用于自然图像。目前,几乎所有的图像压缩感知研究都没有考虑到自然图像的固有特性,例如几何结构、高阶统计性、噪声等,更没有考虑到机器人视觉认知过程的仿人眼机理,因此,恰当地将压缩感知理论引入到机器人视觉系统自然图像处理中非常值得进一步深入研究。

三 图像分割自适应遗传算法

遗传算法(GA)是模拟生物在自然环境下的遗传和进化过程而形成的一种自适应全局优化概率搜索方法,其函数原型为:

$$GA(Fitfun, Fit\_threshold, n, c, m) \quad (4-29)$$

式中,$Fitfun$是适应度函数;$Fit\_threshold$是算法终止时适应度的阈值;n是种群大小;c是交叉概率;m是变异概率。

传统的遗传算法在解决图像分割问题时存在如下缺陷:①模型复杂,参数多,优化速度慢且达不到最优解,只能寻求到次优解;②约束条件复杂,算法收敛时很难满足约束条件。因此,在处理机器人道路图像理解问题上需要改进遗传算法,使其达到快速、智能、自适应效果。故提出一种图像分割自适应遗传算法。

利用遗传算法进行图像分割的思路是:为减少计算量,设单幅图像的灰度级由原来的256级量化为M($M<256$)级。将图像中像素按灰度级值用阈值μ分成目标O和背景B两类,O由灰度级值在$0\sim\mu$间的像素组成,B由灰度级值在$(\mu+1)\sim(M-1)$间的像素组成。采用遗传算法进行视频分割的研究已有报道,但采用自适应遗传算法的不多见。本文采用自适应遗传算法,思路为当种群各个体适应度趋于一致或趋于局部最优时,使c和m增加;而当群体适应度比较分散时,使c和m减少;对于适应度较高的个体,对应于较低的c和m;而较低适应度的个体,对应于较高的c和m。相应的公式为:

$$c = \begin{cases} \dfrac{k_1(f_{\max} - f')}{f_{\max} - f_{avg}}, & f \geq f_{avg} \\ k_2, & f < f_{avg} \end{cases} \quad (4-30)$$

$$m = \begin{cases} \dfrac{k_3(f_{\max} - f)}{f_{\max} - f_{\text{avg}}}, & f \geqslant f_{\text{avg}} \\ k_4, & f < f_{\text{avg}} \end{cases} \quad (4\text{-}31)$$

式中，k_1、k_2、k_3、$k_4 \in (0, 1)$；$f_{\max}$是群体中最大的适应度值；f_{avg}是每代群体的平均适应度值；f'是要交叉的两个个体中较大的适应度值；f是要交叉或变异的个体适应度值。图像分割自适应遗传算法流程如图4-28所示。

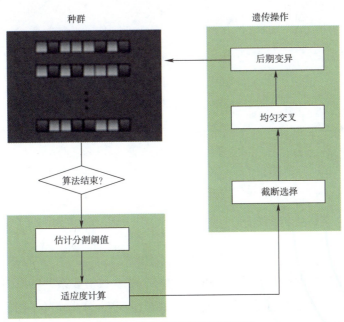

图 4-28　图像分割自适应遗传算法流程

选择操作采用基于排序的适应度计算以及截断选择算法，克服比例适应度计算的尺度问题。交叉操作采用均匀交叉，且确定一阈值，当个体间距离低于该阈值时，不进行交叉操作；进化收敛的同时，逐渐地减小该阈值。在进化前期不采取变异操作，当种群进化到一定收敛时期，从最优个体中选择一部分个体进行初始化。

对无人驾驶汽车道路感知系统来讲，能够获取自适应最佳阈值以达到对道路图像的鲁棒分割是问题的关键，针对应用特点构造适应度函数：最佳阈值应该使得每一类都具有最小类内方差，同时类间方差最大，这实际上是一个两目标优化问题，为简化计算，本书将二者合成为一个目标，通过在适应度函数中将灰度值类内方差取负实现。

四　车道图像分割算法

1. 道路图像近似小波压缩感知算法

1）小波系数向量场

对无人驾驶汽车检测到的单幅道路图像 I 作 S 层小波包分解，每一小波尺度空间标号用层号 s ($s \in [0, ..., S-1]$)表示。先将原分辨率道路图像分解为低频逼近子图像（LL）和水平

（HL）、垂直（LH）、斜线（HH）3个细节子图像，再逐层将上一层的子图像分别分解为4个子图像，从而形成一个四叉树结构的图像金字塔，如图4-29所示。

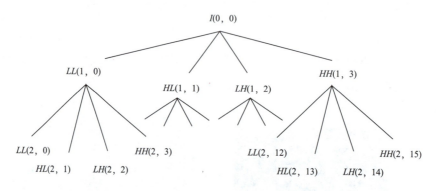

图4-29　四叉树结构的图像金字塔

四叉树的每个节点对应一个二维函数空间$U_c^{p,q}$（p和q为小波包参数），且可分解为四个正交子空间的直和：

$$U_s^{p,q} = U_{s+1}^{2p,2q} \oplus U_{s+1}^{2p,2q+1} \oplus U_{s+1}^{2p+1,2q} \oplus U_{s+1}^{2p+1,2q+1} \quad (4-32)$$

道路图像金字塔层集合表示为：

$$\boldsymbol{I} = \{\boldsymbol{L}_0, \boldsymbol{L}_1, ..., \boldsymbol{L}_{S-1}\} \quad (4-33)$$

将多尺度空间中每一分辨率上不同频带的小波系数组成系数特征向量，就形成该分辨率下的一幅小波系数向量图像。这样总共可得到S个分辨率的子图像序列。按照重要性排序的子图像序列以集合形式表示为：

$$\begin{aligned}\boldsymbol{I} = \{&LL(1,0), HL(1,1), LH(1,2), HH(1,3); LL(2,0), HL(2,1), LH(2,3), HH(2,4),\\ &..., LL(2,12), HL(2,13), LH(2,14), HH(2,15);..., LL(S-1,0), LH(S-1,1),\\ &HL(S-1,2), HH(S-1,3),..., LL(S-1,4^s-4), LH(S-1,4^s-3), HL(S-1,4^s-2),\\ &HH(S-1,4^s-1)\}\end{aligned} \quad (4-34)$$

尺度$s(0<s\leqslant S-1)$对应的系数特征向量表示为：

$$\omega_{ij}^s = \left[\omega_{ij}^{s,0}, \omega_{ij}^{s,1}, \omega_{ij}^{s,2}, \omega_{ij}^{s,3};...;\omega_{ij}^{s,0}, \omega_{ij}^{s,1}, \omega_{ij}^{s,2}, \omega_{ij}^{s,3}, ..., \omega_{ij}^{s,4^s-4}, \omega_{ij}^{s,4^s-3}, \omega_{ij}^{s,4^s-2}, \omega_{ij}^{s,4^s-1}\right]^T$$

$$(4-35)$$

其中，i，j表示像素在图像中的行值和列值。系数特征向量的维数为$d=4^s$。

2）小波系数特征分析

将道路图像进行4级分解，以第4级为例，低频、高频水平方向、高频垂直方向、高频斜线方向小波系数分布状况实验结果及重构图如图4-30所示。

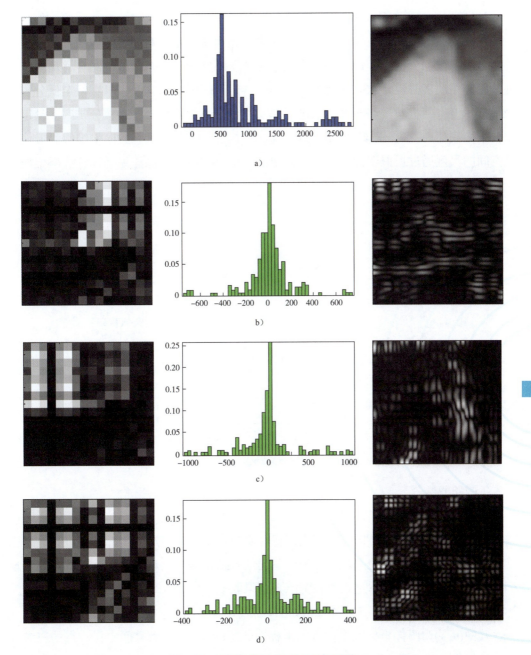

图 4-30 小波系数分布状况实验结果及重构图

a) 低频系数、低频系数分布、低频重构图（LL4）；b) H 向细节系数、H 向系数分布、H 向重构细节图（HL4）；c) V 向细节系数、V 向系数分布、V 向重构细节图（LH4）；d) D 向细节系数、D 向系数分布、D 向重构细节图（HH4）

图4-30反映了道路图像经小波分解后，大部分小波系数幅值较小，这是图像局部区域信号平稳性的反映；少部分小波系数幅值较大，这是图像局部结构中信号突变性的体现，对应着纹理、边缘等重要结构特征。道路图像的小波系数具有足够的稀疏度，可满足压缩感知理论恢复信号的要求，从而可帮助解决实际中遇到的导航图像大数据处理难题。

3）单层小波近似压缩感知算法

以往人们研究的小波域图像压缩感知算法绝大多数是针对静止图像的，实际是一种多分辨率数据分析及处理方法。本文在传统压缩感知理论基础上，结合移动机器人环境感知系统实时性要求高的特点，提出一种近似压缩感知方法：只在特定低分辨率级最佳尺度空间上对道路导航图像进行单层小波分解与重构，且在该分辨率上设定一小波系数阈值ε，将小于该阈值的高频小波系数强置为0以降低系数向量维数。最佳尺度空间的尺度通过近似图像粗测实验确定。单层小波道路图像压缩感知算法框架如图4-31所示。

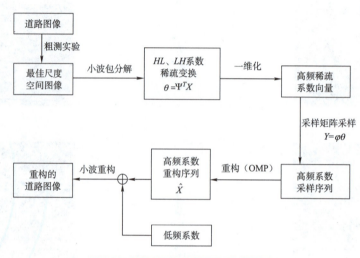

图4-31 单层小波道路图像压缩感知算法框架

2.道路图像分割实验

将视觉传感器通过接口与无人驾驶汽车本体相连，并固定在本体上，标定后即可进行本书所述内容的实验研究。利用图像分割技术得到道路边界坐标，再进行道路三维世界坐标系与无人驾驶汽车图像坐标系间的转换，即可实现对无人驾驶汽车的视觉伺服运动控制。整个控制过程由视觉感知结果驱动，由无人驾驶汽车自主完成，因此称为自主视觉伺服控制，其系统架构如图4-32所示。

其中(u, v)为图像坐标系中像素的坐标；(X_w, Y_w, Z_w)为环境空间中任一点的三维坐标；K为摄像机内部参数矩阵，只与摄像机内部结构有关；$[R\ t]$为摄像机外部参数矩阵，由旋转矩阵和平移向量组成。

对单目视觉系统，图像坐标和道路坐标系的映射关系为：

$$\begin{cases} v = h \cdot \left(\dfrac{H \cdot \tan\gamma + 2v\tan\alpha}{H - \tan\gamma + \tan\alpha + 2v} \right) \\ u = \sqrt{h^2 + v^2} \cdot \dfrac{2 \cdot u\tan\beta}{W} \end{cases} \quad (4\text{-}36)$$

式中，h是摄像机镜头中心的安装高度；γ是地平面上最近可视点与摄像机镜头中心连线与地平面垂线的夹角;α是摄像机镜头垂直视场角的一半;β是摄像机镜头垂直视场角的一半;H、W是图像的高和宽。

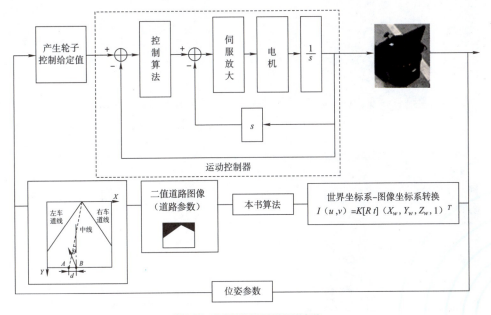

图4-32 自主视觉伺服控制系统架构

算法程序运行平台为装有Win7 32位操作系统的笔记本式计算机,CPU主频为2.53GHz,内存为1GB。

小波消失矩越高,小波变换幅值为零或很小值的比例越高。为了达到用尽可能少的小波系数去逼近原始图像的目的,本书实验选择Symlets函数系中的sym8小波对道路图像进行小波包分解与重构试验。sym8是紧支正交小波,消失矩阶数和支集长度折中性能好,适用于图像分析。sym8小波如图4-33所示。

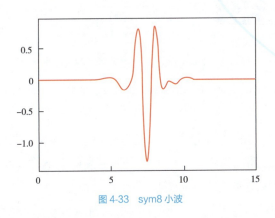

图4-33 sym8小波

在尺度2上进行道路图像近似压缩感知实验,高频系数采用全局阈值 ε 进行量化处理,各种阈值下经OMP算法重构的道路图像及能量保留率、零系数率情况如图4-34所示。

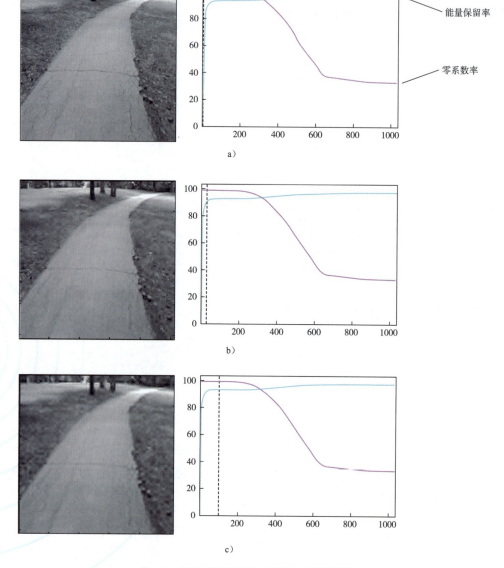

图 4-34 重构的道路图像及能量保留率、零系数率情况

a) $\varepsilon=2.5$: 能量保留率=99.99%, 零系数率=49.48%; b) $\varepsilon=30$: 能量保留率=99.72%, 零系数率=91.85%; c) $\varepsilon=100$: 能量保留率=99.46%, 零系数率=93.37%

从实验结果看出，原图像经过重构，能量保留率足够高，图像质量几乎没有受到影响，且有效抑制了道路图像噪声，因此对分割精度的影响非常小。

实测校园道路图像的实验结果如图4-35所示。

采用CMU提供的室外移动机器人道路图像（256×240）序列真实数据集上对本书所述算法进行验证。随机选择该图像序列中第9、11、13、15、17、19帧，这些帧明暗度不同，且有阴影、裂纹、坑洞。

遗传算法参数设置为种群大小20，交叉概率0.7，变异概率0.14，最大代数60。将像素建模为马尔可夫随机场（MRF，Markov Random Field）的贝叶斯分割模型是近年来流行的一种图像分割方法，具有较强的鲁棒性。本书算法与ICM算法优化的MRF模型分割法的实验结果对比如图4-36。

图 4-35　实测校园道路图像的实验结果

a) 几种校园道路场景压缩感知图；b) 道路理解结果

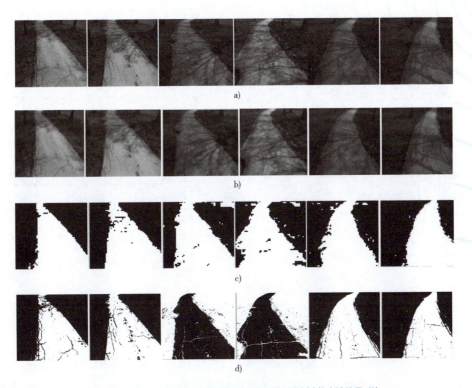

图 4-36　本书算法与 ICM 算法优化的 MRF 模型分割法的实验结果对比

a) 原始图像序列（第 9、11、13、15、17、19 帧）；b) 小波重构图像序列（第 9、11、13、15、17、19 帧）；c) 自适应遗传算法分割图像序列（第 9、11、13、15、17、19 帧）；d) ICM 算法优化的 MRF 模型分割图像序列（第 9、11、13、15、17、19 帧）

相应帧每一代最佳阈值进化结果如图4-37所示。

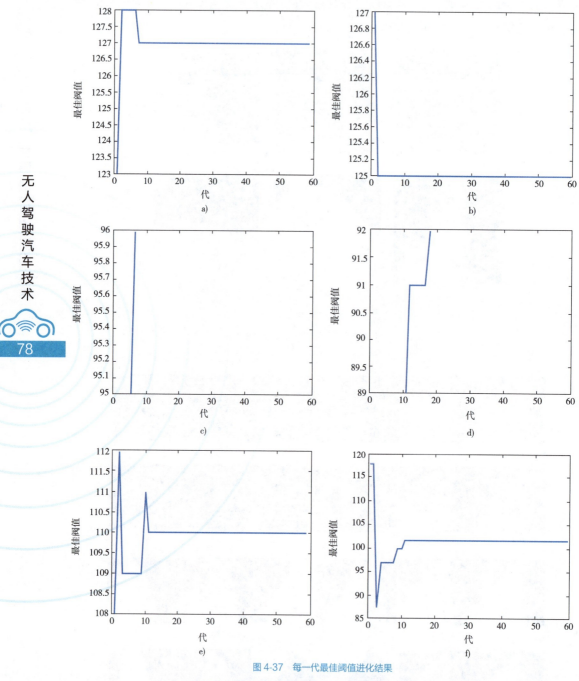

图 4-37 每一代最佳阈值进化结果

a) 第9帧；b) 第11帧；c) 第13帧；d) 第15帧；e) 第17帧；f) 第19帧

几乎所有帧在第10~20代就进化到相对稳定的阈值，有些帧的进化过程更快，只有个别帧进化较慢，总体来看适应度函数收敛速度较快。在每一帧中，自适应遗传算法通过遗传操作使阈值不断进化，最终达到最优；图像序列中每一帧的最佳分割阈值是自适应变化的。经过这种计算，图像序列中每一帧都采用最优阈值分割，从而实现时空联合分割的全局最优。

实验结果对比后表明：本书算法对阴影干扰较严重、有裂纹、光照度随机变化的非结构化道路有较强的鲁棒性，能够准确快速分割出道路区域。另外，道路中的坑洞也可有效检出。MRF模型分割法对阴影干扰具有非常好的处理效果，但对裂纹干扰的抑制能力较差，且对"路"与"非路"的理解会混淆，尽管该方法已在遥感图像、激光图像分割方面获得成功应用，但该方法所用到的两个目标函数的本质对立性及迭代计算带来的巨大耗时使其并不完全适用于动态导航图像分割。

选择3帧道路图像（其他帧具有类似性能）进行道路理解算法性能比较，见表4-2。

道路理解算法性能比较　　　　　　　　　　表4-2

性能项	比较对象	第9帧	第11帧	第13帧
所占存储空间（K）	原图	110	107	108
	本书压缩图	6.03	6	6.01
分割耗时（s）	最佳直方图熵法	7.6	8.0	8.0
	MRF法	1.8	1.6	1.5
	本书算法	1.5	1.5	1.5
总耗时（s）	最佳直方图熵法	7.6	8.0	8.0
	MRF法	3.6	3.6	3.2
	本书算法	2.0	2.1	2.0

可见，不在小波域进行图像理解的方法，其参与运算的数据量及其存储量明显会比本书方法大得多。在不降低理解准确性的前提下，从单帧理解的总耗时看，本书算法具有明显优势。即使在小波域进行图像理解的方法，也并未充分考虑到数据的最大化约简问题，而本书结合试验验证，从实用化角度提出了仅保留单层的小波压缩感知算法，大幅降低了计算量和存储量。

第4节　双目立体视觉障碍物检测

一　应用背景

道路环境的理解，除了检测和识别道路导航标识外，还须准确探测出道路环境中的障碍物，以提高道路环境理解的准确性和完整性。机器人障碍物检测常采用两种途径：雷达测距法、CCD视觉法。本章研究的是后者。

典型无人驾驶汽车障碍物视觉检测系统如图4-38所示。

 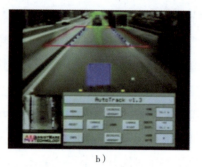

图 4-38 典型无人驾驶汽车障碍物视觉检测系统

a) 完全依靠立体视觉感知的无人驾驶汽车 Prowler；b) 无人驾驶汽车 Navlab 的障碍物检测系统

在DARPA Urban Challenge中，Princeton车队的无人驾驶汽车Prowler只用了3个立体视觉摄像机Bumblebee就完成了看路及障碍物检测。据报道，其立体视觉系统能探测60m远，一套障碍物检测算法即可通用。具有代表性的立体视觉障碍物检测方法可总结为以下几种。

1. 按像素点匹配法

对机器人获取的行进道路图像中需要判定的每一个像素点进行立体视觉计算，根据图像坐标、摄像机坐标及世界坐标系之间的关系，计算出像素点的高度值，该值与地面高度值的差值超过设定的阈值则划分为障碍点，否则为可通行区域。典型应用是火星探测车"勇气号"和"机遇号"，做法是：先对图像中的每一像点进行左右视点匹配及高峰、小点过滤，再根据其像点的高度、斜坡度判断是否为障碍物，同时建立障碍物的远近层次图，当前只考虑较近层次的障碍物。该方法的缺点是对图像中的每一个像素点都要进行立体视觉重建，计算量大，不能满足机器人的实时性要求。

2. 映射变换矩阵法

定义一个实时映射变换矩阵，使地面点与图像平面中像点一一对应。在双目视觉移动机器人中，分别通过实时匹配算法计算得到映射变换矩阵，结合后可得到左右图像上像点的关系。如果点(x, y)位于机器人行走的可通行区域上，则通过映射计算的像点坐标与通过匹配算法验证的对应点坐标重合，否则，意味着该点高于或低于地面，判定为障碍物。

缺点：道路不平坦时，摄像机成像平面与地面相对几何位置不断变化，摄像机的图像坐标系与地面坐标系之间映射关系也随之变化，这就需要对摄像机实时进行标定，否则检测精度会受到影响。

3. 基于图像分割的方法

一种常见的做法是：采用彩色图像视觉系统，先利用颜色特征将场景中的每个像素归类到可通行区域和可疑障碍物区域两个集合中，即初步检测障碍物；然后进行立体视觉计算，计算时只在可疑障碍物区域搜索，消除图像分割时"伪障碍物"（如阴影、树叶）的影响，更加精确可靠地检测出障碍物。为增强对环境变化的适应性，研究者提出了自适应图像分割方法,事先训练在不同光照条件下可行区域的颜色值,通过计算当前光照条件下路面的参考色调、饱和度值及阈值,对机器人场景图像达到自适应分割。有的研究利用颜色加纹理特征进行道路图像分割及初步障碍物检测,这种做法增加了检测的准确性,但同时增加了计算量。

尽管人们对基于视觉的障碍物检测方法已开展了大量研究,但迄今为止该领域的一些关键技术问题仍未得到很好的解决。总的来看,目前车载视觉平台障碍物检测的难点可总结为以下几点:

(1)特征相似障碍物的区分。有些障碍物与可通行区域的特征提取结果非常相似,例如颜色、纹理特征一致,此时障碍物的准确辨识比较困难,可以尝试采用多特征融合方法加以解决。

(2)伪障碍物的检测及障碍物界定。有些伪障碍物按照系统障碍物的定义被判断为障碍物,例如路面上高度、体积不大的石块、砖块等,空中突然闯入的飞鸟、纸屑、树叶等,还有扬尘尘团、污染物团等,如果频繁地把这些伪障碍物作为障碍物处理,显然会影响车辆行进速度。

(3)运动振动造成的障碍物信息测量失真。典型的情况如无人驾驶汽车在野外复杂凹凸地形环境下行进时,行进过程中的振动使得传感器检测和传输的数据不连续,从而造成所描述的地形信息不准确,障碍虚报、误报率增大,影响车辆行驶速度。

在结构化、半结构化道路环境中,障碍物主要是车辆和行人,非结构化道路环境中的障碍物主要是石块、树干等凸形路障和凹形坑洞。单目图像分割、特征提取算法一般不能排除与可通行区域同色调的小障碍等伪障碍物对检测结果的影响,但单目特征提取再结合模式识别、目标跟踪等算法可快速探测到障碍物,并实现对其跟踪。立体视觉可以让机器人进一步理解障碍物的距离、高度信息,有效排除伪障碍物,从而提高其对环境理解的精准度。本章采用彩色双目立体视觉技术、结合局部不变性特征检测技术和视觉显著性理论,提出两种基于车载机器视觉的障碍物检测算法,一种是融合深度信息的多特征融合障碍物检测算法;一种是基于低层视觉显著性特征匹配的动态车辆障碍物检测算法。由于采用的是已标定好的双目摄像机,故没有对摄像机标定展开深入研究,将研究重点放在双目匹配及深度信息获取环节。

二 双目立体感知步骤

基于双目视觉(Binocular vision)的立体感知步骤如图4-39所示。

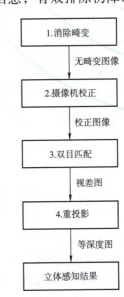

图4-39 基于双目视觉的立体感知步骤

立体视觉计算包括两个主要处理模块，立体视觉数据处理流程如图4-40所示。

原始图像 → 图像预处理模块（低通滤波、校正、特征检测）→ 预处理后的图像 → 立体视觉处理模块（立体匹配、验证、亚像素插补）→ 深度图像

图 4-40 立体视觉数据处理流程

视差是立体视觉中的关键概念。视差的定义为空间中同一点在左右目图像中 x 坐标上的差值。视差的含义如图4-41所示。

图 4-41 视差的含义

图4-41中，点A的视差定义为 $d_A=x_{Aleft}-x_{Aright}$，点B的视差定义为 $d_B=x_{Bleft}-x_{Bright}$，其中，x_{Aleft} 为A在左图像中的 x 坐标，x_{Aright} 为A在右图像中的 x 坐标，B可类推。计算后会发现：$d_B>d_A$，这表明场景中点B比点A近。

三、立体匹配

立体匹配是所有步骤中的难点，也是一直以来立体视觉研究的热点。近年来，基于图割的、基于图像局部特征的、基于多尺度空间的，以及基于综合型算子如Contourlet-SIFT的立体匹配算法得到了广泛研究。根据无人驾驶汽车在不同道路环境下的视觉导航需求，须采取恰当的图像预处理方法及立体匹配算法，研究开发适用于实际应用系统特点的实时立体匹配算法才具有实用价值。

现有的匹配算法可以分为两种类型：一种是基于特征的匹配，另一种是基于像素的匹配。基于特征的匹配需要先在一幅图像中确定出特征，然后再在待匹配图像中利用约束条件在一定范围内搜索相似特征。基于像素的匹配假定一幅图像中的每一像素点都是兴趣点，再在另一幅图像中搜索对应像素点。匹配计算实质上是一个优化问题，优化方法又分为局部优化和全局优化方法两类。局部优化方法通常只能保证视差是某个区域内的最优解，不能在整个图像范围内对视差进行优化。全局优化可得到全局最优的视差分布，但如何定义目标函数及开发行之有效的寻优算法有难度。基于局部优化的典型匹配方法有：基于区域的匹配法、基于小波域相位的匹配法、基于三角剖分的匹配法、基于秩变化和Census变换的变换匹配法、基于特征和区域混合的混合匹配法。基于全局优化的典型匹配方法有：基于动态规划的匹配法、最大流-最小割

法、协同迭代法等。常用的优化方法有：神经网络、模拟退火、遗传算法、粒子滤波、动态规划、最大流—最小割法等，但这些算法在面临图像高维数据时，都或多或少存在着难以控制收敛、效率低问题。

求解匹配关系最优化一般使用如下能量函数形式：

$$E(f) = E_{\text{data}}(f) + E_{\text{occ}}(f) + E_{\text{smooth}}(f) \quad (4\text{-}37)$$

式中，E_{data}是数据项，表示对应像素匹配的一致性程度；E_{occ}是惩罚项，记录误匹配；E_{smooth}是平滑项，用于约束邻接像素，使其具有一致性视差。

为减少误匹配，通常采用增加约束的手段。立体匹配的约束条件有：唯一性约束、相似性约束、外极线约束、平滑性约束、单调性约束、顺序约束、遮挡约束。

在无人驾驶汽车导航的应用环境下，所采用的立体视觉算法还应该满足如下的要求：

（1）实时性。应能满足实时响应控制系统、导航决策系统需求的能力，在规定时限内为其提供必要的数据。

（2）可靠性。算法在不同条件下可准确辨识出障碍物，且一旦出现异常问题，算法具有自动修复、自动容错能力。

（3）环境自适应性。根据车辆运行环境的变化，算法应能自动调整其采集到的环境特征，并自主学习其特征参数，最终通过机器学习算法实现对环境的自适应。

四 深度信息获取及三维重建

本书采用的双目视觉系统理想假设下深度与视差的三角测量关系如图4-42所示，左右摄像机的两幅图像是行对准的，光轴严格平行，两摄像机间的极线距离为T，焦距f相同，(c_x^l, c_y^l)为左图像的原点，(c_x^r, c_y^r)为右图像的原点。则利用三角测量原理，可由视差d计算出深度Z。

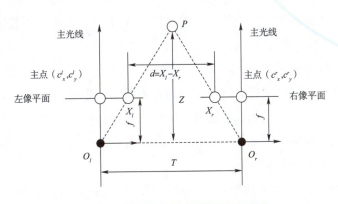

图4-42 理想假设下深度与视差的三角测量关系

利用相似三角形，可推导出

$$\frac{T-(x_l-x_r)}{Z-f}=\frac{T}{Z} \Rightarrow Z=\frac{fT}{d} \tag{4-38}$$

式中，x_l和x_r分别为点P在左右摄像机成像平面上的横坐标。由式（4-38）可知，视差与深度成反比，视差值通过三角测量原理可转成距离值，这也是现实中立体视觉可以用来测距的原理所在。

通过式（4-39），可确定可获得的最小深度范围的精度。

$$\Delta Z=\frac{Z^2}{fT}\Delta d \tag{4-39}$$

式中，Δd是允许的最小视差增量。

已知像素的视差d和(x, y)坐标，通过式（4-40）就可计算出该像素的三维坐标$(X/W, Y/W, Z/W)$。

$$Q\begin{bmatrix} x \\ y \\ d \\ 1 \end{bmatrix}=\begin{bmatrix} X \\ Y \\ Z \\ W \end{bmatrix} \tag{4-40}$$

式中，Q是4×4的重投影矩阵。

$$Q=\begin{bmatrix} 1 & 0 & 0 & -c_x^l \\ 0 & 1 & 0 & -c_y^l \\ 0 & 0 & 0 & f \\ 0 & 0 & -1/T_x & (c_x^l-c_x^r)T_x \end{bmatrix} \tag{4-41}$$

式中，T_x为T的x方向分量；Q在立体标定时已确定。如果主光线在无穷远处相交，则$c_x^l=c_x^r$，此时$(c_x^l-c_x^r)T_x$为0。

假设目标点在左视图中的坐标为(x, y)，在左右视图上形成的视差为d，目标点在以左摄像头光心为原点的世界坐标系中的坐标为(X, Y, Z)，则存在重投影矩阵Q，使得$Q[x\ y\ d\ 1]^T=[X\ Y\ Z\ W]^T$。

获取某点在世界坐标系中的距离Z所需的参数条件有：视差d、焦距f、摄像头中心距T_x。如果还需求得X和Y坐标，则还需知道左右像平面坐标系与立体坐标系中原点的偏移C_x和C_y。其中f、T_x、C_x和C_y可通过立体标定获得初始值，并通过立体校准优化，使得两个摄像头在数学上完全平行放置，并且左右摄像头的C_x、C_y和f相同。立体匹配实质上就是在以上基础上求视差d。

物体离摄像机的远近与测距精度也存在着一定关系，远近不同点的视差关系如图4-43所示，P_1，P_2，P_3是现实世界中的3个点，在同一摄像机坐标系下，其视差分别为d_1，d_2，d_3，显然，$d_1<d_2<d_3$。

由式（4-32）分析可知，当视差很小时，微小的视差变化会引起很大的深度变化；当视差较大时，微小的视差变化几乎不会引起深度太大的变化。结合图4-43进一步分析可知，物距越远，视差变化引起的测距深度变化越不明显，即越不利于深度的精确测量。于是可得到如下结论：立体视觉对距离摄像机较近的物体有较高的深度测量精度，超过一定物距范围将不能保证精度。

对工业机器人抓取工件、三维建模等需要精确知道三维世界坐标的应用场合，需要真正的三维重建。但对于机器人立体视觉导航应用，由于对实时性的强烈要求，并不需要做完整的三维重建。移动机器人视觉导航实质上是对视频图像（图像序列）的处理、分析及理解问题。在利用静态图像基础理论的基础上，还应更多关注图像运动信息的分析问题，例如利用帧到帧的匹配来重建运动轨迹。

图 4-43 远近不同点的视差关系

第 5 节 交通标志理解

一 总体思路

作为辅助导航标识，交通标志在车辆自主导航系统中起到重要提示作用，交通标志理解是道路环境理解的重要组成部分。基于视觉的交通标志理解包括交通标志检测和交通标志识别两个过程。基于视觉的交通标志检测（Traffic Sign Detection by Vision）是指对于任意一帧视频图像，运用一定策略对其进行检索以确定其中是否存在交通标志，如果是则分割出交通标志区域，给出其颜色、形状、位置、大小等信息。基于视觉的交通标志识别（Traffic Sign Recgonition by Vision）是指通过图像比对或机器学习，从交通标志库中搜索到样本标志的技术。基于机器视觉的交通标志检测与识别是无人驾驶汽车中的关键技术模块，也是智能交通系统（Intelligent Traffic System，ITS）重要的研究方向之一。它能够将检测及识别结果实时传送给驾驶决策机构，帮助无人驾驶汽车指示道路方向、理解交通指令。近十几年来，人们已在交通标志的检测与识别方面开展了一些研究工作，但相对于车道线、车道边界检测和识别，还是一个相对不成熟的领域。目前，在复杂城市道路自然环境下，真正实用的无人驾驶汽车交通标志检测和识别系统尚未问世。其难点集中体现在：①户外光照度变化带来颜色特征不稳定甚至退化；②检测视角变化带来标志变形；③车体振动带来交通标志图像模糊；④交通标志被车辆、行人等物体遮挡；⑤标志局部破损。针对以上难点，人们提出了不同的解决方法。

虽然前人已对交通标志检测和识别进行了大量研究，但面向具有挑战性的复杂自然道路场景的具体研究并不多见，研究成果的适用范围能够针对所有形状类型、所有颜色标志的也不多，因此，使交通标志检测和识别系统走向实用化的一些关键技术问题尚未得到很好解决。例如，如何自动适应光照变化？如何在内容复杂场景中准确检测出交通标志？如何提高在线识别速度与准确度？这些都是目前交通标志检测和识别系统遇到的难题。针对以上难点，本书提出了如图4-44所示的交通标志检测及识别算法流程图。

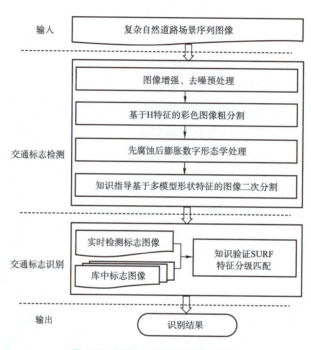

图 4-44　交通标志检测及识别算法流程图

二　交通标志鲁棒检测

交通标志检测系统的最大特点在于：交通标志的形状和颜色之间存在确定的关系。正是这种确定关系构成了交通标志的先验知识。充分利用这种先验知识，可大大提高图像检测系统精度与可靠性，并同时降低图像检测算法复杂度。

依据GB 5768《道路交通标志和标线》，116种交通标志主要由5种基本颜色构成，道路交通标志的边框外缘衬底色规定警告标志为黄色，禁令标志为红色，指示标志为蓝色，高速公路、城市快速路的指路标志为绿色，其他道路的指路标志为白色。交通标志分为主标志和辅助标志两大类。辅助标志附设在主标志下，起辅助说明作用。从导航功能实现来说，将其统一化为7类，即：警告标志、禁令标志、指示标志、指路标志、旅游区标志、道路施工安全标志、辅助标志。形状与含义间存在如下关系：三角形一般为警告标志；长方形一般为指示和指路标志；圆形一般为禁止和指示标志；少部分不同形状及颜色标志表示特殊含义,如八角形停车标志及倒三角形让路标志。不同类型的典型交通标志如图4-45所示。

图 4-45 不同类型的典型交通标志

a) 警告标志;b) 禁令标志;c) 指示标志;d) 指路标志;e) 道路施工安全标志;f) 旅游区标志;g) 辅助标志

圆形、矩形和正三角形的数量很多，可看作道路交通标志的3类主要形状。倒三角形和正八边形各有1个，且都是禁令标志，其余40个禁令标志均为圆形。29个指示标志有圆形和矩形2种形状。45个警告标志的基本形状为正三角形。

综合以上信息，本章采用颜色和形状组合特征专家知识推理模型提高检测准确度，减少分类的复杂度，提高识别的准确率。基于颜色-形状特征的多级推理模型如图4-46所示。

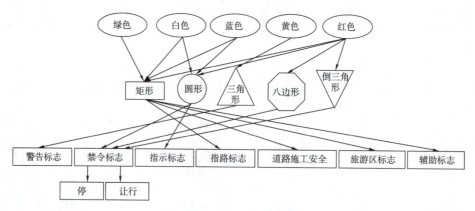

图4-46　基于颜色-形状特征的多级推理模型

我国道路交通标志的先验知识可用7类颜色形状组合特征来描述，每个颜色形状组合特征表示交通标志的1个子类，故116种交通标志被分为7个子类。其中，蓝色指示、红色禁令、黄色警告是3大类主要交通标志。

设H_1、H_2、H_3、H_4、H_5分别表示颜色属性红色、蓝色、黄色、绿色、白色，则颜色属性集合表示为$H=\{H_1, H_2, H_3, H_4, H_5\}$；设$X_1$、$X_2$、$X_3$、$X_4$、$X_5$、$X_6$分别表示形状属性矩形、圆形、正三角形、倒三角形、八边形、其他形状，则形状属性集合可表示为$X=\{X_1, X_2, X_3, X_4, X_5\}$。

由以上定义，可对交通标志的类采用集合方式表示，具体为如下：

禁令标志类（C1）：$JL=\{H_1, X_2\} \cup \{H_1, X_4\} \cup \{H_1, X_5\}$（其中红色八边形、红色倒三角形标志分别仅有一个，为小概率事件）；

指示标志类（C2）：$ZS=\{H_2, X_2\} \cup \{H_2, X_1\}$；

警告标志类（C3）：$JG=\{H_3, X_3\}$；

指路标志类（C4）：$ZL=\{H_4, X_1\}$；

道路施工安全标志类（C5）：$ZL=\{H_2, X_1\}$；

旅游区标志类（C6）：$LYQ=\{H_1, X_1\}$；

辅助标志类（C7）：$FZ=\{H_5, X_1\}$。

以下个别情况为小概率事件：红色禁令标志类中，一个八边形的"停"标志和一个倒三角形的"让"标志；黄色警告标志类中，一个红色不规则形状标志。除此之外，按照检测算法中先检测颜色再检测形状的顺序，以主概率为内在推理线索（忽略小概率结果），总结出以颜色为条件的颜色、形状、标志类别之间存在的确定性知识，可以描述为以下IF-THEN-THEN语句：

IF红色，THEN圆形，THEN禁令标志类C1；

IF蓝色，THEN（圆形OR矩形），THEN（指示标志类C2 OR道路施工安全标志类C5）；

IF黄色，THEN正三角形，THEN警告标志类C3；

IF绿色，THEN矩形，THEN指路标志类C4；

IF暗红色，THEN矩形，THEN旅游区标志类C6；

IF白色，THEN矩形，THEN辅助标志类C7；

以上逻辑描述的意义在于：与实际检测算法可实现的先后逻辑关系相对应，不仅描述了确定性的知识关系，而且指明了颜色、形状特征的组合顺序以及两级推理检测逻辑。对于小概率事件的处理，方法是：如果采用上述逻辑得不出最终结果，则返回进入小概率推理过程，小概率推理按照集合表示进行，与主概率事件方法一样。

基于形状特征的标志精确分割方法如下：

第一步，基于形态学操作，对交通标志进行粗定位。

在检测到交通标志候选区域的基础上，采用适当的形态学处理算法进一步去除干扰区域，以精确定位出交通标志所在区域。小面积非目标区域的去除可采用基于连通区域填充和面积阈值的方法。在目标区域中确定一个种子像素，从该种子像素出发，按照像素值的接近程度，逐渐加入临近像素，并用指定的颜色填充。当满足一定条件时，区域增长结束，然后计算各填充目标区域的面积，设定一个面积阈值，如果小于该阈值就将其变为背景。

本书采用的做法是：用3×3正方形结构元素对颜色特征初次分割后的交通标志场景图像进行腐蚀操作。为了更加准确可靠地检测出标志边缘，接着再对腐蚀后图像用3×3正方形结构元素执行两次、3×3十字形结构元素执行一次膨胀操作。各种典型场景的实验结果如图4-47所示。

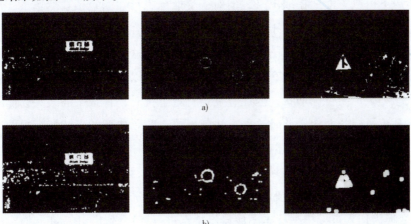

图 4-47　各种类型场景的实验结果

a) 腐蚀；b) 膨胀

在以上腐蚀、膨胀过的图像中寻找最大连通区域，并计算出中心点位置。以中心点为中心划定一个能够包围交通标志的足够大小的正方形区域，定义为交通标志感兴趣区域（SignROI），此区域以外全部用白色填充，用最大连通区法定位交通标志感兴趣区域如图4-48所示。

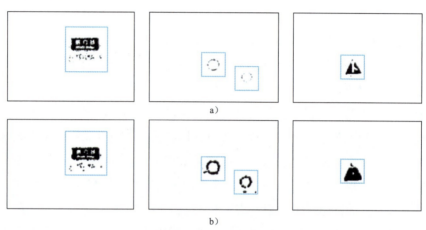

图 4-48 用最大连通区法定位交通标志感兴趣区域
a) 腐蚀后的连通效果；b) 先腐蚀后膨胀后的连通效果

至此，交通标志的检测实际已完成。基于形态学操作的方法比较直接、简单，但在场景图像复杂的情况下鲁棒性较差，此时可采用形状特征检测算法更加可靠、精确地定位出交通标志区域。形态学操作步骤也可保留，为Hough变换创造更好的检测条件。基于形状特征的交通标志定位法通过检测可以获得形状语义，因此具有以下优点：可缩小交通标准识别模块的特征搜索范围，从而减少识别系统的运算负担，提高识别准确率。

第二步，基于形状特征对交通标志进行较为精确的检测。

与形状相关的目标物体特征有边缘、周长、面积、拐角等，这些特征在没有背景干扰的情况下可以方便地提取出来，但对于交通标志存在的复杂自然场景，目标形状特征的提取并非易事。这是由于交通标志场景图像内容及其中物体的几何形状存在极大的不确定性，且背景对目标的干扰情况复杂多变，这实际上是自然场景下目标形状检测的困难根源。例如，在没有背景干扰情况下，可以利用寻找最大目标面积（连通域）方法顺利确定出目标形状；但在有复杂背景干扰时，背景中的某些物体的面积甚至会超过真正目标的面积，此时这种方法就不再有效。典型的形状特征提取方法有：Hough变换法、傅里叶形状描述符（Fourier shape descriptors）法、形状参数法（shape factor）、形状不变矩法、小波域相对矩法等。本书的目标是探索并提出能够适用于所有形状类型交通标志的通用型形状检测方法，因此，选择对形状检测具有较强通用性的Hough变换为切入点，根据标志图像自身特点进行算法设计。Hough变换在没有或极少量背景干扰的情况下能有效检测出直线、圆、椭圆等前景目标，广义Hough变换可以检测任意形状。"没有背景干扰"的苛刻性要求在实际室外场景图像中是很难做到的，只能尽量做到将背景干扰降至最低。另外，Hough变换并不能直接检测矩形和三角形，矩形和三角形的检测都需要通过先检测直线再利用相应算法实现。针对自然场景下多种交通标志形状（包括形变后的类似形状）的自动检测，本书提出一种基于多模型切换Hough变换的形状特征检测法。

多圆形交通标志检测结果如图4-49所示。

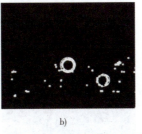

图4-49　多圆形交通标志检测结果

a) 边缘提取结果；b) 圈出圆形标志；c) 恢复到原图上

对有遮挡、发生形变的圆形交通标志，采用概率Hough变换圆检测算法，检测结果如图4-50所示。

图4-50　有遮挡形变圆形交通标志检测结果

a) 边缘提取结果；b) 圆形区域1；c) 圆形区域2；d) 圆形区域3；e) 圆形区域4；f) 圆形区域5

矩形、三角形交通标志Hough变换形状检测结果分别如图4-51、图4-52所示。

第三步，为增强算法鲁棒性，再进行多特征联合估计。

为增强复杂自然场景下交通标志检测结果的鲁棒性，在以上颜色和形状两种主要特征提取的基础上，仍需再加入其他辅助特征，最终以多特征联合估计的方式实现交通标志的鲁棒检测。

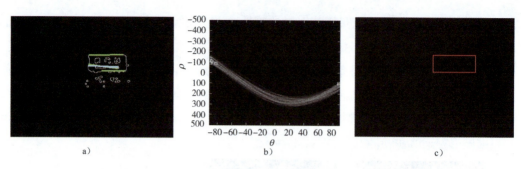

图 4-51 矩形交通标志 Hough 变换形状检测结果

a) 形状检测结果；b) Hough 变换参数空间及峰值；c) 矩形拟合结果

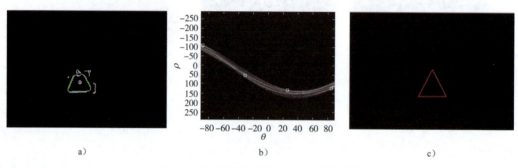

图 4-52 三角形交通标志 Hough 变换形状检测结果

a) 形状检测结果；b) Hough 变换参数空间及峰值；c) 三角形拟合结果

定义如下特征：

圆形度，表示为 $C=S/L$；

矩形度，表示为 $R=S/(HW)$；

离散指数，表示为 $e=L/S$。

其中，L：周长；S：面积；H：高度；W：宽度。

圆形度、矩形度及离散指数的经验值统计见表4-3。

表4-3 圆形度、矩形度及离散指数的经验值统计

标志形状	圆形度	矩形度	离散指数	Hough 拟合特征	估计结果
矩形	0.75	0.99	15.22	近似矩形	矩形
三角形	0.70	0.65	15.55	近似三角形	三角形
圆形	1.00	0.71	10.23	圆形或椭圆形	圆形

在初步检测出形状后，再利用以上特征的经验值进行联合估计，确定出最终的形状。综合以上步骤后的鲁棒检测算法流程如图4-53所示。

为了对以上算法进行验证，进行以下实验。

利用我们研发的无人驾驶汽车的车载相机采集北京某路段的交通标志，并采用上述算法进行检测。T2T道路交通标志采集结果如图4-54所示。

实验结果表明，户外光照度变化带来颜色特征不稳定甚至退化，检测视角变化带来标志变形，车体高速运动及振动带来交通标志图像模糊，交通标志被车辆、行人等物体遮挡，目标弱小，尺度变化等都是实际中存在的不利检测条件。

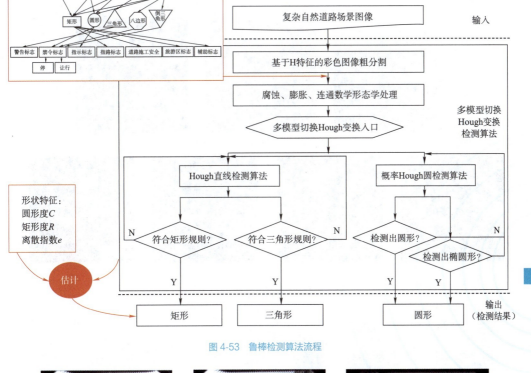

图 4-53　鲁棒检测算法流程

图 4-54　T2T 道路交通标志采集结果

因此，结合路网文件定义及 GPS 导航系统给出的位置信息，首先大致估算出交通标志可检测的起始位置，解决目标弱小问题，同时降低误识别率。

综合采用以上算法及工程方法后的 T2T 道路交通标志检测过程与结果（北京某道路段交通标志检测结果）如图 4-55 所示。

实验结果表明，本书方法可从实际复杂道路场景中鲁棒检测出交通标志目标。

以上检测过程表明，交通标志检测实际上起到了从道路视频中实时分割出交通标志的作用，将实时分割出的交通标志再用于下一环节（即交通标志识别）才具有实际意义。以往有些交通标志识别系统只针对标准交通标志图像，没有考虑实际场景的大量不确定性及大量图像干扰，实用价值显然有所降低。需要注意的问题是：有效场景范围如何自动选择？有效场景范围设置过小，检测算法不实用；有效场景范围设置过大，场景复杂度将急剧增加，检测复杂度也增大。当场景范围较大，标志相对较小时，如何准确检测到目标？当存在与标志颜色类似、形状亦类似的干扰物体时（如蓝色矩形车牌），如何有效区分？

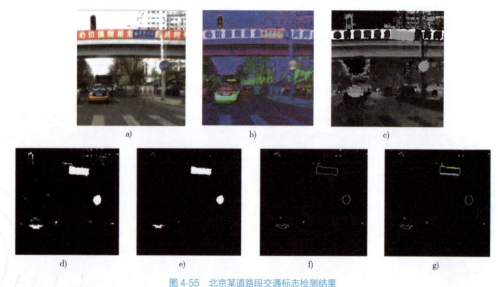

图 4-55　北京某道路段交通标志检测结果

三　交通标志优化匹配识别

由于交通标志采集的条件（场景、几何位置、灯光、天气、车辆速度和摄像机的解析度等）不同，交通标志有的可以独立分割出来，有的可以部分分割出来，有的则不能分割出来。一般认为，对于不能独立分割出来的交通标志，只能用神经网络进行识别；而对于可独立分割出来的交通标志用神经网络、特征匹配两种方法均可识别。实时性要求高的实际系统选择特征匹配方法。

1.图像特征优化匹配分析

图像特征匹配技术主要研究的问题包括3个：一是特征检测；二是特征相似性度量；三是搜索策略。在实时匹配这类应用中，可从3个方面提高匹配速度：一是减少参与匹配特征的总数，即约简优化特征空间；二是减少相似度计算的运算量；三是减少匹配搜索循环的次数。本书通过快速SURF特征提取、分级匹配方面的改进达到以上目的。同时，要保证足够的匹配精度才能正确识别出目标，故还需考虑降低误匹配率的匹配算法。经理论分析和实验测试，可得出两条影响匹配准确率的规律，即：①匹配范围越大，相似匹配特征越多，误匹配的可能性越高。②基准图中包含的相似位置越多，误匹配概率越大。因此，可通过以下途径提高图像匹配的可靠性：①尽量减小基准图大小，并通过分区约束等方法减小匹配搜索范围。②尽可能选择特征明显、不易受外界影响而变化的图像做基准图，不选择具有很多相似点的图像作为基准图。③选择鲁棒的特征提取方法；边缘特征易受尺度变化、旋转、视角变化等影响，就图像匹配来说，并不算是一种稳定性强的特征；SURF特征是综合性能优异的一种局部不变性特征，可有效克服图像尺度变化、旋转、视角变化、遮挡等不利影响，非常适合于鲁棒性要求高的运动视觉场合。④改善实时图的质量；一般从硬件和软件两个方面改善，硬件方面措施有增加曝光控制系统或增加辅助光源；软件方面则有对原图像进行去噪、增强、滤波等预处理。

2. 识别算法设计

基于以上分析，本书以降低误匹配率、提高匹配速度为总体目标，在标志图像库设计、特征提取、特征匹配算法等关键环节采取相应的优化措施，实现交通标志图像识别系统的综合优化。

在检测条件优良（如阳光明媚的晴天、白天）时可直接提取比原分辨率低两个级别的SURF特征，并在该级别上执行后续算法；在检测条件不好（如雾霾天气、烟雾场所）或可靠性要求高的场合，不降低分辨率，直接在原始采集图像上进行匹配识别。该算法框架面向实际应用的可操作性，提供了一种适应于多种工况的兼容性较强、灵活度较大的架构。

3. 多分辨率递阶快速匹配

1）总体思想

尽管SURF算子是一种抗旋转、尺寸变化、视角变化、光照度变化的优秀算子，但实际测试表明，在复杂的自然背景图像干扰下仍会出现识别的不可靠性问题。因此，在本章第4节实验及理论分析基础上，提出一种基于多分辨率图像递阶匹配的优化方法，原理为在可靠性要求不太高的场合，仅在最低分辨率级上进行特征匹配识别，若识别失败则切换到高一级分辨率级上重复上述匹配识别步骤；在可靠性要求高的场合，则采用多重识别方法，即在多级图像空间上均进行匹配识别，再对各级上的识别结果进行比对和综合，若一致，则认为识别结果正确，若不一致，则重新运行一次识别算法。例如，在车辆自主导航系统中，可将图像预处理为3级或2级，处理成3级时，其中有两级的结果一致即可以一致结果作为识别结果；处理成两级时，两级的结果一致才输出一致结果。

在2级分辨率级上进行匹配识别并不影响识别准确率，但提高了实时性。多级递阶匹配策略提高了匹配的可靠性。因此，该方法可在实时性和可靠性两个方面取得综合优化效果。

2）面向实时图像应用的SURF算子快速性改进

为实现快速匹配，SURF算法在特征矢量中已经增加了一个新变量——特征点的拉普拉斯响应正负号，即Hessian矩阵的迹的正负号，进行特征匹配时，仅正负号相同的点才进入相似性计算步骤，这对实时性要求高的系统来讲，仍不能满足要求。分析SURF算法后发现，SURF算法在确定局部极值点步骤中耗费了较大比例的算法计算耗时，因为这种方法是将每个检测点与其上、下、左、右立体邻域点（图像域和尺度域）进行逐个比较才得到局部极值点，还需要进一步通过Hessian矩阵才能精确定位特征点。对于实时系统动态图像应用，这种确定极值点的方法并不实用。结合实际应用，提出一种通过缩小极值点搜索空间改进SURF算法实时性的措施，将极值点搜索空间定在$Scale \in (1, 3)$，以减少SURF特征提取时的复杂度，提高系统实时性。

3）实时图和基准图的分级特征提取

图像匹配的可靠性与匹配区域大小存在着反比关系。匹配区域越大，误匹配的概率越大；但匹配区域太小，以致不能保证找到稳定的匹配点对也是不行的。因此，在保证稳定匹配前提下，应尽可能减小基准图，具体大小视实际应用需求而定。

以往研究结果表明，在模板大小大于15个像素时，才会获得比较好的相关结果，同时也证明，可以用模板中的少量元素进行计算，而并不影响结果。这是因为图像相邻像素灰度之间存在较高的相关性，所以可以通过匹配模板亚采样来简化计算。模板亚采样算法通过每相邻n个像素取一个像素值进行计算，可以将运算复杂度降到原来的$1/n^2$，并且不影响评估的精度。本书将交通标志实时道路场景图像的每一帧建模为J级图像金字塔，最高分辨率级为J，最低分辨率级为0，根据实际应用特点，取$J=2$。将图库中的基准图和车辆行进过程中检测到的交通标志区域实时图经小波包分析法标准化为3个分辨率级：0级为256×256大小，1级为128×128大小，2级为64×64大小。采用Sym2小波包对标志图像进行分解，得到3个分辨率级的图像，如图4-56所示。

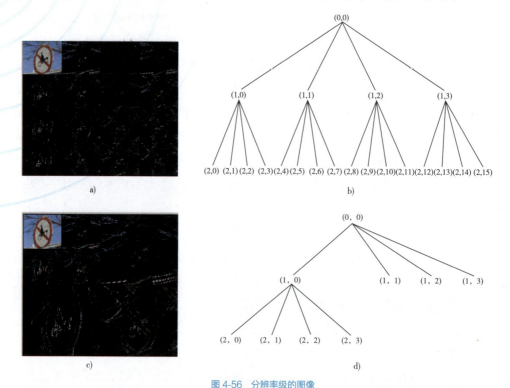

图4-56 分辨率级的图像

a）小波包分解节点图；b）小波包分解树结构；c）小波包树节点图；d）小波包树结构

在3级近似图像上采用上述改进的快速SURF算法分别提取SURF特征。为了验证特征位置是否具有对应性，将1级、2级图分别与0级图匹配，不同分辨率级图像的SURF特征提取及匹配结果如图4-57所示。

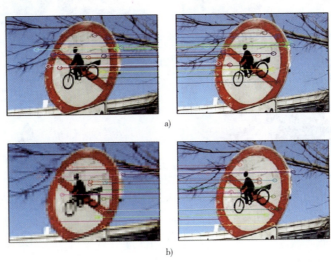

图 4-57　不同分辨率级图像的 SURF 特征提取及匹配结果

a）1级（左）和0级（右）标志图像；b）2级（左）和0级（右）标志图像

图4-57的检测及匹配验证结果表明，较低级别分辨率图像的SURF特征点位置和最高分辨率级图像的SURF特征点位置几乎是一样的。这个结果非常有用，它启发我们可以先在较低分辨率图像上进行交通标志的识别，在识别不出的情况下再进入高一级分辨率的图像空间进行识别。这为提高系统的实时性提供了一种可行的方法。

4. 采用多约束剔除误匹配的稀疏鲁棒匹配识别算法

1）交通标志误匹配分析

在实时交通标志匹配识别中，导致图像匹配误差的原因来自3个方面：①实时交通标志图像的质量、大小、拍摄角度；②基准交通标志图像的质量、大小；③基准交通标志图像本身就存在相似特征。相较于航空图像的匹配识别，地面交通场景图像匹配识别的难点在于：①交通标志图像本身的平滑性和几何结构特征决定了其大面积的相似性区域较多，很容易造成误匹配；②由于地面障碍物遮挡、视角变化、振动模糊等因素，造成交通标志实时图像与基准图像间的差异性更大，找到准确的匹配特征相对来讲比较困难。

在交通标志图像匹配的实测实验中发现，当参与匹配的图像对中存在局部相似性区域时，在同种颜色、不同种颜色、同种形状、不同形状的标志之间都可能存在匹配点对，各种存在误匹配的交通标志匹配结果如图4-58所示。但仔细分析后会发现，这些匹配中实则存在着大量的误匹配，特别是实时图在噪声、振动、检测距离变化、视角变化等状况下，误匹配率会更高。Lowe曾指出可采用RANSAC算法剔除误匹配点，但在相似区域过多、外点（outliers）较多时，算法效果并不理想。

图 4-58　各种存在误匹配的交通标志匹配结果

向量相似性度量对误匹配判断起到至关重要的影响，即衡量是否为误匹配的依据是看参与匹配的向量间的相似程度。向量间相似性的度量一般有两类方法，一是距离测度法，二是相似函数法。欧式距离和余弦相似度分别是两类方法的代表，很多其他方法都是由它们演变而来。

对采用特征匹配进行目标识别来讲，最好的匹配结果应该是稀疏鲁棒匹配。稀疏可以降低误匹配风险，但稀疏的前提是必须鲁棒，只有鲁棒匹配才能保证识别的可靠性与准确性。下面将提出一种结合特征方差最小距离阈值及匹配强度函数的误匹配剔除法，实现稀疏鲁棒匹配。

2）基于方差最小距离阈值的误匹配剔除法

原SURF匹配算法采用最近邻距离法（NN）进行匹配，用欧式距离度量两个特征向量之间的相似性，即遍历计算待测图像中每一个SURF特征向量与基准图像中全部SURF特征向量的欧式距离，若最小欧式距离与次小欧式距离的比值小于0.8，则认为源特征点与最小欧式距离特征点匹配。这个比值反映了候选目标特征点与某个源特征点间的相似性差异程度，该比值越大，则说明没有匹配上的候选目标特征点与源特征点的相似性差异程度越小，也就是说越接近于匹配上的那个特征点。该算法将图像之间的比较退化成了特征向量集之间的比较，没有利用特征点的方向信息，因此产生了大量误匹配。对于需要剔除误差的可靠性图像匹配来讲，最近邻距离法不直观，不能直接反映各个特征点的匹配状况，而且该匹配算法只考虑了参与匹配的图像对之间的特征点相似性度量，没有考虑每个图像内部自身特征点之间的相似性。

本书采用平方差（SD）算法度量SURF特征向量间的最小距离。

3）增加匹配强度约束的误匹配剔除法

根据图像匹配基本原理，候选匹配点必须满足唯一性和连续性原则。唯一性是指目标图像中只能有一个特征点与源图像中的源特征点匹配。连续性是指正确匹配点的邻域内应存在数量较为集中的其他正确匹配点。

定义匹配强度$E(x_i, y_i)$，用于衡量连续性程度。当(x_i, y_i)邻域内候选匹配点较多时，$E(x_i, y_i)$的值较大，反之$E(x_i, y_i)$较小。

定义唯一性强度$P(x_i, y_i)$，用于衡量匹配点(x_i, y_i)在其邻域内的唯一正确性程度。$P(x_i, y_i) = 1 - E'(x_i, y_i) / E(x_i, y_i)$，$E'(x_i, y_i)$为$(x_i, y_i)$邻域内仅次于$E(x_i, y_i)$的最大匹配强度，即次大匹配强度。

用松弛迭代算法（Relaxation）实现连续性和唯一性准则。构造两个数组$\mathbf{A}_E$和$\mathbf{A}_P$，其中$\mathbf{A}_E$用于存储$E(x_i, y_i)$值最大的q对候选匹配点对，$\mathbf{A}_P$用于存储$P(x_i, y_i)$值最大的q对候选匹配点对。每次迭代，选出同时位于前60%的匹配点对作为输出，这些输出兼顾了连续性和唯一性准则。通过该方法可剔除匹配点集中的不确定性点对，从而降低误匹配率。

5. 实验与分析

实验平台为Win7操作系统、CPU 2GHz、内存2GB的计算机。编程环境为Visual Studio 2010，并加入Open CV2.4.1，算法测试评估环境为MATLAB2011。交通标志实时数据均采集自北京城区道路。交通标志标准数据集（标志图像库）来自于GB 5768《道路交通标志和标线》共116幅。

交通标志识别的理想检测条件应为待识别标志的形状、颜色、视角等没有发生改变，与库中基准图像非常接近，此时分析交通标志识别过程中的数据，可更加清晰地反映出算法的本质。因此，首先对接近理想检测条件的标志识别过程进行研究，选择典型交通标志匹配的正、反案例进行SURF特征匹配实验。

正面标志典型正确匹配案例（64×64）如图4-59所示。

图4-59 正面标志典型正确匹配案例（64×64）

由以上性能测试实验结果可以得出：

（1）改进算法对各种不利检测条件均可适应，且表现出更优秀的综合性能。

（2）相对原算法，改进算法的误匹配率平均降低15%~20%。

（3）相对原算法，改进算法的标志识别率平均可提高14%~28%。

（4）改进算法的匹配时间和识别时间相近。

实验结果表明，本书提出的误匹配点剔除法可以有效剔除误匹配点，在不同图像库设置情况下均可正确检索出目标标志，因此具有较强的普适性。同时，经实验测试，具有接近100%的识别精度。

实验后还发现一个重要的现象：待测试实时图的质量对匹配结果影响非常大，其次图库中标准图的质量对匹配结果也有影响。因此，制作好、准备好匹配图非常重要。

"禁止人力货运三轮车通行"红色标志的识别结果（T_{err}=0.2）如图4-60所示。

a)   b)   c)

图4-60 "禁止人力货运三轮车通行"红色标志的识别结果（T_{err}=0.2）

a) 正面，变大标志；b) 侧面，变大标志；c) 遮挡标志

正面"非机动车行驶"蓝色标志的识别结果如图4-61所示。

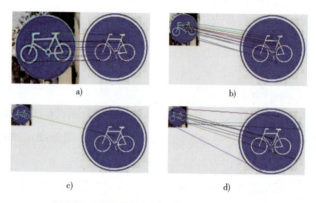

图4-61 正面"非机动车行驶"蓝色标志的识别结果

a) 尺寸1（T_{err}=0.2）；b) 尺寸2（T_{err}=0.2）；c) 尺寸3（T_{err}=0.2）；d) 尺寸3（T_{err}=0.4）

"停车让行"红色标志的识别结果如图4-62所示。

图4-62 "停车让行"红色标志的识别结果

a) 正面标志（T_{err}=0.2）；b) 侧面标志（T_{err}=0.2）

有倾斜"注意儿童"黄色标志的识别结果如图4-63所示。

图4-63 有倾斜"注意儿童"黄色标志的识别结果

a) 倾斜标志（T_{err}=0.4）；b) 倾斜变小标志（T_{err}=0.4）

有倾斜"禁止车辆临时或长期停放"蓝色标志的识别结果如图4-64所示。

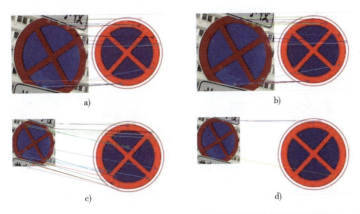

图 4-64 有倾斜"禁止车辆临时或长期停放"蓝色标志的识别结果

a) 旋转背光 (T_{err}=0.4); b) 旋转背光 (T_{err}=0.2); c) 旋转背光变小 (T_{err}=0.4); d) 旋转背光变小 (T_{err}=0.2)

实验结果表明，该方法可在自然复杂场景中准确找到标志应在的区域，同时从图库中准确找到其对应的标准图像，因此能给出实时标志的语义解释。

为了进一步验证匹配方法的有效性，选择不同的标志进行交叉匹配实验，结果均是无匹配产生，特征匹配识别的交叉检验（T_{err}=0.15）如图4-65所示。

图 4-65 特征匹配识别的交叉检验（T_{err}=0.15）

另外，以多视角实时图作为基准模板也是一种提高识别可靠性、降低匹配误差的有效方法，即基于多视角实时图模板的匹配识别法。

第 6 节 基于卷积神经网络的车辆检测

卷积是一种特殊的线性运算，是对两个实值函数的一种数学运算，卷积运算通常用符号*来表示。一维离散卷积的公式为：

$$s(i)=(h*w)(i)=\sum_{j=-\infty}^{\infty}h(j)w(i-j) \tag{4-42}$$

卷积神经网络是指在网络中至少使用了一层卷积运算来代替一般的矩阵乘法运算的神经网络。

其中i表示计算的状态（时刻，位置），j表示到状态i的距离（可以是时间差，空间距离等），这里的h和w就分别表示两个实值函数。在卷积神经网络的术语中，第一个函数h被称为输入，第二个函数w被称为核函数（kernal function），输出s被称为特征映射（feature map）。

在深度学习的应用中，输入通常是高维度的数组（例如图像），而核函数也是由算法（例如随机梯度下降）产生的高维参数数组。如果输入二维图像I，那么相应的需要使用二维的核K，则这个二维卷积可以写为：

$$s(m,n)=(I \times K)(m,n)=\sum_i \sum_j I(i,j)K(m-i, n-j) \tag{4-43}$$

式中，（m，n）是计算的像素位置；（i，j）是考量的范围。

全连接层中输入边实际上是乘权重再累加，即本质上是一个矩阵乘法，那么卷积层实际上就是用卷积这种运算替代了原来全连接层中的矩阵乘法，卷积的出发点是通过下述三种思想来改进机器学习系统：

（1）稀疏交互（sparse interactions）。
（2）参数共享（parameter sharing）。
（3）等变表示（equivariant representations）。

假设这个网络的第一个隐含层有4万个神经元（对于输入样本为40000维的情况来说，40000个隐含层节点是合适的），那么这个网络光这一层就有接近20亿个参数。这样的模型训练的计算量是非常大的，且需要很大的存储空间。

使用卷积核实际上就是卷积网络的参数，卷积核在输入图像上滑动窗口，这也就意味着输入的图像的像素点共享这一套参数。卷积网络中的参数共享只需要学习一个参数集合，而不需要对每一个像素都学习一个单独的参数集合，它使得模型所需的存储空间大幅度降低。

由于整个输入图片共享一组参数，那么模型对于图像中的某些特征平移具有等变性。那么，何谓等变呢？图4-66所示是一个典型的卷积神经网络层（简称卷积层），传统的卷积层包含如下3个结构：卷积运算，激活函数（非线性变换），池化（Pooling）。这里的激活函数起着与全连接网络一样的作用，ReLU是最常用的激活函数。通常来说，使用多个卷积核，不同的核学习不同的特征，有些核可能学习的是一些颜色特征，有些核可能学习的是一些边缘、形状特征，图4-66是同一层中已经训练好的卷积神经网络的核可视化效果。

自深度学习出现之后，目标检测取得了巨大的突破，最瞩目的两个方向有：①以RCNN为代表的基于Region Proposal的深度学习目标检测算法（RCNN、SPP-NET、Fast-RCNN、Faster-RCNN等）；②以YOLO为代表的基于回归方法的深度学习目标检测算法（YOLO、SSD等）。YOLO将目标检测看作是一个回归问题，训练好的网络的工作流程非常简单，如图4-67所示。

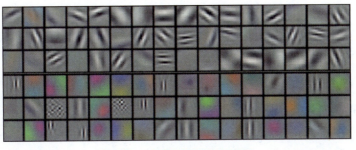

图 4-66 一个典型的卷积神经网络层

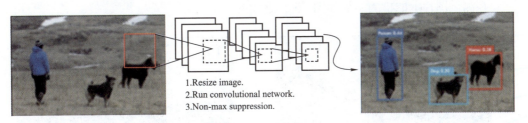

图 4-67 训练好的网络的工作流程

作为End-To-End网络,输入原始图像,输出即为目标的位置和其所属类别及相应的置信概率。不同于传统的滑动窗口检测算法,在训练和应用阶段,YOLO都使用的是整张图片作为输入。YOLO的具体网络结构如图4-68所示。

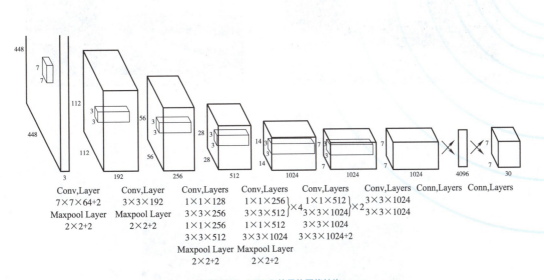

图 4-68 YOLO 的具体网络结构

整个网络包含了24个卷积层以及2个全连接层,以下是YOLO的整个流程:

1.预训练分类网络

首先使用图4-68中的前20个卷积层+1个平均池化层+1个全连接层在ImageNet数据集上训练一个分类网络,这个网络的输入为 224×224,该模型在ImageNet2012的数据集上的top 5精度为88%。

2.训练检测网络

接着就是将训练的分类网络用于检测，在预训练好的20个卷积层的后面再添加4个卷积层和2个连接层（即结构图中的后4个卷积层和最后两个全连接层），网络的输入变成了448×448，输出是一个 7×7×32的张量。输入到检测网络的图片首先会被改变成 448×448，然后被分割成 7×7的网格。每个网格都要预测两个bounding box，即10个输出，此外，还有20个输出代表目标的类别。要很好地回归出这30个数值，损失函数的设计就必须在bounding box坐标、宽高、置信、类别之间达到一个很好的平衡。

在测试图片上的检测结果如图4-69所示。

图 4-69　在测试图片上的检测结果

在测试视频上的效果如图4-70所示。

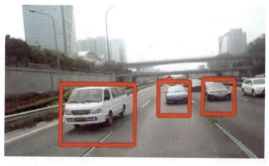

图 4-70　在测试视频上的效果

第5章

导航定位技术

第1节 高精度电子地图

一 基本概念与特点

传统电子地图是对路网的一种抽象，都将路网抽象成有向图的形式——图的顶点代表路口，边代表路口与路口的连接，路名、地标以及道路骨架信息都可以被抽象成存储于这些有向图顶点或边中的属性。这种抽象的地图表征形式能很好地适应人类驾驶人需求，其原因在于人类生来就有很强的视觉识别及逻辑分析能力。在驾驶过程中，人类驾驶人一般都能有效判别如下信息：识别路面及路面标示线、确定自己在路面的大致位置、寻找并辨认路标等。参照辨识出的信息，结合当前GPS（一般精度在5~10m）在当前电子地图中的位置，人类驾驶人便大致知道自己在实际路网中的位置，并计划下一步如何驾驶。正是基于人类驾驶人的这些能力，传统电子地图可被极大精简，比如一条弯曲的道路可以被精简到用只有几个点的线段来表示，只要大致轮廓符合现实路网结构，人类驾驶人即可结合驾驶信息定位自己的当前位置。

自动驾驶地图在高精度定位、非视距虚拟传感感知、车道级路径规划导航和自动驾驶车辆决策控制等智能网联驾驶场景下，发挥着不可替代的作用，是自动驾驶实现的重要一环。高精度电子地图（以下简称高精地图）问世后，无人驾驶汽车可以把地图中公路的坡度、弯度、交通标志和气候等信息输入到整车控制器中，为安全形势提供保障。

目前，获取远方数据的方式有多种，比如V2X技术，通过前方车辆或道路两旁的V2X设备向车辆发送路况信息；或者通过云技术也可以实现，从云端下发车辆收集的道路信息。但是这些方式都存在建设成本相对较高、建设周期长的问题。此时电子地图被人们开发出来，经过导航软件的普及，欧美、日本、中国的电子地图实际上基本比较成熟。ADAS对地图的精度要求不是很高，和普通的导航电子地图精度要求差不多，不过需要追加一些ADAS属性，比如曲率、坡度、航向角（Heading Angle）、更加精确的车道数量等属性,制作成本相对不高。地图在ADAS系统中是作为一种特殊的传感器融入系统的(Map Sensor),并提供道路先验知识。

与传统电子地图不同,高精地图的主要服务对象是无人驾驶汽车,或者说是机器驾驶人。和人类驾驶人不同,机器驾驶人缺乏与生俱来的视觉识别、逻辑分析能力,例如,人可以很轻松、准确地利用图像、GPS定位自己,鉴别障碍物、人、交通信号灯等,但这对当前的机器人来说都是非常困难的任务。因此,高精地图是当前无人驾驶汽车技术中必不可少的一个组成部分。高精地图包含大量行车辅助信息,其中,最重要的是对路网精确的三维表征(厘米级精度),例如,路面的几何结构、道路标示线的位置、周边道路环境的点云模型等。有了这些高精度的三维表征,车载机器人就可以通过比对车载GPS、IMU、LiDAR或摄像头数据来精确确认自己的当前位置。此外,高精地图还包含丰富的语义信息,例如交通信号灯的位置及类型、道路标示线的类型、识别哪些路面可以行驶等。这些能极大提高车载机器人鉴别周围环境的能力。此外,高精地图还能帮助无人驾驶汽车识别车辆、行人及未知障碍物,这是因为高精地图一般会过滤掉车辆、行人等活动障碍物。如果无人驾驶汽车在行驶过程中发现当前高精地图中没有的物体,便有很大概率是车辆、行人或障碍物。因此,高精地图可以提高无人驾驶汽车发现并鉴别障碍物的速度和精度。

高精地图的特点:相比服务于GPS导航系统的传统地图而言,高精地图最显著的特点是其表征路面特征的精准性。传统地图只需要做到米级精度即可实现GPS导航,但高精地图需要达到厘米级精度才能保证无人驾驶汽车行驶安全。此外,高精地图还需要比传统地图有更高的实时性。由于路网每天都有变化,如整修、道路标识线磨损及重漆、交通标示改变等,这些变化需要及时反映在高精地图上以确保无人驾驶汽车行驶安全。实时高精地图有很高的难度,但随着越来越多载有多种传感器的无人驾驶汽车行驶在路网中,一旦有一辆或几辆无人驾驶汽车发现了路网的变化,通过与云端通信,就可以把路网更新信息告诉其他无人驾驶汽车,使其他无人驾驶汽车更加"聪明"和安全。

和传统地图相似,高精地图也具有分层的数据结构,最底层是基于红外线雷达传感器所建立的精密二维网格,一般这个二维网格的精度保证在5×5cm左右。可以行驶的路面、路面障碍物以及路面在激光雷达下的反光强度都被存储于相应的网格当中。无人驾驶汽车在行驶的过程中,通过比对其红外线雷达搜集到的数据及其内存中的高精度二维网格,就能确定车辆在路面的具体位置。高精地图二维网格表征效果如图5-1所示。

图5-1 高精地图二维网格表征效果

由于网格很细,我们可以从相应的雷

达反射上清楚识别出路面及路面标识线的位置（绿色区域表示不可行驶的路面）除了底层的二维网格表征外，高精地图还包含很多有关路面的语义信息。高精地图中的车道信息如图5-2所示，在二维网格参照系的基础上，高精地图一般还包含道路标识线的位置及特征信息以及相应的车道特征。由于车载传感器可能会因为恶劣天气、障碍物，以及其他车辆的遮挡不能可靠分析车道信息，高精地图中的车道信息特征能帮助无人驾驶汽车更准确可靠地识别道路标识线，并理解相邻车道之间是否可以安全并道。

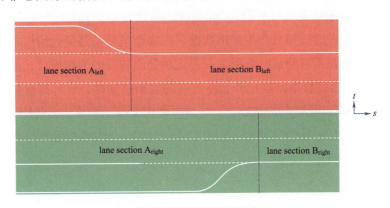

图 5-2　高精地图中的车道信息

此外，高精地图还会标明道路标示牌、交通信号等相对于二维网格的位置，高精地图中的道路标识线及路牌信息如图5-3所示。

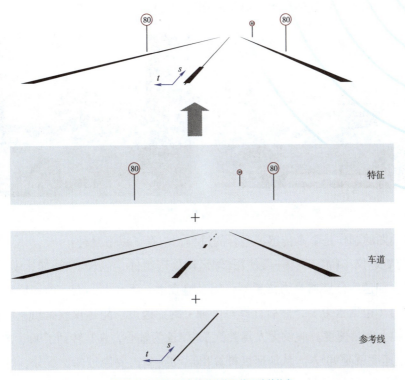

图 5-3　高精地图中的道路标识线及路牌信息

这些信息起两方面作用：提前预备无人驾驶汽车，告知其在某些特定的位置检测相应的交通标示牌或交通信号灯，提高无人驾驶汽车的检测速度。在无人驾驶汽车没有成功检测出交通标示牌或信号灯的情况下，确保行车安全。

无人驾驶汽车使用的高精地图是个2D网格，数据主要由激光雷达产生，由于激光雷达的精度大约是5cm，所以地图的最高精度可以达到每个网格5×5cm。在如此高的精度下，如何有效管理数据是一大挑战。为了尽量让地图在内存里中，要尽量去掉不需要的数据。一般激光雷达可覆盖100m^2范围，假设每个反光强度可以用一个字节记录，那么每次激光雷达扫描可产生4MB数据。扫描会包括公路旁边的树木及房屋，但无人驾驶汽车行驶并不需要这些数据，只需记录公路表面的数据即可。假设路面的宽度为20m，就可以通过数据处理把非公路表面的数据过滤掉，这样每次扫描的数据量会下降到0.8MB。在过滤数据的基础上，还可以使用无损压缩算法，如LASzip压缩地图数据，可以达到超过10倍的压缩率。经过这些处理后，1TB硬盘就可以存下全中国超过10万km的高精地图道路数据。

高精地图的产生

传统电子地图主要依靠卫星图片产生，然后由GPS定位，这种方法可以达到米级精度，而高精地图需要达到厘米级精度，仅靠卫星与GPS是不够的。因此，其生产涉及多种传感器，由于产生的数据量庞大，通常会使用数据采集车（图5-4）收集，然后通过线下处理把各种数据融合产生高精地图。

图5-4　高精地图数据采集车 Here

高精地图的制作是个多传感器融合的过程，包括了以下几种：

（1）陀螺仪（IMU）：一般使用6轴运动处理组件，包含了3轴加速度传感器和3轴陀螺仪。加速度传感器是力传感器，用来检查上、下、左、右、前、后哪几个面都受了多少力（包括重力），然后计算每个轴上的加速度。陀螺仪就是角速度检测仪，检测每个轴上的角速度。假设无人驾驶汽车以Z轴为轴心，在1s转到了90°，那么它在Z轴上的角速度就是90°/s。从加速度推算出运动距离需要经过两次积分，所以，但凡加速度测量上有任何不正确，在两次积分后，位置错误会积累，然后导致位置预测错误。所以单靠陀螺仪并不能精准地预测无人驾驶汽车位置。

（2）轮测距器（Wheel Odometer）：我们可以通过轮测距器推算出无人驾驶汽车的位置。汽车的前轮通常安装了轮测距器，分别会记录左轮与右轮的总转数。通过分析每个时间段里左右轮的转数，我们可以推算出车辆向前走了多远，向左右转了多少度等。可是由于在不同地面材质（例如冰面与水泥地）上转数对距离转换的偏差，随着时间推进，测量偏差会越来越大。所以单靠轮测距器并不能精准预测无人驾驶汽车位置。

（3）GPS：任务是确定4颗或更多卫星的位置，并计算出它与每颗卫星之间的距离，然后用这些信息使用三维空间的三边测量法推算出自己的位置。要使用距离信息进行定位，接收机还必须知道卫星的确切位置。GPS接收机储存有星历，其作用是告诉接收机每颗卫星在各个时刻的位置。在无人驾驶汽车复杂的动态环境，尤其在大城市中，由于各种高大建筑物的阻拦，GPS多路径反射（Multi-Path）的问题会更加明显。这样得到的GPS定位信息很容易就有几十cm甚至几m的误差，所以单靠GPS不可以制作高精地图。

（4）激光雷达（LiDAR）：光学雷达通过首先向目标物体发射一束激光，然后根据接收-反射的时间间隔来确定目标物体的实际距离。然后根据距离及激光发射的角度，通过简单的几何变化可以推导出物体的位置信息。LiDAR系统一般分为三个部分：一是激光发射器，发出波长为600nm到1000nm的激光射线；二是扫描与光学部件，主要用于收集反射点距离与该点发生的时间和水平角度（Azimuth）；三是感光部件，主要检测返回光的强度。因此我们检测到的每一个点都包括了空间坐标信息以及光强度信息。光强度与物体的光反射度（reflectivity）直接相关，所以从检测到的光强度也可以对检测到的物体有初步判断。

图5-5展示了通用的高精地图制作流程。首先陀螺仪（IMU）及轮测距器（Wheel Odometer）可以高频率地给出当前无人驾驶汽车的位置预测，但由于其精确度原因，位置可能会有一定程度偏差。为了纠正这些偏差，可以使用传感器融合计技术（例如使用Kalman Filter）结合GPS与激光雷达（LiDAR）的数据算出当前无人驾驶汽车的准确位置。然后根据当前的准确位置与激光雷达的扫描数据，把新数据加入地图中。

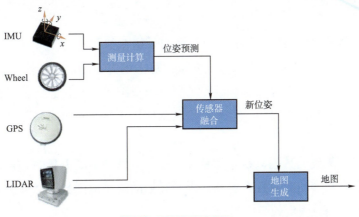

图 5-5　高精地图制作流程

式（5-1）是个高度简化的高精度电子地图计算模型，Q 代表优化方程，z 代表激光雷达扫描出的点，h 为方程预测最新扫描点的位置与反光度，m 为扫描到的点在地图中的位置，x 代表无人驾驶汽车当前位置。这个方程的目的是通过最小化 J 求出测量点在地图中的准确位置。在计算模型中，m 与 x 开始都是未知的，可以先通过多传感器融合求 x，再求出测量点在地图中的准确位置 m。

$$J = Q[z - h(m, x)] \tag{5-1}$$

高德汽车计划在今年底完成超过28万km的全国高速自动驾驶级别（HAD）高精地图道路的制作，以及全国国道/省道的 ADAS级别高精地图道路数据采集；2017年底，ADAS级别数据扩展到超过30个城市主干路，HAD级别向国、省道和主要城市内部扩展。ADAS级别高精地图精度大约在50cm级别；HAD及以上高精地图精度大约在10cm级别。

为了获取这些数据，高德目前有两种采集车，分别用于采集ADAS及HAD精度要求的高精地图数据，如图5-6所示，左侧日产车型，为 HAD级别采集车；右侧铃木车，为ADAS级别采集车。

高德用于采集ADAS级别高精地图数据的采集车如图5-7所示，车顶安装有6个CCD摄像头。其中5个摄像头以圆形环绕，顶部一个单独的摄像头，每个像素都是500万，总计3000万像素。车内副驾驶的位置有用于采集数据的显示屏，机箱在行李舱位置，用于储存和处理数据。

图 5-6　高德两种采集车

图 5-7　高德用于采集 ADAS 级别高精地图数据的采集车

高德用于采集 HAD级别高精地图数据的采集车如图5-8所示，顶部通过装配2个激光雷达（位于后方）和4个摄像头（两前两后）的方式来满足所需要的10cm级别精度。两种方案搭配，能够完成标牌、障碍物、车道线等道路信息的三维模型搭建。这辆车的造价超过 800万人民币，上面搭载的RIEGL三维激光扫描系统也是目前级别最高的产品。

这两种车采集到的数据只是作为基础，道路信息是不断更新的，并且，随着自动驾驶程度的提高，会对实时性有更高要求。高德的高精地图数据，可能会优先应用在物流、环卫等路线较固定的商用车场景中。

图 5-8　高德用于采集 HAD 级别高精地图数据的采集车

Waymo无人驾驶汽车建立的三维地图如图5-9所示。根据Waymo在报告中的介绍,一辆无人驾驶汽车在马路上,和人类驾驶人一样,通常需要回答4个问题:我在哪?我周围有什么?接下来要发生什么?我该怎么办?为了解决"我在哪"这个问题,Waymo的无人驾驶汽车依靠的不是GPS,而是团队自己建立的详细三维地图,上面突出显示了路况、"路缘石"、人行道、车道标记、人行横道、交通信号灯、停车标志和其他道路特征信息,也就是我们常说的高精地图。通过将传感器实时数据和预先建立的高精地图相比对,车辆就能确定自己在哪了。

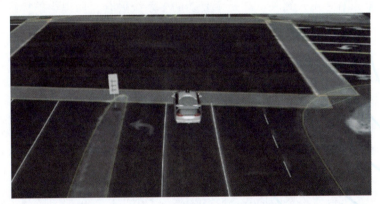

图 5-9　Waymo 无人驾驶汽车建立的三维地图

三 无人驾驶场景应用

高精地图包含大量的行车辅助信息,包括路面的几何结构、标示线位置、周边道路环境的点云模型等。有了这些高精度的三维表征,无人驾驶系统就可以通过比对车载GPS、IMU、LiDAR或摄像头的数据来精确确认自己当前的位置,并进行实时导航。

1.定位

无人驾驶汽车对可靠性和安全性要求非常高,所以我们默认已由高精度LiDAR和多种传感器融合建好了地图,在这个前提下,再谈一谈无人驾驶汽车的跟踪和定位技术。

无人驾驶汽车定位主要通过粒子滤波进行。所谓粒子滤波就是指:通过寻找一组在状态空间中传播的随机样本来近似表示概率密度函数,用样本均值代替积分运算,进而获得系统状态的最小方差估计的过程，这些样本被形象地称为"粒子"，故而称为粒子滤波。比较常见的（如在Sebastian Thrun的经典无人驾驶汽车论文中）是粒子滤波维护一个姿态向量（x，y，yaw），默认roll/pitch相对足够准，运动预测可以从IMU中取得加速度和角速度。粒子滤波需要注意样本贫化和其他可能的灾难定位错误（catastrophic error），一小部分粒子可以持续从现在GPS的位置估计中获得。正如前文所说，对样本数量的自适应控制也需要根据实际情况有效调整。

因为已经有了高精度LiDAR点云地图，所以很自然地就可以用实时点云数据和已经建好的地图进行匹配。而3D点云匹配必然要说到迭代最近点法（Iterative Closest Point，ICP），ICP的目标是在给出两组点云的情况下，假设场景不变，算出这两组点云之间的姿态（pose）。最早的ICP原理，就是第一组点云的每个点在第二组点云里找到一个最近的匹配，之后通过所有的匹配来计算均方误差（MSE），进而调整估计的pose，这样进行多次迭代，最终算出两组点云的相对pose。因此，预先有地图的情况下，用实时的点云加上一个大概pose猜测就可以精准算出无人驾驶汽车的当前pose，且时间相邻的两帧点云也可以算出一个相对pose。

另一方面，因为无人驾驶汽车是个复杂的多系统融合，所以当前标配是雷达、摄像头（Camera）、六轴陀螺仪（IMU）都必须拥有。拥有了摄像头和IMU，做各种视觉里程计（Visual Odometry，VO）和最近的视觉惯性里程计（Visual Inertial Odometry，VIO），SLAM就是自然选择。

2.导航与控制

跟踪和定位技术还是被动的感知方案，而真正意义的无人驾驶汽车也就是全自主驾驶而不是辅助驾驶需要无人驾驶汽车自己智能地来做路径规划，这里从技术层面略作探讨。

路径规划是个范畴很大的话题，需要先做几个限定：一是地图已知，如果未知，就无"规划"可言，机器人或无人驾驶汽车如果完全对世界未知，那么问题实际是"SLAM+探索"；二是对无人驾驶汽车领域来说，一般还是2D或2.5D地图，而不是在3D地图上六个自由度运动规划（那是室内全自主无人机飞行）；三是路径规划默认无人驾驶汽车按照规划的路径每一步执行后的pose准确，也就是说，这里刻意把定位和路径规划分开，但实际工程中这两者紧密联系，因为如果定位不准，路径规划一定会受影响。

下面简介有代表性又被广泛应用的两种路径规划方法。一是明确寻找最佳路径的搜索A*算法，其核心思路是：如果有最好的路径便一定将其找到。如果单位路径成本（cost）不一样，最好的路径不一定是最短的。A*是搜索了所有可能后，选择了最好的，而且运用了启发式算法来决定。

另一类是基于抽样（sampling based）的路径规划——并不知道最优路径是什么，所以从起点开始随机抽样（怎么随机很有讲究）来扩建可能的路径集。有一个很重要的因素可以加速抽样——障碍物的检测。若遇到障碍物，在其方向再扩建路径便没有意义，典型的算法是快速扩展随机树（Rapidly-exploring Random Tree, RRT）。但需要注意，这种算法侧重有效率地让树往大面积没有搜索过的区域增长，实际运用中（特别是在无人驾驶汽车应用中），如果有了启发式算法，实时的路径规划很注重效率，需根据实际情况优化。这方面的研究包括RRT变种或两类算法的结合（如A*-RRT）。

在无人驾驶汽车工程实现中，路径规划一定要根据传感器情况和地图质量来做实际算法选择和调整。无论地图有多准，传感器的数据质量如何，优化永远需要在安全的前提下进行。高精地图的信息量与质量直接决定了无人驾驶系统的安全性、可靠性以及效率。与传统电子地图不同，高精地图更精准（厘米级），更新更快，并且包含了更多信息（语义信息）。由于这些特性，制作高精地图并不容易，需要使用多种传感器互相纠正。在初始图制作完成后，还需要进行过滤以降低数据量达到更好的实时性。在拥有了这些高精地图信息后，无人驾驶系统就可以通过比对车载GPS、IMU、雷达或摄像头数据来确认当前的精确位置，并进行实时导航。高精地图实际应用效果如图5-10所示。

图 5-10　高精地图实际应用效果

普通导航系统基于普通的导航电子地图提供基础道路导航功能，包括由A地到B地的路径规划，车辆和道路的定位匹配，用于查询目的地的POI检索，在结合地图显示和道路引导的功能等。高精地图成像效果如图5-11所示。

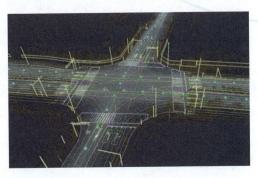

图 5-11　高精地图成像效果

作为驾驶人的人类具有提取信息、关联信息、过滤信息、视觉判断的能力，结合导航系统提供的这些相对粗略的信息就足够完成日常的导航和驾驶需要。作为无人驾驶汽车来说，无法完成诸如联想、解意、信息整合等工作，未来人工智能的充分应用有望解决这些问题。高精地图需要具备辅助完成高精度定位、道路级和车道级规划及车道级引导等功能。

另外需要注意的是，某些高精地图因为所涵盖的信息量太过丰富，又没有实现良好的信息挖掘分析，如果给驾驶人直接使用，反而会带来干扰。因此介于普通导航电子地图和高度地图之间的一种应用在ADAS（主动安全场景）的地图仍被广泛应用。这种地图的精度一般在1~5m，它是在普通的导航电子地图的基础上进行了扩充，例如在道路上补充了一些坡度、曲率、航向的一些辅助信息，另外也涵盖了车道数量、车道宽度的信息，并且道路的精度和形状信息更加准确，只是这些信息的精度都和高精地图有一个数量级的差别。这种地图在无人驾驶汽车的感知传感器足够丰富的时候也是能支持无人驾驶而使用的，它的大部分应用场景主要是为了主动安全使用的。

第 2 节　GPS与北斗导航定位

GPS定位信息很容易就有几米的误差，很有可能导致交通事故。由于GPS的更新频率低（10Hz），在车辆快速行驶时很难给出精准的实时定位，因此必须借助其他传感器来辅助定位，增强定位的精度。

全球定位系统（GPS）又称全球卫星定位系统，是一个中距离圆形轨道卫星导航系统。它可以为地球表面绝大部分地区（98%）提供准确的定位、测速和高精度的时间标准。系统由美国国防部研制和维护，可满足位于全球任何地方或近地空间的军事用户连续精确确定三维位置、三维运动和时间的需要。该系统包括太空中的24颗GPS卫星，地面上1个主控站、3个数据注入站和5个监测站及作为用户端的GPS接收机。最少只需其中3颗卫星，就能迅速确定用户端在地球上所处的位置及海拔高度，所能收连接到的卫星数越多，解码出来的位置就越精确。GPS由美国政府于20世纪70年代开始进行研制并于1994年全面建成。使用者只需拥有GPS接收机即可使用该服务。GPS定位的基本原理如图5-12所示。

差分GPS（differential GPS-DGPS，DGPS）首先利用已知精确三维坐标的差分GPS基准台，求得伪距修正量或位置修正量，再将这个修正量实时或事后发送给用户（GPS导航仪），对用户的测量数据进行修正，可提高GPS定位精度。根据差分GPS基准站发送的信息方式可将差分GPS定位分为三类：位置差分、伪距差分和相位差分。这三类差分方式的工作原理是相同的，即都是由基准站发送改正数，由用户站接收并对其测量结果进行改正，以获得精确的定位结果。所不同的是，发送改正数的具体内容不一样，其差分定位精度也不同。

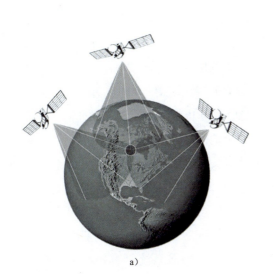 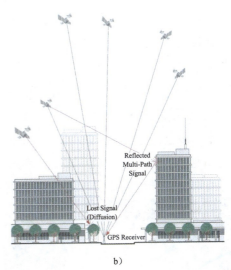

图 5-12　GPS 定位基本原理

a) 三边测量法定位；b) 误差计算

位置差分是一种最简单的差分方法，任何一种GPS接收机均可改装和组成这种差分系统。安装在基准站上的GPS接收机观测4颗卫星后便可进行三维定位，解算出基准站的坐标。由于存在着轨道误差、时钟误差、选择可用性（SA）影响、大气影响、多径效应以及其他误差，解算出的坐标与基准站的已知坐标是不一样的，存在误差。基准站利用数据链将此改正数发送出去，由用户站接收，并且对其解算的用户站坐标进行改正。最后得到的改正后的用户坐标已消去了基准站和用户站的共同误差，例如卫星轨道误差、SA影响、大气影响等，提高了定位精度。以上先决条件是基准站和用户站观测同一组卫星的情况。位置差分法适用于用户与基准站间距离在100km以内的情况。

利用差分技术，可以消除或者降低误差。可以在已知精准的地点安置参考接收机基准站精确地计算出第一个接收机的误差，安装在基准站上的GPS接收机观测4颗卫星后便可进行三维定位，解算出基准站的测量坐标，然后通过测量坐标与已知坐标对比可以计算出误差。基准站再把误差值发送给100km^{2}内的差分GPS接收器，去纠正它们的测量数据。

目前高精度的军用差分GPS，在静态和"理想"的环境下确实可以达到厘米级的精度。这里的"理想"环境是指大气中没有过多的悬浮介质，而且测量时GPS有较强的接收信号。

惯性传感器（IMU）是检测加速度与旋转运动的高频（1kHz）传感器，对惯性传感器数据进行处理后可以实时得出车辆的位移与转动信息，但惯性传感器自身也有偏差与噪声等问题影响结果。通过使用基于卡尔曼滤波的传感器融合技术，可以融合GPS与惯性传感器数据，各取所长，以达到较好的定位效果。

北斗卫星导航系统是中国正在实施的自主发展、独立运行的全球卫星导航系统。系统建设目标是：建成独立自主、开放兼容、技术先进、稳定可靠的覆盖全球的北斗卫星导航系统，促进卫星导航产业链形成，形成完善的国家卫星导航应用产业支撑、推广和保障体系，推动卫星导航在国民经济社会各行业的广泛应用。北斗卫星导航系统由空间段、地面段和用户段三部分组成，空间段包括5颗静止轨道卫星和30颗非静止轨道卫星，地面段包括主控站、注入站和监测站等若干个地面站，用户段包括北斗用户终端以及与其他卫星导航系统兼容的终端。北斗卫星导航系统是我国自己的卫星导航系统。

发展北斗导航系统，有利于我国的信息安全；北斗卫星导航系统精度更高、更可靠；我国可以自己调整北斗卫星姿势，有利于更精准定位，可以达到亚米级的精确定位；北斗导航系统具有短报文的功能，也就是可以发短信，GPS不具备。2020年左右，中国将建成覆盖全球的北斗卫星导航系统。采用北斗导航系统的无人驾驶汽车（图5-13）已经研制成功，北斗导航系统将成为未来我国无人驾驶产业链上。

图5-13 无人驾驶汽车北斗卫星导航

第3节 车载惯性导航系统

惯性传感器（IMU）是可以检测加速度与旋转运动的传感器（图5-14）。基础的惯性传感器包括加速度计与角速度计。基于MEMS的六轴惯性传感器，主要由3个轴加速度传感器以及3个轴的陀螺仪组成。无人驾驶汽车使用的一般是中低级的惯性传感器，其特点是更新频率高（1kHz），可以提供实时位置信息。但是惯性传感器的致命缺点是它的误差会随着时间的推进而增加。

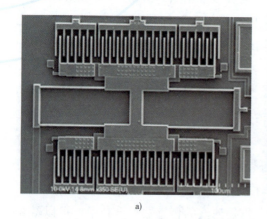

a)

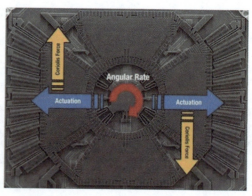

b)

图5-14 MEMS的加速度计和陀螺仪角速度计

a)加速度计；b)陀螺仪角速度计

第 4 节　智能组合导航

从惯性导航的工作原理和误差分析可以看出，惯性导航系统的自主性很强，它可以连续地提供包括姿态基准在内的全部导航参数，并且具有非常好的短期精度和稳定性。但其缺点是导航定位误差会随时间增长，导航误差积累的速度主要由初始对准的精度、导航系统使用的惯性传感器的误差以及主运载体运动轨迹的动态特性决定。解决这一问题的途径有两个，一是提高惯性导航系统本身的精度，主要依靠采用新材料、新工艺、新技术，提高惯性器件的精度，或研制新型高精度的惯性器件；另一个途径是采用组合导航技术。主要是使用惯性系统外部的某些附加导航信息源，用以改善惯性系统的精度，通过软件技术来提高导航精度。

从导航技术的发展来看，最初考虑的是以惯性导航为主的组合导航系统，它的工作方式有两种：一是重调方式，在惯性导航工作过程中，利用其他装置得到的位置量测信息对惯性导航位置进行校正，这是一种利用回路之外的导航信息来校正的工作方式，因此，回路的响应特性没有任何变化；二是阻尼方式，采用惯性导航与多普勒雷达（或天文导航）组合，利用惯性导航与多普拉雷达提供的速度（或位置信息）形成速度（或位置）差，使用这个速度差通过反馈去修正惯性导航系统，使导航误差减小。这是一种阻尼方式的组合导航系统，但是，这种组合方式在机动情况下，阻尼的效果并不理想。

GPS／惯性组合可以构成一种比较理想的导航系统，是目前组合导航技术的主要形式，IMU-GPS 组合导航系统如图 5-15 所示。

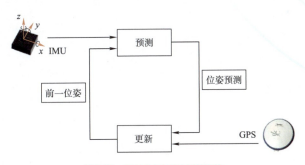

图 5-15　IMU-GPS 组合导航系统

根据最优控制理论和卡尔曼滤波理论设计的滤波器是组合导航系统的重要组成部分。其原理是把各类传感器采集的各种导航信息提供给滤波器，应用卡尔曼滤波方法进行信息处理，得出惯性导航系统的误差最优估计值，再由控制器对惯性导航系统进行校正，使得系统误差最小。为了与一般的重调方式和阻尼方式的组合导航系统相区别，通常也将应用卡尔曼滤波器的组合导航系统称为最优组合导航系统。根据对系统校正方式的不同,卡尔曼滤波器有开环校正(即输出校正)和闭环校正(即反馈校正)之分。开环校正原理如图5-16所示。

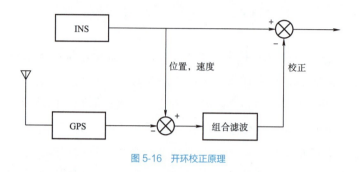

图 5-16　开环校正原理

第6章 运动控制与规划决策技术

第1节 无人驾驶汽车自主运动控制

一、PID控制

PID控制是最早发展起来的控制策略之一,其算法原理框图如图6-1所示。由于其算法简单、鲁棒性强、可靠性高,被广泛应用于各种控制系统,尤其适用于可建立精确数学模型的确定性控制系统。工业中常用的控制规律有:比例(P)、比例加积分(PI)、比例加积分加微分(PID)。由经典PID控制算法衍生出的新型PID控制方法有:自适应PID、模糊PID、神经网络PID、专家PID、自校正PID、自抗扰PID。

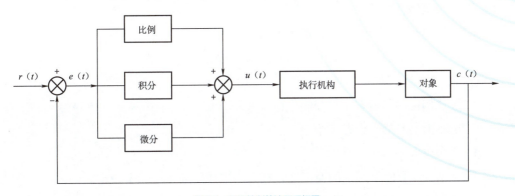

图6-1 PID控制算法原理框图

PID控制是一种线性控制,它根据该定值$r(t)$与实际输出值$y(t)$构成控制偏差$e(t) = r(t) - y(t)$。

1. 比例控制规律P

具有比例控制规律的控制器,称为P控制器。P控制器输出$p(t)$与偏差信号$e(t)$之间成比例关系(图6-2)。

$$p(t) = K_c e(t)$$

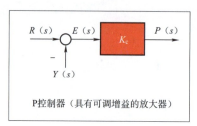

图 6-2 比例控制规律 P

其传递函数为：

$$G_c(s) = \frac{P(s)}{E(s)} = K_c \quad (6\text{-}1)$$

式中，K_c 是控制器的比例增益或放大倍数。

P控制规律基本原理如图6-3所示。

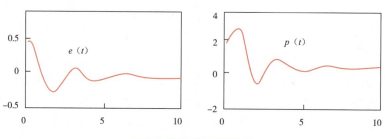

图 6-3 P 控制规律基本原理

比例作用的特点：

（1）可调增益的放大器。

（2）输出与输入波形相同，放大 K_c 倍。

（3）若广义对象为0型系统，则系统存在稳态误差。

总结：

（1）比例控制是最基本的控制规律。

（2）不能消除静态误差（余差）。

（3）余差大小与 K_c 成反比。

（4）增大 K_c 会降低系统的稳定性，甚至会造成闭环系统的不稳定。

2. 比例加积分控制规律PI

具有PI控制规律的控制器，称为PI控制器。

控制器输出 $p(t)$ 与偏差信号 $e(t)$ 之间的关系为：

$$p(t) = K_c \left[e(t) + \frac{1}{T_i} \int_0^t e(t) \right] dt \quad (6\text{-}2)$$

控制器的传递函数为：

$$G_c(s) = \frac{P(s)}{E(s)} = K_c \left(1 + \frac{1}{T_i s} \right) \quad (6\text{-}3)$$

式中,K_c 是比例增益;T_i 为积分时间常数。

PI 控制规律基本原理如图 6-4 所示。

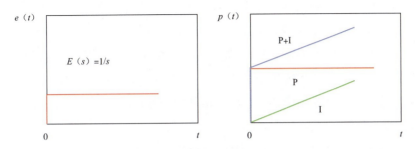

图 6-4　PI 控制规律基本原理

积分作用特点:

(1)偏差信号的积分(累加)。

(2)只要偏差存在,积分作用就一直进行,直到受到实际装置的限幅(积分饱和)。

(3)只有偏差为零时,积分作用才停止。此时,控制信号保持在前一刻数值。

总结:

(1)积分作用可以消除余差(主要目的)。

(2)积分作用与 T_i 成反比。

(3)能够提高系统的稳定性,但也会产生 90°的相角滞后,对稳定性产生不利影响。

3. 比例加积分加微分控制规律 PID(PID 控制器)

传递函数为:

$$G_c(s) = \frac{P(s)}{E(s)} = K_c\left(1 + \frac{1}{T_i s} + T_d s\right) \quad (6\text{-}4)$$

式中,K_c 是比例增益;T_i 是积分时间常数;T_d 是微分时间常数。

PID 控制规律基本原理如图 6-5 所示。

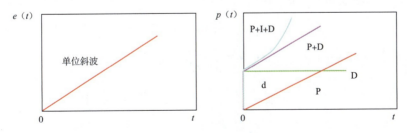

图 6-5　PID 控制规律基本原理

微分作用的特点:

(1)微分作用和偏差变化的速率成正比,能提高控制器反应的灵敏程度,使系统获得超前作用，有助于增加系统的稳定性和控制品质。

（2）微分作用大小与T_d成正比。

（3）控制作用只能对动态过程起作用，且对噪声敏感，因此不能单独使用，常与P或PI控制器组合起来构成PD或PID控制器。

PID调节器是3种控制作用的组合，是比较完善的常规控制规律，可总结如下：

（1）比例作用是最基本的控制作用。K_c增加，振荡加剧，余差减小。

（2）微分作用可增加系统的稳定性。增加微分作用时，可适当增加K_c；不能消除余差；T_d不可太大。

（3）积分作用可消除余差，影响系统的稳定性；增加积分作用时，要减少K_c。

在控制工程实践中，PI控制器可用来改善系统的稳态性能；在系统校正中，很少单独使用P控制；单一的D控制器不宜与被控对象串联起来单独使用。

连续情况PID算法公式为：

$$u(t) = k_p\left[e(t) + \frac{1}{T_1}\int_0^t e(x)dt + T_D\frac{de(t)}{dt}\right] \qquad (6\text{-}5)$$

假设采样时间间隔为T，则在k时刻：

偏差为$e(k)$；

积分为$e(k)+e(k-1)+e(k-2)+\cdots+e(0)$；

微分为$[e(k)-e(k-1)]/T$。

离散化后的PID算法公式为：

$$u(k) = k_p\left\{e(k) + \frac{T}{T_i}\sum_{n=0}^{k}e(n) + \frac{T_d}{T}[e(k)-e(k-1)]\right\} \qquad (6\text{-}6)$$

$$u(k-1) = K_p e(k-1) + K_i\sum_{n=0}^{k-1}e(n) + K_d[e(k-1)-e(k-2)] \qquad (6\text{-}7)$$

比例系数：K_p；

积分系数：$K_p \times T/T_i$，可以用K_i表示；

微分系数：$K_p \times T_d/T$，可以用K_d表示。

则公式可以写成如下形式：

$$u(k) = K_p e(k) + \sum_{n=0}^{k}e(n) + K_d[e(k)-e(k-1)] \qquad (6\text{-}8)$$

根据上面公式可以求得增量式PID算法公式：

$$u(k) = k_p\left\{e(k) + \frac{1}{T_1}\sum_{j=0}^{1}Te(j) + T_D\frac{e(k)-e(k-1)}{T}\right\}$$

$$\begin{aligned}\Delta u(k) &= u(k) - u(k-1) \\ &= K_p[e(k)-e(k-1)] + K_i e(k) + K_d[e(k)-2e(k-1)+e(k-2)]\end{aligned} \qquad (6\text{-}9)$$

模糊自适应PID控制

模糊自适应PID控制是在PID算法的基础上,以误差e和误差变化率e_c作为输入,利用模糊规则进行模糊推理,查询模糊矩阵表进行参数调整,来满足不同时刻的e和e_c对PID参数自整定的要求。模糊自适应PID算法由模糊控制器和PID控制器结合而成,模糊控制器以误差e和误差变化率e_c作为输入,利用模糊规则对PID控制器的参数K_p、K_i、和K_d进行自适应整定,使被控对象保持在良好的动、静态稳定状态。模糊自适应PID算法原理框图如图6-6所示。相比传统的PID控制,模糊自适应PID更加灵活稳定,特别是对于时变性和非线性较大的被控对象,其优点更加突出。

设计模糊自适应PID控制需要以下步骤:

(1) 模糊控制规则的确定(模糊控制规则主要可以通过专家经验和采样数据两个方面获得);

(2) 利用模糊规则表对e(误差)和e_c(误差变化率)进行模糊化处理得出相应的隶属度;

(3) 利用所得出的隶属度及相应隶属度的横坐标(例如:PB、NS)带入公式求出$\triangle K_p$、$\triangle K_i$、$\triangle K_d$。

公式如下:

$$y = \frac{\sum_{i=1}^{n} \mu_{Ai}(x)\mu_{Bi}(y)z_i}{\sum_{i=1}^{n} \mu_{Ai}(x)\mu_{Bi}(y)}$$

式中,$\mu_{Ai}(x)$、$\mu_{Bi}(y)$表示求出的隶属度,z_i表示对应隶属度的横坐标(例如PB、NS)。

(4) 由$K_p = K_p + \triangle K_p$得出整定后的参数$K_p$、$K_i$、$K_d$,并带入PID控制器中运算。

PID公式如下:

$$\text{Output} = K_P e(t) + K_I \int e(t)\mathrm{d}t + K_D \frac{\mathrm{d}}{\mathrm{d}t} e(t) \tag{6-10}$$

模糊自适应PID算法原理框图如图6-6所示。

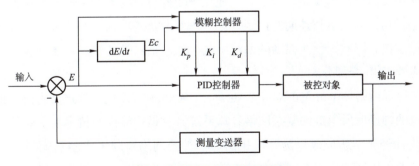

图6-6 模糊自适应PID算法原理框图

三 自适应控制

自适应控制的研究对象是具有一定程度不确定性的系统,这里所谓的"不确定性"是指描述被控对象及其环境的数学模型不是完全确定的,其中包含一些未知因素和随机因素。

按照自适应控制系统的结构组成分类,常用的自适应控制系统包括模型参考自适应控制系统(mode reference adaptive control system,MRAC)和自校正系统(self-tuning system)2大类。

模型参考自适应控制算法框架又分为并联型、串联型、串并联型3类,如图6-7所示。

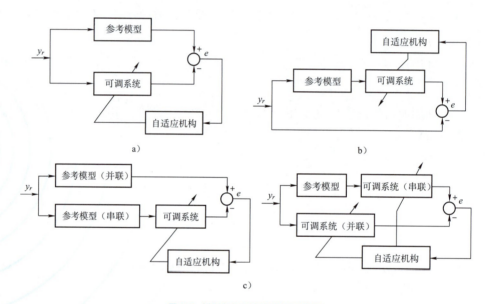

图6-7 模型参考自适应控制算法框架

a) 并联型模型参考自适应系统; b) 串联型模型参考自适应系统; c) 串并联型模型参考自适应系统

四 神经网络预测控制

预测控制,即模型预测控制,是以各种不同的预测模型为基础,采用在线滚动优化指标和反馈自校正策略,力求有效地克服受控对象的不确定性、迟滞和时变等因素的动态影响,从而达到预期的控制目标——参考轨迹输入,并使系统具有良好的鲁棒性和稳定性。因此,预测控制的系统组成大致包括:参考轨迹、预测模型、滚动优化、在线校正等4个部分。

人工神经网络(Artificial Neural Network,ANN)可以概括地定义为由大量简单的高度互连的神经元所组成的复杂网络计算系统,它是智能控制技术的主要分支之一,是以现代神经科学研究成果为基础提出的,神经网络反映了人脑功能的一些基本特征,是模拟人工智能的一个很重要的方法。一般形式的神经网络就是对人脑完成特定任务或感兴趣功能的方法进行建模的机器。人工神经网络既可以用硬件实现,也可以用软件实现;既可以看作一种计算模式,也可以看作一种认知模式。因此,从本质上讲,人工神经网络、并行分布处理、神经计算机是同一概念。在控制领域,神经网络扮演着一个极其重要的角色,随着神经网络理论研究的不断成熟与完善,神经网络已经用于控制领域的多个方面,如过程控制、生产控制、模式识别、决策支持等。

神经网络具有函数逼近能力、自学习能力、复杂分类功能、联想记忆功能、快速优化计算能力,以及高度并行分布信息存贮方式带来的强鲁棒性和容错性等优点。神将经网络与模型预测控制相结合,为解决复杂工业过程的控制提供了强有力的工具。

工业现场大多数实际动态系统本质上都是非线性系统,而非线性系统要比线性系统复杂得多,因为其不具有线性和叠加性。所以基于线性系统建模和优化的预测控制算法难于应用。另外,用来描述一般非线性系统的数学模型和基于各种核函数描述的模型都存在结构特定、辨识困难、处理复杂等问题,实际中应用很少。而神经网络能够充分逼近复杂的非线性映射,具有学习与适应不确定系统的动态特性和较强的鲁棒性及容错性的特点,因此神经网络一出现便成为对非线性系统建立预测模型和优化控制的关键技术之一,并形成各种基于神经网络的预测控制算法。

从本质上讲,神经网络预测控制仍是预测控制,属于智能型预测控制的范畴,它将神经网络技术与预测控制相结合,弥补了传统预测控制算法精度不高、仅适用于线性系统、缺乏自学习和自组织功能、鲁棒性不强的缺陷。它可以处理非线性、多目标、约束条件异常等情况。

利用神经网络能对任意的复杂非线性函数充分逼近,能够学习和适应不确定系统的动态特性,能采用并行分布处理算法快速进行实时运算,能建立神经网络辨识模型作为预测模型,在此基础上,求取控制律。

神经网络预测控制系统结构如图6-8所示。

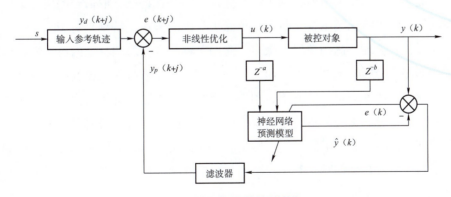

图 6-8 神经网络预测控制系统结构

其中:s 为设定值;$a=1, 2, \cdots, n_u$,$b=1, 2, \cdots, n_y$。

取二次性能指标函数

$$J = \min\left\{\sum_{j=1}^{p} e^2(k+j) + \sum_{j=1}^{L} r_j \Delta u^2(k+j-1)\right\} \quad (6\text{-}11)$$

式中，r_j 是控制权系数；$\Delta u(k+j-1) = u(k+i-1) - u(k+j-2)$。

可以由 $\dfrac{\partial y}{\partial \Delta u} = 0$，求得：

$$\Delta u(k+j-1) = \dfrac{e(k+j)}{r_j} \dfrac{\partial y(k+j)}{\partial \Delta u(k+j-1)} \quad (6\text{-}12)$$

$$e(k+j) = y_d(k+j) - y_p(k+j) \quad (6\text{-}13)$$

由上可知，神经网络预测控制算法步骤可归纳如下（$j=1, 2, \cdots, P$）：

（1）计算期望输入参考轨迹 $y_d(k+j)$。

（2）由神经网络预测模型输出 $y^*(k)$，经滤波器生成预测输出 $y_p(k+j)$。

（3）计算预测误差 $e(k+j) = y_d(k+j) - y_p(k+j)$。

（4）求二次型性能函数 $\min J(P, L, r)$；获得最优控制律 $\Delta u(k+j-1)$，采用 $u(k)$ 作为第一个控制信号，作为被控对象的输入，然后转至第（2）步。

五 视觉伺服控制

视觉伺服（visual servo）的概念来源于机器人领域，是由 hill 和 park 于 1979 年提出的。视觉伺服一般指的是，通过光学装置和非接触传感器自动采集和处理世界坐标系中真实物体的图像，以图像反馈信息作为驱动，让机器系统对机器做进一步控制或相应自适应调整的行为。

视觉伺服的性能依赖于控制回路中所用的图像特征。特征包括几何特征和非几何特征，机械手视觉伺服中常见的是采用几何特征。早期视觉伺服中用到的多是简单的局部几何特征，如点、线、圆圈、矩形、区域面积等以及它们的组合特征，其中点特征应用最多。局部特征虽然得到了广泛应用，而且在特征选取恰当的情况下可以实现精确定位，但当特征超出视域时则很难做出准确的操作，特别是对于真实世界中的物体，其形状、纹理、遮挡情况、噪声、光照条件等都会影响特征的可见性，所以单独利用局部特征会影响机器人可操作的任务范围。近年来有人在视觉控制中利用全局的图像特征，如特征向量、几何矩、图像到直线上的投影、随机变换、Fourier 描述子等。全局特征可以避免局部特征超出视域所带来的问题，也不需要在参考特征与观察特征之间进行匹配，适用范围较广，但定位精度比用局部特征低。总之，特征的选取没有通用的方法，必须针对任务、环境、系统的软硬件性能，在时间、复杂性和系统的稳定性之间进行权衡。

目前，机器人视觉伺服控制系统有以下几种分类方式：

（1）按照摄像机的数目的不同，可分为单目视觉伺服系统、双目视觉伺服系统以及多目视觉伺服系统。

（2）按照摄像机放置位置的不同，可以分为手眼系统（eye in hand）和固定摄像机系统（eye to hand 或 stand alone）。

（3）按照机器人的空间位置或图像特征，视觉伺服系统分为基于位置的视觉伺服系统和基于图像的视觉伺服系统。

第 2 节　规划与决策

规划与决策层主要涉及的是拿到融合数据后，如何正确做规划。规划包含纵向控制和横向控制。纵向控制即速度控制，表现为什么时候加速，什么时候制动；横向控制即行为控制，表现为什么时候换道，什么时候超车等。

一　动作规划

基于Frenet坐标系的动作规划方法是目前无人驾驶汽车较多采用的一种方法，该方法由BMW的Moritz Werling提出。Werling动作规划方法的核心理念是将动作规划这一高维度的优化问题分割成横向和纵向两个方向上彼此独立的优化问题。对于优化问题而言，希望车辆最终沿着参考线（道路中心线）平行的方向行驶。为了更好地理解动作规划，定义横向最优动作序列：对于横向控制而言，假定车辆偏离了期望的车道线，那么此时最优的动作序列（或者说轨迹）是在车辆制动能力的限制下，相对最安全、舒适、简单和高效的轨迹。定义纵向最优轨迹：如果车辆此时过快，或者太接近前方车辆，那么就必须做减速，什么是"舒适而又简单的"减速可以使用Jerk这个物理量来描述，Jerk即加速度的变化率，也即"加加速度"，通常来说，过高的加加速度会引起乘坐者的不适，所以，从乘坐舒适性而言，应当优化Jerk这个量，同时，引入轨迹的制动周期T，即一个制动的操作时间：

$$T = t_{end} - t_{start} \tag{6-14}$$

在Frenet坐标系中，使用道路的中心线作为参考线，使用参考线的切线向量t和法线向量n建立一个坐标系，如图6-9的右图所示，这个坐标系即为Frenet坐标系，它以车辆自身为原点，坐标轴相互垂直，分为 s方向（即沿着参考线的方向，通常被称为纵向，Longitudinal）和d方向（即参考线当前的法向，被称为横向，Lateral），相比于笛卡尔坐标系（图6-9的左图），Frenet坐标系明显地简化了问题。基于参考线的位置表示可以简单地使用纵向距离（即沿着道路方向的距离）和横向距离（即偏离参考线的距离）来描述，同样的，两个方向的速度的计算也相对简单。

那么动作规划问题中的配置空间就一共有3个维度：（s, d, t），t是规划出来的每一个动作的时间点，轨迹和路径的本质区别就是轨迹考虑了时间这一维度。Frenet坐标系中最优路线表达如图6-9所示。

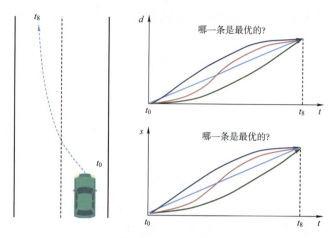

图 6-9　Frenet 坐标系中最优路线表达

二 行为规划

行为规划（Behavior Planning）又称为行为决策，位于全局任务规划和底层的动作规划层之间，是无人驾驶汽车规划模块3层（任务，行为，动作）的中间层。行为规划的作用是依据来自上层（任务规划层）的全局最优行驶路线信息，根据当前的交通场景和环境感知信息的理解，来确定自身当前驾驶状态，在交通规则的约束和驾驶经验的指导下规划出合理的驾驶行为。图6-10所示是无人驾驶汽车行为决策层的信息流。

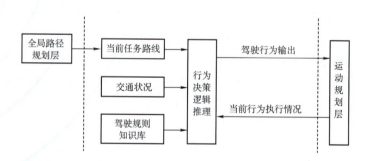

图 6-10　无人驾驶汽车行为决策层的信息流

无人驾驶汽车决策规划系统设计时应重点考虑交通法规、驾驶经验、实时性等准则。

目前在无人驾驶汽车行为规划上并没有一个"最佳解决方案"，普遍认可和采用的方法是分层有限状态机（Hierarchical Finite-State Machine，HFSM），分层有限状态机也是早期DARPA挑战赛中被许多队伍采用的行为规划方法。有限状态机是分层有限状态机的基础。

有限状态机是一个非常简单的抽象反应系统，它之所以非常简单是因为它只对特定的外界输入产生数量有限的响应，在有限状态机中，只能构造有限数量的状态，外界的输入只能让状态机在有限的状态中从一个状态跳到另一个状态。图6-11所示是一个简单的有限状态机（FSM）。

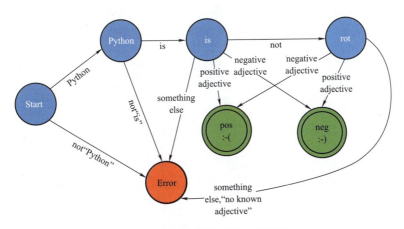

图 6-11　一个简单的有限状态机（FSM）

一个有限状态机通常包含以下几部分：

（1）输入集合：通常也称为刺激集合，包含我们考虑到的状态机可能收到的所有输入。

（2）输出集合：即FSM能够作出的响应的集合，这个集合也是有限的。

通常使用有向图来描述FSM内部的状态和转移逻辑。FSM有一个固定的初始状态（不需要任何输入，状态机默认处于的状态）。结束状态集合是状态机的子集，也有可能为空集（即整个状态机没有结束状态）。

（3）转移逻辑：即状态机从一个状态转移到另一个状态的条件（通常是当前状态和输入的共同作用）。

（4）接收器（Acceptors）和变换器（Transducers）：根据是否有输出可以将感知机分为接收器和变换器两类，其中接收器没有输出但是有结束状态，而变换器则有输出集合。FSM可进一步区分为确定型（Deterministic）和非确定型（Non-Deterministic）自动机。在确定型自动机中，每个状态对每个可能输入只有精确的一个转移。在非确定型自动机中，给定状态对给定可能输入可以没有或有多于一个转移。

无人驾驶汽车的行为规划层从某种程度上来说也是一种反应系统，即无人驾驶汽车的决策（无人驾驶汽车一个时间段以后的状态）是无人驾驶汽车当前所处的状态以及来自感知模块的实时信息（输入）共同决定的。斯坦福大学的"Junior"无人驾驶汽车是一个通过分层有限状态机实现行为规划系统的典型案例，它将顶层的驾驶行为分成了13个超级状态（图6-12），每个驾驶行为又对应一些子状态来完成这一行为。顶层行为由一个FSM管理。

状态机分析：

（1）LOCATE_VEHICLE:这是Junior的初始状态，即在无人驾驶汽车出发之前确定其在地图中的位置。

（2）FORWARD_DRIVE：这个超级状态实际上包含了直行、车道保持和障碍物规避，当不是在停车场（即无道路开放区域）时，这是状态机首选的状态。

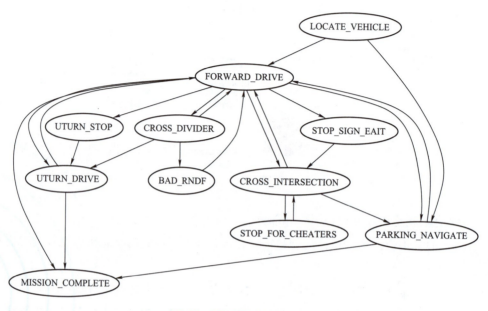

图 6-12　分层有限状态机的超级状态

（3）STOP_SIGN_WAIT：当无人驾驶汽车在停车标志处等待时，进入此状态（停车标志是美国十字路口的常见标志）。

（4）CROSS_INTERSECTION：在这个状态下无人驾驶汽车处理十字路口通过这一场景，无人驾驶汽车会等待直到确认能够安全通过。

（5）UTURN_DRIVE：在U型掉头时调用的状态。

（6）UTURN_STOP：在U型掉头前的停车状态。

（7）CROSS_DIVIDER：跨过黄线行驶。

（8）PARKING_NAVIGATE：停车场内的普通驾驶模式。

（9）TRAFFIC_JAM和ESCAPE：处理交通阻塞时的两个状态。

（10）BAD_RNDF：当前道路和预先做的路网图不同的时候，即进入该状态，在这个状态下，无人驾驶汽车会采用混合A*算法完成车辆的路径规划。

（11）MISSION_COMPLETE：当挑战赛（DARPA）结束，无人驾驶汽车进入该状态，即整个状态机的结束状态。

在无人驾驶汽车正常行驶中，这个状态机几乎处在普通驾驶模式（即FORWARD_DRIVE和PARKING_NAVIGATE这两个状态），系统通过胶着检测器（stuckness detectors）来确定是否从普通驾驶状态转移至底层的其他状态，在完成了相应的动作以后行为模块又会回到原来的普通驾驶模式。虽然Junior的策略有些是针对DRAPA挑战赛设计的（即为了尽可能赢得比赛），但是其设计的理念仍然具有参考价值。在实际的无人驾驶应用中，需要实现的状态机将更为复杂。虽然HFSM比传统的FSM更为模块化，但它仍然继承了FSM大多数缺点，例如有限的可重用性。

三 基于增强学习的决策

增强学习是机器学习的一种。机器学习主要分监督学习、非监督学习、半监督学习、增强学习。制造真正的无人驾驶汽车（即能够在任何要求的环境中安全驾驶）的关键是更加重视关于其软件的自学能力，即无人驾驶汽车首先是人工智能问题，需要一个非常具体的机器学习开发技能。而强化学习是机器学习的一个重要分支，是多学科多领域交叉的一个产物，它的本质是解决决策（decision making）问题，即自动进行决策，并且可以做连续决策。强化学习可应用于无人驾驶汽车，使其在无3D地图也无规则情况下，让汽车在短时间内学会自动驾驶。

增强学习通过对未知环境一边探索一边建立环境模型学得一个最优策略，具有以下特征：

（1）没有监督数据，只有奖励（reward）信号。

（2）奖励信号不一定是实时的，而很可能是延后的，有时甚至延后很多。

（3）时间（序列）是一个重要因素。

（4）智能体当前的行为影响后续接收到的数据。

监督学习是事先给定一批样本，并告知哪些样本是优的哪些是劣的（样本的标记信息），通过学习这些样本而建立起对象的模型及其策略。在增强学习中没有事先告知在什么状态下应该做什么，只有通过在摸索中反思之前的动作是否正确来学习。从这个角度看，可以认为增强学习是有时间延迟标记信息的监督学习。其他许多机器学习算法中学习器都是学得怎样做，而增强学习是在尝试的过程中学习到在特定情境下选择哪种行动可以得到最大的回报。增强学习采用的是边获得样例边学习的方式，在获得样例之后更新自己的模型，利用当前的模型来指导下一步的行动，下一步的行动获得奖励之后再更新模型，不断迭代重复直到模型收敛。

增强学习目前已在以下领域获得广泛的应用：无人机动作控制、投资管理、发电站控制、机器人行走等。英国初创公司 wayve日前发表文章《Learning to drive in a day》，阐述了强化学习在无人驾驶汽车中的应用。Wayve正在建立"端到端的机器学习算法"，声称使用的方法与大部分无人驾驶汽车的思维不同。具体来说，这家公司认为制造真正的无人驾驶汽车的关键在于软件的自学能力，而其他公司使用更多的传感器并不能解决问题，它需要的是更好地协调。

在无人驾驶汽车的决策模块中，要求感知模块解析出的环境信息可自动控制汽车的行为以达到驾驶目标。Tesla的无人驾驶事故是在强光的环境中感知模块失效导致的。增强学习可以帮助增强感知系统的鲁棒性，使车辆即使在某些模块失效的情况下也能做出稳妥的行为。增强学习可以比较容易地学习到一系列的行为。无人驾驶汽车中需要执行一系列正确的行为才能成功地驾驶，如果只标注数据，学习到的模型每个时刻偏移了一点，到最后可能会偏移非常多，产生毁灭性的后果。增强学习能够学会自动修正偏移，汽车加速、减速、左转、右转、换道、超车都是决策模块的输出。决策模块不仅需要考虑到汽车的安全性和舒适性，保证尽快到达目标地点，还需要在旁边的车辆恶意干扰的情况下保证乘客的安全。因此，决策模块一方面需要对行车的计划进行长期规划，另一方面需要对周围车辆和行人的行为进行预测。而且，无人驾驶中的决策模块对安全性和可靠性有严格的要求，现有的无人驾驶的决策模块一般是根据规则构建的，虽然基于规则的构建可以应付大部分的驾驶情况，但对于驾驶中可能出现的各种各样的突发情况，基于规则的决策系统不可能枚举到所有突发情况，因此就需要一种自适应的系统来应对驾驶环境中出现的各种突发情况。

在应用中，采用基于无模型深度增强学习算法（图6-13），例如深度确定性策略梯度（deep deterministic policy gradients，DDPG）可解决车道跟踪问题。模型输入是单目摄像头图像，系统迭代了3个过程：探索、优化和评估。

图6-13 基于无模型深度增强学习算法

第3节 应用模块：自适应巡航控制系统（ACC）

自适应巡航控制系统是一种智能化的自动控制系统，它是在早已存在的巡航控制技术的基础上发展而来的。在车辆行驶过程中，安装在车辆前部的车距传感器（雷达）持续扫描车辆前方道路，同时轮速传感器采集车速信号，当与前车之间的距离过小时，ACC控制单元可以通过与制动防抱死系统、发动机控制系统协调动作，使车轮适当制动，并使发动机的输出功率下降，以使车辆与前方车辆始终保持安全距离。自适应巡航控制系统在控制车辆制动时，通常会将制动减速度限制在不影响舒适的程度，当需要更大的减速度时，ACC控制单元会发出声光信号通知驾驶人主动采取制动操作。当与前车之间的距离增加到安全距离时，ACC控制单元控制车辆按照设定的车速行驶。自适应巡航控制系统（ACC）是在传统的定速巡航控制基础上结合安全车间距保持控制，通过环境信息感知模块进行前方行驶环境监测（前方有无车辆、两车间距、相对速度等），在前方没有车辆或前方车辆远在安全车距之外时以预设定车速定速巡航，而当前方车辆在监测范围以内且前方车辆车速小于本车巡航车速时，以一定的控制策略自动跟随前车行驶。ACC在特定工况下实现了汽车的纵向自动驾驶，减轻了驾驶人操作负担。ACC工作过程与基本原理如图6-14所示。

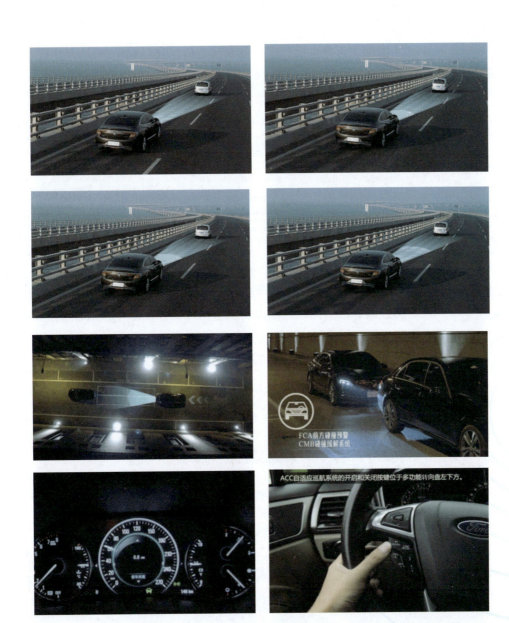

图 6-14 ACC 工作过程与基本原理

ACC最早由美国密歇根大学专家于 20 世纪 60 年代提出，目的是想控制在高速公路上行驶车辆的车速与车距，以提高通行效率与行车安全。但是受限于传感器、控制器及执行机构功能，之后二十多年的研究只停留在理论阶段。20世纪80年代以后，随着通信、计算机以及传感器技术的大力发展，欧洲、美国、日本开始对ACC进行技术研发。进入到 21世纪，伴随着汽车电子技术的不断发展，ACC技术有了实质性突破，陆续在汽车上得到了应用。国外奥迪 A6、宝马 5系、沃尔沃 S60、凯迪拉克 DTS、雷克萨斯等中高档车型均实现了装备。目前国内各合资企业逐渐将一些车型装备 ACC，如福特金牛座、奥迪 A6 L、英菲尼迪 QX50等车型装备了ACC。起初ACC只能在车速大于一定的情况下才能启用，随着技术的不断进步，ACC逐渐得到完善，可以具有启停跟随（Stop and Go）功能，工作范围扩展到全车速，可以应对城市中多信号灯、拥堵等路况。

一 ACC架构

ACC架构主要包括信息采集、控制系统、执行机构和人机交互4部分。

1.信息采集

信息采集主要进行周围环境信息感知以及本车状态的监测。周围环境感知使用车载测距传感器、视觉传感器。车载测距传感器主要使用毫米波雷达，视觉传感器主要采用百万像素摄像头。

2.控制系统

控制系统的核心是间距策略和ACC控制算法：间距策略根据当前行驶环境决定期望的安全车间距，为控制算法的间距控制提供参考输入值；控制算法则通过控制加速和制动，使得在实际行驶过程中保持期望的安全车间距。

3.执行机构

执行机构主要包括电子节气门系统、主动制动系统以及在低速控制中应用的自动换挡系统。

4.人机交互

人机交互界面主要用于驾驶人对系统的功能选择及参数设定。

二 ACC技术特点

1.典型ACC存在启用条件，全速ACC可跟停跟走

典型ACC需要在特定工况下才可启用，一般为速度达到30 km/h以上。而全速ACC可实现跟停跟走功能，没有启用速度的要求。按照我国交通法规对车速的规定，ACC最高巡航车速应设置为120 km/h。

2.跟车距离以时间为单位设置，一般在1~2.5s之间

安全车距设置偏小会导致主车在对前车跟随行驶时经常处于不安全状态，从而引发驾驶人精神紧张。安全车距设置过大则会引起其他车辆的频繁并线，使驾驶人对ACC的信任度降低。

目前安全车距控制主要使用车间安全时距模型，即以时间（主车与前车即将发生碰撞的时长）为单位进行控制，一般在1~2.5s之间。在人机交互界面，可分为3~5档分别代表不同安全车距，供驾驶人根据不同情况选择使用。

3.自动制动时制动力0.3~0.4 g，为车辆最大制动力的30%~40%

ACC作为一个舒适性配置，其主要目的是为了减轻驾驶负担、增加驾驶舒适性。ACC自动制动时的制动力是影响舒适性的主要因素，其要在保证安全性的同时尽量提高车辆舒适性。ACC自动制动力为0.3~0.4g，一般为车辆最大制动力的30%~40%。

4.传感器类型以毫米波雷达为主，全速ACC需要毫米波雷达与摄像头配合

由于毫米波雷达具有较远的探测距离及较强的环境适应能力，因此被广泛应用于ACC中。对于全速ACC而言，因为要实现在低速复杂市区工况下的跟停跟走功能，目前一般是采用"毫米波雷达+摄像头"的组合来进行环境信息监测。毫米波雷达大多使用77 GHz，摄像头为100万像素。

5.探测距离根据传感器不同而有所差别，处100~250m之间

77 GHz毫米波雷达分为远距离雷达与中距离雷达。其中，远距离毫米波雷达探测距离达到250 m；中距离毫米波雷达探测距离达到150 m。100万像素摄像头的探测距离是100 m。

三 ACC系统技术难点

1.精确的目标识别并保证跟踪目标不丢失

对于ACC而言，如何对前方多个车道内多个目标进行探测，并根据环境信息判断前方车辆是否位于主车道是一个难点；此外，在转弯等特殊情况下保证目标不丢失也是一个难点。

2.对车辆动态调整的控制策略复杂

ACC需要根据设定的车距，结合主车和前车的车速，对车辆进行加速或制动的动态控制，控制策略复杂。不断优化控制策略，改进控制方法，才能促进ACC普及应用。

3.安全性的基础上对舒适性优化

ACC主要目的是在保障行车安全的前提下增加驾驶舒适性，如何在保证安全性的基础上优化舒适性是需要解决的问题。

国内共有11家企业20多款车型装备了ACC。除红旗H7、博瑞、吉利EC8之外，其余全为合资企业的中高档车型。2013—2015年，ACC装备量分别为8.21万辆、11.13万辆、15.24万辆。从增长率上来看，ACC装备量年增长率在35%左右。随着技术的不断成熟和成本的不断下降，ACC市场装备量会更为迅速地增长。

结合汽车市场发展总体趋势，预计2020年ACC在狭义乘用车新车市场装备率将达到20%左右。主要基于以下原因：

（1）ACC技术不断成熟，2013—2015年已经呈现出强劲的增长势头，增长率保持在30%以上，预计未来5年ACC将迎来技术成长期。

（2）ACC与AEB使用相同的硬件，随着各国法规和NCAP对AEB的装备要求逐步加严，在推动AEB发展的同时也势必将带动ACC装备量的增加。

第7章

无人驾驶汽车能源动力系统

第1节 无人驾驶汽车能源动力系统简介

无人驾驶汽车是在传统动力汽车或新能源汽车的基础上进行智能化和网联化升级改造而来。目前,新能源汽车主要包括纯电动汽车、插电式混合动力汽车、氢燃料电池汽车等。

传统动力汽车主要以内燃机作为动力来源;纯电动汽车主要以锂电池作为动力来源;插电式混合动力汽车是同时以内燃机和蓄电池作为动力来源;氢燃料电池汽车以燃料电池作为动力来源。因此,根据汽车动力来源划分,无人驾驶汽车能源动力系统主要包括燃油动力系统、锂电池动力系统、油电混合动力系统和燃料电池动力系统4类。

目前,市面上新推出的智能网联车型以燃油动力、纯电动汽车和插电式混合动力汽车为主,相应地,无人驾驶汽车能源动力系统以燃油系统、锂电池动力系统和油电混合动力系统为主。燃油动力无人驾驶汽车的代表车型有沃尔沃S90、广汽传祺GA4、上汽荣威950等;纯电动无人驾驶汽车的代表车型有特斯拉Model S、蔚来汽车ES8、拜腾汽车BYTON K-BYTE等;插电式混合动力无人驾驶汽车的代表车型有宝马全新BMW 5系、奔驰S级新能源、比亚迪宋max等。

第2节 燃油动力系统

一 动力系统

燃油动力系统是以汽油或柴油为燃料,以内燃机为动力来源,包含内燃机、离合器、变速器、万向节、差速器等关键零部件。内燃机产生的动力依次经过离合器、变速器、万向节、传动轴等装置传递给驱动轮,实现汽车在不同情况下的正常行驶,动力传递顺序为"内燃机–离合器–变速器–万向节–传动轴–万向节–主减速器–差速器–

驱动轮"。根据内燃机和驱动轮的位置，汽车动力系统的配置方案可分为"前置前驱""前置后驱""后置后驱""中置后驱"4种形式，其中"前置后驱"是燃油汽车的典型布置形式。发动机前置、后轮驱动的动力系统配置方案如图7-1所示。内燃机动力系统关键组成部件及工作原理见表7-1。

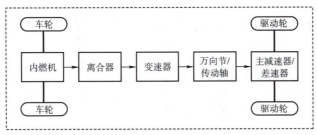

图 7-1 发动机前置、后轮驱动的动力系统配置方案

内燃机动力系统关键组成部件及工作原理　　　　　表7-1

组成部件	工作原理
内燃机	是将燃料燃烧放出的热能直接转换为动力的热力发动机，是为汽车提供动力的主要装置
离合器	负责汽车动力与传动系统的接合与切断，可保证汽车在起步和行驶换挡中的平稳和顺利
变速器	是用来改变来自发动机的转速和转矩的机构，它能固定或分挡改变输出轴和输入轴传动比
万向节	是实现变角度动力传递的机件，用于需要改变传动轴线方向的位置，它是汽车驱动系统的万向传动装置的"关节"部件
差速器	主要由左右半轴齿轮、两个行星齿轮及齿轮架组成，能够使左、右（或前、后）驱动轮实现以不同转速转动的机构
主减速器	在驱动桥内能够将转矩和转速改变的机构，基本功用是将来自变速器或者万向传动装置的转矩增大，同时降低转速并改变转矩的传递方向
驱动轮	是与驱动桥相连接的车轮，其所受的地面摩擦力向前，为车辆的行驶提供驱动力

燃油系统

传动动力汽车的能源供应系统是燃油系统。燃油系统承接燃油加注与运输，确保了燃油顺利到达发动机，保证发动机的工作。燃油系统由加油盖、加油管、燃油箱、油泵、燃油滤清器、炭罐、炭罐清洗阀、管路等零部件组成，主要包括燃油供给系统和燃油蒸发排放控制系统。

燃油供给系统工作原理：汽车发动机在工作过程中，油泵吸收油箱中的燃油，同时加大压力，然后通过燃油滤清器将燃油进行过滤，使得燃油保持清洁并将其输送到燃油分配器中，在燃油压力调节器的作用下，保持分配器中的压力平衡，并将多余的原油通过回油管路送回到油箱中。

燃油蒸发排放系统工作原理：在汽车运行中，油箱中的燃油会随着温度的升高而形成蒸气，并且通过管路输送到活性炭罐中，活性炭颗粒吸附燃油蒸气。在发动机正常工作时，需要打开炭罐电磁阀，利用进气管的真空度，使新鲜空气进入炭罐中，对活性炭颗粒上的蒸气进行冲刷，然后脱附的燃油蒸气进入到汽缸中进行燃烧，防止燃油蒸气进入到大气中产生污染，同时也减少了燃油的浪费。

三 市场规模

2017年，我国内燃机销量为5645.4万台，同比增长4.0%。其中乘用车用内燃机销量为2205.4万台，同比增长3.0%；商用车用内燃机销量为356.2万台，同比增长11.7%。2013—2017年我国内燃机销量及增速如图7-2所示。

图 7-2　2013—2017 年我国内燃机销量及增速

资料来源：中国内燃机工业协会。

第 3 节　锂电池动力系统

一 动力系统

锂电池动力系统以锂电池作为动力来源，包含电力驱动系统、电源系统和辅助系统。电力驱动系统是将动力锂电池中的化学能转化为车轮的动能的系统，同时在汽车减速或制动时可以将车轮的动能转化为电能充入动力电池，主要由电子控制器、功率转化器、电动机和机械传动系统等组成，直接影响到整车的动力性和经济性。电源系统是纯电动汽车向电动机提供驱动能源的系统，其主要包括动力锂电池、能量管理系统和充电装置等。辅助系统主要由辅助动力源、空调系统、动力转向系统等构成。纯电动汽车锂电池动力系统配置方案如图7-3所示。锂电池动力系统关键组成部件及工作原理见表7-2。

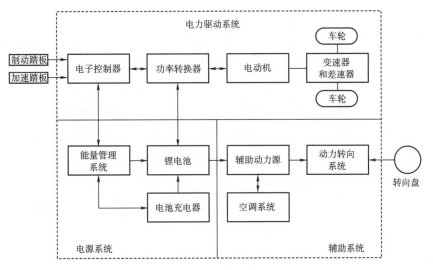

图 7-3 纯电动汽车锂电池动力系统配置方案

锂电池动力系统关键组成部件及工作原理　　　　　表7-2

组成部件	工作原理
动力锂电池	是一种动力电池,正极一般采用钴酸锂、锰酸锂、磷酸铁锂等二元材料以及镍钴锰酸锂和镍钴铝酸锂等三元材料,负极为石墨,电解液为LiPF6+EC+DMC,外壳采用铝塑膜包装。充电时锂离子从正极层状氧化物的晶格间脱出,通过有机电解液迁移到层状负极表面后嵌入到石墨材料晶格中,同时剩余电子从外电路到达负极。放电则相反
电子控制器	是一个微缩了的计算机管理中心,核心是以单片机为主体的微型计算机系统,以信号(数据)采集、计算处理、分析判断、决定对策作为输入,以发出控制指令、指挥执行器工作作为输出
功率转换器	可以将某种电流转换为其他类型电流的电子设备,分为直流功率变换和交流功率变换
电动机	是把电能转换成机械能的一种设备,其利用通电线圈(定子绕组)产生旋转磁场并作用于转子形成电磁转矩,分为直流电动机和交流电动机
辅助动力源	是向动力转向系统、空调系统及其他车身电气设备供电的装置
动力转向系统	是利用发动机的动力来帮助驾驶员进行转向操纵的装置

充电系统

纯电动汽车的能源供应系统是充电系统。充电系统为电动汽车运行提供能量,是电动汽车的重要基础支撑系统。目前充电系统主要有3种解决方案,分别是有线充电系统、地面充电系统和无线充电系统。

(1)有线充电系统。又称为"整车充电系统",需要配置专用的充电桩,主要分为常规充电和快速充电两种模式。常规充电指电池在放电终止后应立即充电(在特殊情况下也不应超过24 h),充电电流相当低,约为15 A,该种方案采用小电流的恒压或恒流充电,一般充电时间为5~8 h,甚至长达10~20 h。常规充电模式具有降低充电成本、提高充电效率、延长电池使用寿命的优点。快速充电又称为应急充电,是在电动汽车停车的20 min至2 h内，以较大电流为其提供短时充电服务，一般充电电流为150~400 A。快速充电模式具有充电时间短、充电电池寿命长、可大容量充电及放电的优点；但相较于常规充电模式，快速充电存在充电效率低、充电技术要求高等缺点。

（2）地面充电系统。指电池组快速更换系统，也称为机械充电，即"换电模式"。通过直接更换电动汽车的电池组来达到充电目的。由于电池组质量较大，更换电池的专业化要求较强，需配备专业人员借助专业机械来快速完成电池的更换、充电和维护。该种方案具有提高车辆充电效率、提高用户使用便捷性、提高车辆运行经济性等优点，但同时需要解决电池投资大、安全责任难以界定、统一电池标准体系等难题。

（3）无线充电系统。无线充电系统通常分为供电和受电两部分：供电部分由发射线圈等地面发射装置、交流电源等组成；受电部分由接收线圈等车载接收装置、蓄电池等组成。无线充电是通过埋设于地表的发射线圈与固定于车辆底盘的接收线圈的电磁耦合来传输电能，对动力电池进行充电，具有安全环保、全自动、免维护等一系列优点。根据实现无线电力传输空间距离的不同，无线电能传输方式包含远场区传输和近场区传输两大类，其中，近场区无线电能传输技术被车辆无线充电系统广泛采用。远场区无线电能传输技术可分为微波式和激光式。近场区无线电能传输技术根据耦合方式不同分为磁场耦合式和电场耦合式两类，而根据是否发生谐振，磁场耦合式又包括感应耦合式和磁谐振耦合式两类。电动汽车无线充电系统结构如图7-4所示。

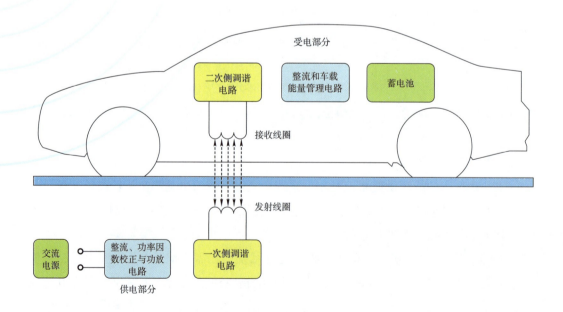

图7-4 电动汽车无线充电系统结构

三 市场规模

2017年我国动力锂电池累计出货39.2 GW·h，同比增长超30%。2017年我国纯电动汽车销量为65.2万辆，同比增长59.4%。2013—2017年我国纯电动汽车销量及增速、动力锂蓄电池出货量及增速如图7-5所示。

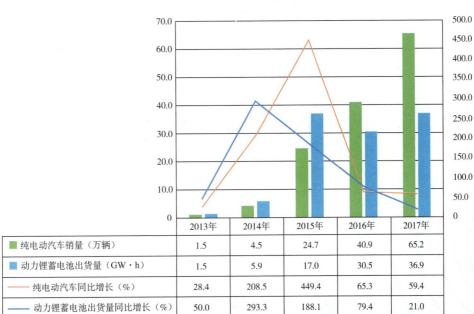

图7-5　2013—2017年我国纯电动汽车销量及增速、动力锂电池出货量及增速

资料来源：前瞻产业研究院、中国汽车工业协会。

第4节　油电混合动力系统

一 动力系统

油电混合动力系统是指同时采用内燃机（发动机）和电池两种动力源组合驱动汽车的动力系统，包括内燃机、电池、发动机、发电机等关键零部件，兼具燃油发动机的工作续时长、动力性能好和电动机的无污染、低噪声的优良特性。油电混合动力系统一般分为三种，分别为串联式驱动系统、并联式驱动系统、混联式驱动系统（图7-6~图7-8）。在串联式驱动系统中，发动机带动发电机发电，被转化的电能既能给电池充电又能通过同一个电机和机械传输来驱动轮胎运转。在并联式驱动系统中，发动机通过机械传动装置与驱动桥连接，电动机通过动力复合装置也与驱动桥相连，汽车可由发动机和电动机共同驱动或各自单独驱动。混联式驱动系统是串联式与并联式的综合，发动机发出的功率一部分通过机械传动输送给驱动桥，另一部分则驱动发电机发电。发电机发出的电能由控制器控制，输送给电动机或电池，电动机产生的驱动转矩通过动力复合装置传送给驱动桥。

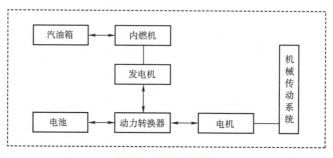

图7-6　串联式驱动系统

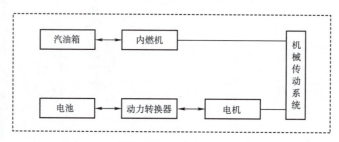

图7-7　并联式驱动系统

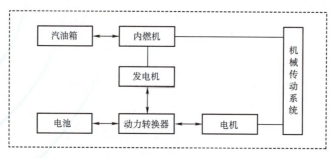

图7-8　混联式驱动系统

二　油电混合动力系统

油电混合动力系统需要分别向油箱加油和向蓄电池充电，因而油电混合动力系统是传统动力汽车的燃油系统和纯电动汽车的充电系统的组合。油电混合动力系统同时拥有两种动力来源。

三　市场规模

2017年我国插电式混合动力汽车产量为128000辆，同比增长29.3%；销量为125000辆，同比增长27.6%。其中，插电式混合动力商用车产销量分别为16378辆和14000辆，插电式混合动力乘用车产销量分别为102073辆和111000辆。2013—2017年我国插电式混合动力汽车产销量及增速如图7-9所示。

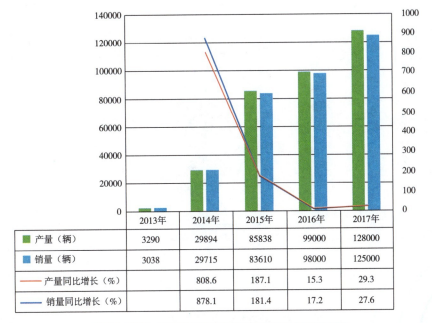

图7-9 2013—2017年我国插电式混合动力汽车产销量及增速

资料来源：中国汽车工业协会、节能与新能源汽车网。

第5节 燃料电池动力系统

一 动力系统

燃料电池动力系统是以氢气、甲醇等为燃料，以燃料电池为动力来源，包含燃料电池、蓄电池、电池管理系统、电机等关键零部件。由于单一燃料电池方案存在输出特性软、成本高、起动困难、瞬态响应性差、电堆不允许电流双向流动、无法回收制动能量等弊端，此种方案几乎不在实际中应用。目前，燃料电池汽车通常采用燃料电池加蓄电池的混合驱动方案，其中燃料电池系统为主要动力源，蓄电池组配合燃料电池系统进行混合驱动，电能经过电机转化成机械能传给传动系统。加速时，蓄电池组和燃料电池电堆共同输出能量，保证整车的加速性能。由于蓄电池组提供了部分能量，电堆的瞬时加速负担得到减轻，避免发生阴极"氧气饥饿"现象，电堆寿命得以延长。制动时，蓄电池组回收部分能量，此过程由电池管理系统控制。此外，还有燃料电池加超级电容、燃料电池加蓄电池加超级电容、燃料电池加蓄电池加超高速飞轮等配置方案。燃料电池动力系统配置方案如图7-10所示。燃料电池动力系统关键组成部件见表7-3。

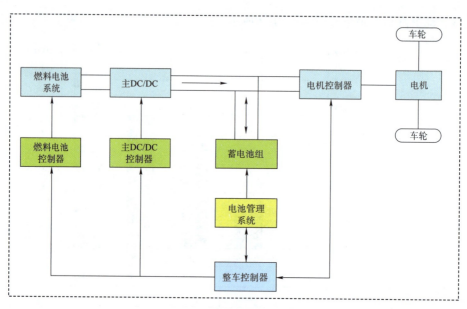

图 7-10　燃料电池动力系统配置方案

燃料电池动力系统关键组成部件　　　　　　　　　　　　　　　　　　表7-3

组成部件	工作原理
燃料电池	借助于电化学过程，其内部燃料的化学能直接转换为电能。燃料和氧化剂持续且独立地供给电池的两个电极，并在电极处进行反应
燃料电池系统	由燃料电池堆、热管理系统、控制系统、电力调节和转换系统等构成
蓄电池	是将化学能直接转化成电能的一种装置，可通过可逆的化学反应实现再充电，也称为二次电池
电池管理系统	是连接车载动力蓄电池和电动汽车的重要纽带，其主要功能包括：电池物理参数实时监测，电池状态估计，在线诊断与预警，充、放电与预充控制，均衡管理和热管理等
DC/DC	是指将一个固定的直流电压变换为可变的直流电压，也称为直流斩波器

二 供氢系统

氢气是燃料电池汽车的理想燃料，因此，燃料电池汽车的能源供应系统主要为供氢系统。车载供氢系统涉及的氢气储存和供应技术是实现氢燃料电池汽车大规模应用的关键。在储氢方面，目前主要采用三种储氢方法，分别是压缩气体存储、液态存储、氢化物存储。在供氢方面，主要有两种途径：一是在地面供应站将氢气充装到车载储氢罐内；二是通过车载制氢方式直接为燃料电池供给氢气。其中，第一种途径是目前燃料电池的主要供氢方式。

（1）压缩气体存储：该方法以压缩气体的形式储氢，是目前最常见的存储形式，标准气瓶的压力为10~20 MPa，燃料电池汽车存储压力范围在25~35 MPa，美国、日本等国家已经做到70 MPa。

（2）液态存储：该方法需要把氢气冷冻至20 K以下，并在液化过程中需要工业设施，至少消耗能量15.1 MJ/kg，实际能耗是目前制冷技术的近3倍。在液化过程中需要非常干净的氢气，以及多个循环，包括压缩、液氮或液氦冷却以及膨胀，随后转移到加氢站。从加氢站给汽车加氢可以在几分钟内完成。使用的压力略高于大气压，通常在0.6 MPa。

（3）氢化物存储：在该方法下，氢分子在金属和某些化合物的附近被离解成原子。如果金属或合金的晶格结构合适，有空隙位置能够容纳相对小的氢原子，当氢进入晶格时，热量就被释放，并且必须供应热量来再一次把氢赶出晶格。

若采用车载供氢系统，则其需具备储氢量大、稳定性好、安全性高等特点，其主要由储氢装置、压力流量调整元件、氢泄漏传感器、供氢管路和对应控制系统等组成。典型车载供氢系统示意图如图7-11所示。

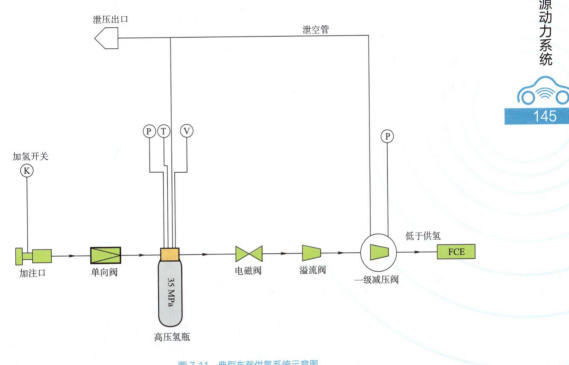

图 7-11　典型车载供氢系统示意图

三　市场规模

2017年中国新能源汽车的产量和销量均达70多万辆，处于初步掌握燃料电池和部分电堆的关键技术阶段。与国外比，国内燃料电池汽车仍处于落后状态。

目前，我国及全球燃料电池市场均处于市场开发和产业化初期。2017年，全球燃料电池出货量约7.3万台，同比增长14.9%；出货电池容量约669.7 MW，同比增长29.7%。2013—2017年全球燃料电池出货数量及增速、出货容量及增速如图7-12所示。

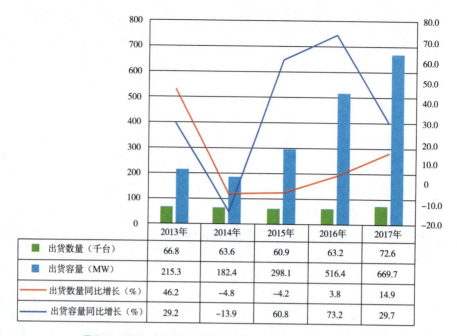

图 7-12 2013—2017 年全球燃料电池出货数量及增速、出货容量及增速

资料来源：E4tech。

第8章

车联网

第1节 智能网联汽车

汽车的迅速普及在给人们的生活带来便利性的同时也引发了交通事故、环境污染、道路拥堵等社会问题，智能化、电动化、低碳化成为汽车技术发展的重要方向。智能网联汽车可依靠车载信息传感器获取道路交通信息，通过V2X技术达到协调人、车、路等交通参与者，显著改善汽车安全性，减少交通事故等目的，成为汽车技术发展的主要方向。从市场数据来看，全球车联网市场年复合增长率达到25%，根据有关机构的统计数据：自2014年以来，车联网上市新车型渗透率逐年上升，自2018年，渗透率更是高达31.1%。目前，智能网联汽车成为全球热点，美国、德国、中国、日本等国家都在积极制定相关战略，竞相占领这个未来高科技的制高点。

智能网联汽车涉及多个行业，包括汽车、信息通信、交通等，还涉及多个部门。智能网联汽车至今尚无明确定义，类似的概念有：智能汽车、互联网汽车、车联网，国外类似的概念是"互联自动驾驶汽车"。智能网联汽车的相关要素有：技术、管理、法律、社会。智能网联汽车单车的第一层次目标是实现自动驾驶、无人驾驶，更深一层的目标是车辆与车辆之间的协同控制，车辆与其他交通参与者之间实现相互协调，服务于智慧交通和智慧城市。在这个过程中，是人和车辆间驾驶控制权或驾驶责任转移的一个过程，随着自动驾驶程度的提高，人在驾驶中的作用越来越弱，车辆的作用越来越重要，最终实现车辆自主驾驶，即无人驾驶。基于智能网联汽车构建车联网的需求主要有道路安全、交通效率、娱乐服务。

智能网联汽车相关的标准法规协调，正在成为全球标准法规相关国际组织的工作重点，而且是以竞争性的姿态展开，无论是联合国、ISO和IEC，都在开展与智能网联汽车相关的标准法规。这些组织都希望自己发挥主导地位，当然在这些组织下面有不同的行业相对应的标准化组织，也希望参与。

美国的SAE在标准法规方面起到了一个先锋作用，颁布了两个标准：第一个是自动驾驶分级，这已经成为全球凡是谈到这个话题必有的一个标准；第二个是汽车的现行标准,这也是全球第一份得到广泛重视和应用的汽车生产标准。它是一个相对独立运行,内部行业的集中度比较高的组织,不会受到不同国家、不同机构之间相互制衡的影响。

我国也非常重视智能网联汽车,已上升到国家战略层面。2015年我国发布"中国制造2025",提出汽车低碳化、信息化、智能化的发展方向,在几个文件当中首次提出了智能网联汽车这个概念,还有节能汽车、新能源汽车,一起作为国家汽车产业未来发展的方向。之后又出台了一系列文件,进一步强调智能网联汽车的发展,而且其中有些文件对智能网联汽车的标准体系建设也提出了明确要求,有更多的解决标准体系的问题。

第 2 节 车 联 网

车联网(Internet of Vehicle,IOV)是以车内网、车际网和车载移动互联网为基础,按照约定的通信协议和数据交互标准,在车与人、车与道路、车与互联网等之间进行无线通信和信息交换的泛在物联网。通过对海量"车辆+互联网"数据的"过滤清洗"及车联网平台数据的智能处理,实现智慧交通管理、智能动态信息服务和车辆智能控制。车联网的基本组成如图8-1所示。

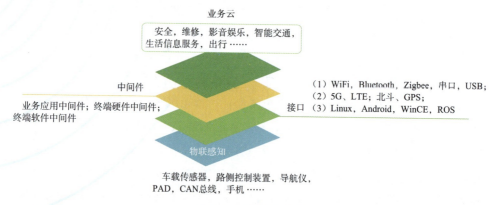

图 8-1 车联网的基本组成

车联网也可看作是以智能汽车为节点的一种垂直领域物联网,是城市智能基础设施的重要组成部分。车联网与城市智能基础设施情况如图8-2所示。

车联网系统综合利用人工智能技术、传感技术、控制技术、网络技术、计算技术、安全技术等,使系统对交通状况和道路环境等可进行全面感知,使车辆可以进行全息信息采集,并将自身的各类信息上传到互联网大数据平台,由中央处理器对上传信息进行汇总、分析和处理。系统将对每一辆交通参与车辆进行全程控制,对每一条道路进行实时管控,为使用者提供高效安全的交通体验。

车联网是物联网在汽车领域的一个细分应用,是移动互联网、物联网向业务领域纵深发展的一条道路，是未来交通、通信、能源、环保、安全、城市等领域落地应用的融合性载体。"车-路"协同系统一直是智能交通系统（Intelligent Transport System，ITS）重点发展的领域。在国际上，欧洲的CVIS，美国的IVHS、日本的SmartWay等系统通过车辆和道路之间建立有效的信息通信，实现智能交通的管理和信息服务。ITS是未来交通系统的发展方向，它是将先进的信息技术、数据通信传输技术、电子传感技术、控制技术及计算机技术等有效地集成运用于整个地面交通管理系统而建立的一种在大范围内、全方位发挥作用的实时、准确、高效的综合交通运输管理系统。ITS可以有效地利用现有交通设施、减少交通负荷和环境污染、保证交通安全、提高运输效率，因而，日益受到各国的重视。21世纪将是公路交通智能化的世纪，人们将要采用的智能交通系统是一种先进的一体化交通综合管理系统。

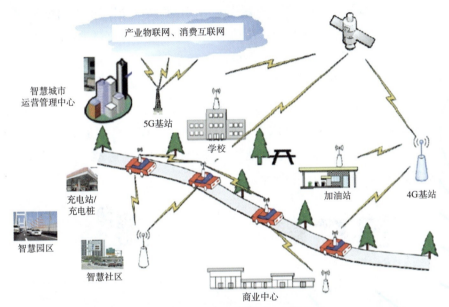

图 8-2　车联网与城市智能基础设施情况

2018年，工业和信息化部与国家标准委联合印发了《国家车联网产业标准体系建设指南（总体要求）》《国家车联网产业标准体系建设指南（信息通信）》和《国家车联网产业标准体系建设指南（电子产品和服务）》。智能网联汽车标准体系主要明确智能网联汽车标准体系中定义、分类等基础方向，人机界面、功能安全与评价等通用规范方向，环境感知、决策预警、辅助控制、自动控制、信息交互等产品与技术应用相关标准方向。按照智能网联汽车的技术逻辑结构、产品物理结构相结合的构建方法，将智能网联汽车标准体系框架定义为"基础""通用规范""产品与技术应用""相关标准"四个部分。信息通信标准体系主要面向车联网信息通信技术、网络和设备、应用服务进行标准体系设计，着力研究LTE-V2X、5G eV2X等新一代信息通信技术，支撑车联网应用发展的相关标准化需求和重点方向。车联网产业中涉及信息通信的关键标准，分为感知层（端）、网络层（网）和应用层（云）3个层次，并以共性基础技术和信息通信安全技术为支撑，按照"端-网-云"的方式划分了体系结构。

从网络上看，车联网是"端-网-云"三层体系架构。

第一层（端系统）：端系统是汽车的智能传感器，负责采集与获取车辆的智能信息，感知行车状态与环境，是具有车内通信、车间通信、车网通信的泛在通信终端；同时还是让汽车具备IOV寻址和网络可信标识等能力的设备。

第二层（网系统）：解决车与车（V2V）、车与路（V2R）、车与网（V2I）、车与人（V2H）等的互联互通，实现车辆自组网及多种异构网络之间的通信与漫游，在功能和性能上保障实时性、可服务性与网络泛在性，同时它是公网与专网的统一体。

第三层（云系统）：车联网是一个云架构的车辆运行信息平台，它的生态链包含了ITS、物流、客货运、危特车辆、汽修汽配、汽车租赁、企事业车辆管理、汽车制造商、4S店、车管、保险、紧急救援、移动互联网等，是多源海量信息的汇聚，因此，需要虚拟化、安全认证、实时交互、海量存储等云计算功能，其应用系统也是围绕车辆的数据汇聚、计算、调度、监控、管理与应用的复合体系。

值得注意的是，目前GPS+GPRS并不是真正意义上的车联网，也不是物联网，只是一种技术的组合应用，目前国内大多数ITS试验和IOV概念都是基于这种技术实现的。未来，随着5G技术的商用化进程推进，基于5G车载智能终端的分布式车联网将正形成。车联网基本架构如图8-3所示。

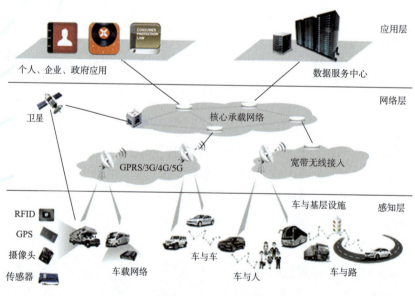

图8-3 车联网基本架构

车联网数据处理系统的总体架构如图8-4所示。

车联网数据处理系统包括数据源、数据传输、数据预处理、数据存储、数据分析等环节。

图 8-4 车联网数据处理系统的总体架构

车联网涉及汽车电子、汽车PC、导航定位系统、无线通信网络、车辆和信息安全等产业，车联网产业链涉及要素如图8-5所示。

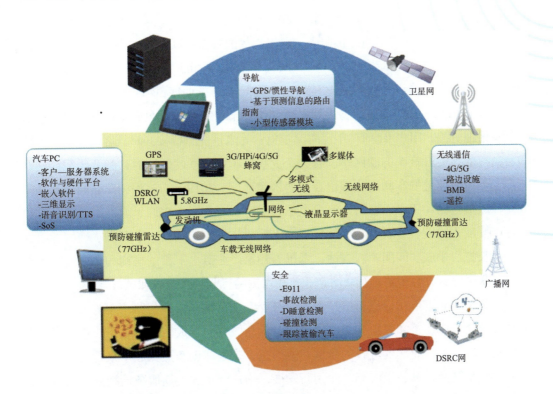

图 8-5 车联网产业链涉及要素

几款销量比较突出的A级乘用车的车联网系统，其中包括别克英朗的全新一代

eConnect智能互联技术、东风日产轩逸的智联系统、上汽大众朗逸的CNS 2.0多媒体系统。目前，这些系统的界面设计、功能丰富度、车载第三方APP数量、远程控制以及流量情况等都是大众关注的热点。图8-6所示是2019年别克英朗新推出的eConnect智能互联技术的人机主界面。

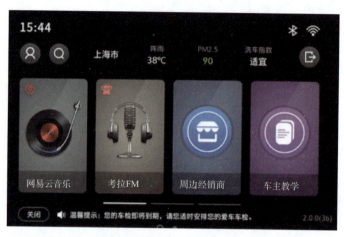

图8-6 别克英朗新推出的 eConnect 智能互联技术的人机主界面

目前，宝马、奔驰、奥迪、FCA、广汽、长安、一汽、吉利、东风、北汽、上汽等几十家车企均在积极研发和构建自己的车联网系统，并与互联网企业（如腾讯）建立合作关系。以腾讯为例，该企业截至2019年3月，有45款合作车型正在落地，携手300余家生态合作伙伴为车主提供服务。腾讯提供的智能网联汽车解决方案包括：腾讯云小微语音助手、"腾讯我的车"小程序、QQ音乐、腾讯地图、腾讯视频等海量车载内容及服务；同时腾讯开放独家内容特权，如QQ音乐全曲库试听、Q币充值优惠等大量的内容和功能。2019年初，腾讯和联通合作推出"王卡"，联通将提供车联网通信服务及渠道资源，用户可享有3年定向流量免费等流量优惠特权，降低客流量成本，此举将会有效地提升汽车的联网率。各大企业积极布局车联网的同时，融合了智能网联汽车上下游产业链的车联网生态也在加速构建形成。2019年初，深圳车联网生态联盟成立，成员包括：腾讯、联通、汽车电子行业协会、普联、瑞联、鼎微、诺威达、英莫特、凌度、锐航、互联移动、凯易得、安畅星、神游、路畅、欣万和、轲轲西里、蚁路、长虹、乐旅、问问、八方达、米里等23家产业链上下游的机构和企业。总的来看，车联网已经成为车企、互联网企业争相占据的行业热点领域和风口。

车联网产业是依托信息通信技术，通过车内、车与车、车与路、车与人、车与服务平台的全方位连接和数据交互，提供综合信息服务，形成汽车、电子、信息通信、道路交通运输等行业深度融合的新型产业形态，是全球创新热点和未来发展制高点。大力发展车联网，有利于汽车产业创新发展，构建汽车和交通服务新模式、新业态，促进辅助驾驶和自动驾驶发展，提高交通效率、降低事故发生率、节省资源、减少污染、进一步解放生产力。

第 3 节　3GPP Release标准及5G

智能网联汽车和车联网通信技术的发展离不开3GPP国际标准化组织制定的一系列标准。目前，车—车、车—路通信产品和技术的研发很大程度上依赖于3GPP Release标准和技术的进展。3GPP Release标准出台的时间节点如图8-7所示。

图8-7　3GPP Release 标准出台的时间节点

2018年6月13日20时18分（北京时间2018年6月14日11时18分），在美国圣地亚哥，3GPP全会（TSG#80）批准了第五代移动通信技术标准（5G NR）独立组网功能冻结。这意味着5G NR具备了独立部署的能力，也带来全新的端到端新架构，5G可以正式进入到商用阶段。5G的工作重点包括：①5G系统部分，主要将完成网络切片、接入和移动管理、QoS框架等；②5G NR（新无线）接入部分，在Rel-15，NR主要针对eMBB和URLLC场景。Rel-15 5G接入网主要包括非独立组网（NSA）和独立组网（SA）两个选项。

蜂窝通信系统主要包含两部分：无线接入网（Radio Access Network，RAN）和核心网（Core Network）。无线接入网主要由基站组成，为用户提供无线接入功能。核心网则主要为用户提供互联网接入服务和相应的管理功能等。在4G LTE系统中，基站和核心网分别称为eNB（Evolved Node B）和EPC（Evolved Packet Core）。在5G系统中，基站称为gNB，无线接入网称为NR（New Radio），核心网称为NGC（Next Generation Core）。

基于参考点（reference point）的5G系统架构模式是通信中最熟悉的形式（传统的点到点架构），这是非漫游下5G系统的架构模式，如图8-8所示。

（R）AN是接入网，可以是3GPP的接入网（如LTE、5G-NR），也可以是Non-3GPP的接入网（如常见的Wi-Fi接入）；以最常见的手机上网为例，（R）AN节点就是基站。

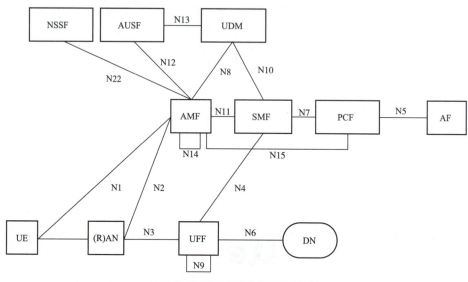

图 8-8 基于参考点的 5G 系统架构模式

AMF是接入和移动性管理功能实体,是(R)AN信令接口(N2)的终结点、NAS(N1)信令(MM消息)的终结点,负责NAS消息的加密、完保,负责注册、接入、移动性、鉴权、透传短信等功能。此外AMF在和EPS网络交互时还负责Eps Bearer Id的分配。AMF可以类比于4G的MME实体。

SMF是会话管理功能实体。SMF的主要功能有:①NAS消息的SM消息的终结点;②会话(session)的建立、修改、释放;③UE IP的分配管理;④DHCP功能;⑤ARP代理或IPv6邻居请求代理(Ethnet PDU场景下);⑥为一个会话选择和控制UPF;⑦计费数据的收集以及支持计费接口;⑧决定一个会话的SSC模式;⑨下行数据指示。

UPF是用户面功能实体,其最主要的功能是负责数据包的路由转发、QoS流映射。其类似于4G下的GW(SGW+PGW)。

PCF是策略控制功能实体,支持统一的策略框架去管理网络行为,提供策略规则给网络实体去执行,访问统一数据仓库(UDR)的订阅信息,PCF只能访问和其相同PLMN的NDR。

NEF是网络暴露功能实体,3GPP的网元都是通过NEF将其能力暴露给其他网元的。NEF将相关信息存储到NDR中,也可以从NDR获取相关的信息,NEF只能访问和其相同PLMN的NDR。NEF提供相应的安全保障来保证外部应用到3GPP网络的安全。3GPP内部和外部相关信息的转换,例如AF-Service-Identifier和5G核心网内部的DNN、S-NSSAI等的转换,尤其是网络和用户敏感信息一定要对外部网元隐藏掉。NEF可以通过访问NDR获取到其他网元的相关信息,NEF只能访问和其相同PLMN的UDR。

NRF是网络贮存功能实体,支持业务发现功能,也就是接收网元发过来的NF-Discovery-Request,然后提供发现的网元信息给请求方,维护可用网元实例的特征和其支持的业务能力。一个网元的特征参数主要有：网元实例ID、网元类型、PLMN、网络分片的相关ID（如S-NSSAI、NSI ID）、网元的IP或者域名、网元的能力信息、支持的业务能力名字等。

UDM是统一数据管理，负责的主要功能有：①产生3GPP鉴权证书/鉴权参数；②存储和管理5G系统的永久性用户ID（SUPI）；③订阅信息管理；④MT-SMS递交；⑤SMS管理；⑥用户的服务网元注册管理（例如当前为终端提供业务的AMF、SMF等）。

AUSF是鉴权服务器网元，支持3GPP接入的鉴权和Non-3GPP接入的鉴权。

N3IWF全称为Non-3GPP Inter Working Function。

UDR是统一数据仓库，负责的主要功能有：①UDM存储订阅数据或读取订阅数据；②PCF存储策略数据或者读取策略数据；③存储暴露的数据或者从中读取暴露的数据。UDR和访问其的NF具有相同的PLMN，也就是同一个网络下，Nudr接口是一个PLMN内部接口。

SMSF是短信功能实例。

根据3GPP 5G NR相关的协议内容，NR总体架构与功能划分如下。

1.总体架构

NG-RAN节点包含两种类型：

（1）gNB：提供NR用户平面和控制平面协议和功能。

（2）ng-eNB：提供E-UTRA用户平面和控制平面协议和功能。

gNB与ng-eNB之间通过Xn接口连接，gNB/ng-eNB通过NG-C接口与AMF（Access and Mobility Management Function）连接，通过NG-U接口与UPF（User Plane Function）连接。

5G总体架构如图8-9所示，NG-RAN表示无线接入网，5GC表示核心网。

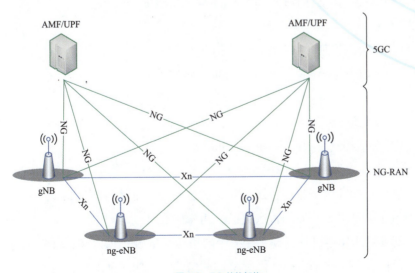

图8-9　5G总体架构

2.功能划分

5G网络的功能划分如图8-10所示。NG-RAN包含gNB或ng-eNB节点，5G-C一共包含3个功能模块：AMF、UPF和SMF（Session Management Function）。

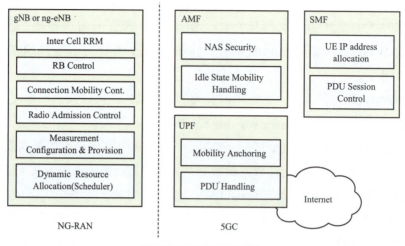

图8-10　5G网络的功能划分

1）gNB/ng-eNB

（1）小区间无限资源管理（Inter Cell Radio Resource Management）。

（2）无线承载控制（Radio Bear Control）。

（3）连接移动性控制（Connection Mobility Control）。

（4）测量配置与规定（Measurement Configuration and Provision）。

（5）动态资源分配（Dynamic Resource Allocation）。

2）AMF

（1）NAS安全（Non-Access Stratum Security）。

（2）空闲模式下移动性管理（Idle State Mobility Handling）。

3）UPF

（1）移动性锚点管理（Mobility Anchoring）。

（2）PDU处理（与Internet连接）（PDU Handling）。

4）SMF

（1）用户IP地址分配（UE IP Address Allocation）。

（2）PDU 会话控制（PDU Session Control）。

5G标准由诸多技术组成，编码是其核心技术。在5G相关标准中，世界各大阵营一度曾就信道编码标准竞争激烈。2016年，中国通信企业力推的Polar成为控制信道编码。这是中国在信道编码领域的首次突破，为中国在5G标准中争取了较以往更多的话语权奠定了基础。2016年11月18日，在美国内华达州里诺的3GPP RAN1#87次会议上，经过与会公司代表多轮技术讨论，国际移动通信标准化组织3GPP最终确定了5G eMBB

（增强移动宽带）场景的信道编码技术方案，其中，Polar码作为控制信道的编码方案；LDPC码作为数据信道的编码方案。

5G融合毫米波、大规模天线阵列、超密集组网等关键技术，低时延、高可靠性、高速率、频谱和能源高效利用等是5G技术的最大特点。与4G侧重人与人之间的通信不同，5G侧重物联网通信，将人和人、人和物、物和物连成一体，构成全新的信息化基础设施。5G网络的峰值理论传输速度可达每秒数十Gbit，比4G网络的传输速度快数百倍。5G的峰值速率要求达到20Gb/s，是4G峰值速率1Gbps的20倍，5G每平方公里的连接能力为100万终端，是4G的10倍，延时从10ms降低至1ms。

网络切片将一个物理网络切割成多个虚拟的端到端的网络，每个虚拟网络之间，包括网络内的设备、接入、传输和核心网，是逻辑独立的，任何一个虚拟网络发生故障都不会影响到其他虚拟网络。网络切片技术是提升5G网络架构灵活性以支持多样场景需求的关键技术之一。针对不同类型的业务需求，其可以将定制的网络功能灵活地组合成不同的端到端相互隔离的独立网络。网络功能虚拟化（Network Function Virtualization，NFV）是实现网络切片的条件。NFV就是将网络中专用设备的软硬件功能（例如核心网中的MME、S/P-GW和PCRF，无线接入网中的数字单元DU等）转移到虚拟主机（Virtual Machines，VMs）上。网络经过功能虚拟化后，无线接入网部分叫边缘云（Edge Cloud），而核心网部分叫核心云（Core Cloud）。边缘云中的VMs和核心云中的VMs，通过SDN（软件定义网络）互联互通。

第4节　V2X及其通信技术

一　V2X系统

V2X（Vehicle to X）包含车与车（Vehicle to Vehicle，V2V）、车与基础设施（Vehicle to Infrastructure、V2I）、车与人（Vehicle to Pedestrian，V2P）、车与网（Vehicle to Network，V2N）4个部分。V2X代表车与其他事物的通信方式，V2X对道路和驾驶安全的实现非常重要。对于无人驾驶汽车而言，除了车辆需要具备观察周围环境的感知系统，还有很多其他要求，除了局限于眼前的传感器，无人驾驶汽车还需要实现与一切可能影响车辆的实体实现信息交互，以减少事故的发生，缓解交通拥堵等。

1）车与车（V2V）

V2V通信技术是一种不受限于固定式基站的通信技术，为移动中的车辆提供直接的端到端的无线通信。即通过V2V通信技术，车辆终端彼此可以直接交换无线信息，无须通过基站转发。利用它可以监测道路上行驶的其他车辆的速度、位置等对其他驾驶人无法开放的"隐藏"数据，同时能够自动预测出在该车行车道路前方是否会发生可能的碰撞。它与我们所用的手机相反，手机依赖于固定的基站提供信号，来实现与其他手机交互。

2）车与基础设施（V2I）

基础设施包含基站、路灯灯杆、能源供给站、交通信号灯、公交站、电线杆、建筑物、立交桥、隧道、路障等设施设备。V2I通信功能采用车载智能交通运输系统的760MHz频段，可以在不影响车载传感器的情况下实现基础设施与车辆之间的相互通信功能。车辆可以通过V2I采集周围环境信息，为导航、控制、通信提供实时环境模型，帮助车辆更好地感知行车环境。频繁更换基站的服务区会造成移动通信信号不稳定，无人驾驶汽车应充分考虑到这一点，尽量避免感应盲区。

3）车与人（V2P）

实现车辆感知行人的方法很多，除了比较直观的摄像机和各种传感器外，信息互联也是一种有效的办法。行人使用的终端，如手机、平板电脑、可穿戴设备等，都可以实现人与车辆的互联。

4）车与网（V2N）

无人驾驶汽车联网是为了获取更加丰富的信息，通过云端信息实现远程网络导航是其应实现的基本功能，另外还应实现娱乐、防盗等功能。广义上看，车联网也可以被认为是一种远程传感技术。

V2X最初采用基于无线LAN的IEEE 802.11p协议，在专用短程通信（DSRC）前提下开发（称为DSRC-V2X），主要由德国大众、日本丰田与美国通用汽车公司推动，其中德国大众汽车公司宣布自2019年起，所有新车将配备DSRC-V2X技术，日本丰田汽车公司计划于2021年在美国市场的新车上搭载DSRC-V2X，美国通用汽车公司则计划于2023年在主流车型上安装DSRC-V2X，逐步扩大车型范围。

V2X的发展历程如下：2016年9月国际上成立了5GAA，联合了40余家车企、电信运营商和电信设备商。车联网过去采用的802.11p，是传统蜂窝网系统，形成了V2X的标准化，也称为C-V2X。5GAA联盟的成立，使得众多车企、厂商、电信运营商、电信设备商支持C-V2X产业，同时美国的高通、福特等企业也开展了C-V2X的测试。中国对C-V2X的支持政策逐渐明朗，2016年工信部发布了智能网联汽车的路线图。2017年9月，工信部部长苗圩在组织国家制造强国领导小组的车联网产业发展专项委员会的会议上提出促进车联网技术的应用和部署。2018年4月，工信部、公安部、交通运输部三部委联合印发《智能网联汽车道路测试管理规范（试行）》。LTE-V2X是基于移动蜂窝网络的V2X通信技术，该技术针对车辆应用定义了两种通信方式：集中式（LTE-V-Cell）和分布式（LTE-V-Direct）。集中式也称为蜂窝式，需要基站作为控制中心。分布式也称为直通式，无须基站作为支撑。LTE-V概念和技术在2012年被提出，其第一台样机在2014年被推出，同时3GPP组织推动了它的标准化。2017年，LTE-V标准完成，其通信模组可以集成到其他应用厂商的设备中。近两年，LTE-V完成了频率射频性能的频谱测试，可实现不同厂家的互联互通测试，保证了LTE-V在实际应用中的可靠性。在LTE-V标准化方面，2017年3月，V2I和V2P的标准已完成，国内通信标准化协会完成了无线标准，中国智能交通协会和汽车工程协会共同发布了应用层标准。

车联网无线通信技术有基于802.11p的专用短程通信（DSRC）和蜂窝车联网（C-V2X）两大阵营，它们都在5.9 GHz ITS频谱上运行，并且都能在没有蜂窝网络、移动信号覆盖或网络运营商的地方正常运作。随着5G商用化时代的到来，5G-V2X将成为主要的通信方式。两种通信方式各有优点，前者是基于十几年的研究，最终形成标准统一、可靠稳定的技术；后者在覆盖范围、感知距离、承接数量、短时延上更具优势。

2019年，C-V2X技术蓬勃发展，除了连接终端和设备到网络（Device to Network，D2N）外，也可采用终端直接通讯即设备到设备（Device to Device，D2D）模式。目前欧洲和美国用于V2X的频段为5.8～5.9GHz。日本5.8GHz频段被用作智能交通系统（Intelligent Transportation System，ITS）。ITS随着电子收费系统（Electronic Toll Collection System，ETC）和车辆信息通信系统（Vehicle Information and Communication System，VICS）普及而稳定成长。目前ETC 2.0系统采用5.8GHz DSRC技术。因此，C-V2X不能用此频段，未来将根据全球趋势进行审查。中国工信部于2018年11月发布了《车联网直接通信使用5905～5925MHz的管理规定》，明确规范5.9GHz频段作为基于LTE的C-V2X技术的车联网（智慧网联汽车）直连通信工作频段。

LTE-V2X也被称为C-V2X PC5直接通信，是智能交通系统（ITS）的核心技术，国家政策层面也在大力支持该技术的发展。LTE-V2X是车对万物（V2X）通信的全球解决方案，拥有强大的5G新空口（5G NR）演进路径，旨在提升汽车安全性、改善自动化驾驶和提升交通效率。它是现今唯一一项遵循全球3GPP规范的V2X通信技术，基于PC5的直连通信模式是指在统一的5.9GHz智能交通系统（ITS）频段上支持车对车（V2V）、车对基础设施（V2I）及车对人（V2P）通信，无须使用SIM卡、蜂窝网络协助或成为蜂窝用户。

DSRC技术

欧洲早在1994年就由CEN/TC278开始了对DSRC标准的起草。1997年"5.8GHz DSRC物理层和数据链路层"标准获得通过。但是欧洲的标准与美国采用的制式、频段和调制方式等都不同。在近六年的时间里，德国、荷兰和奥地利先后签署了一份谅解备忘录，在一条连接三国的高速公路上部署测试C-ITS，欧盟委员会交通运输总局创建了C-ITS平台，2016年欧盟28个成员国的交通部长共同签署了"阿姆斯特丹宣言"，通过了一项关于C-ITS的欧洲战略方案，并将目标定为2019年实现C-ITS的大规模商业部署。DSRC在2014年2月被美国交通部确认为V2V标准，经过多年研发与测试，已经相对定型。DSRC基于IEEE 802.11p标准，支持车辆的无线接入，广泛应用于高速公路收费、不停车快速车道、停车场管理等场景中。DSRC的特点是适合对短程（数十米的距离）高速行驶的车辆进行识别和连接。802.11p规范于2012年确立，利用已有20年历史的无线技术802.11a开发而成。802.11p的性能测试结果表明，由于容易发生网络拥堵和缺乏最低性能保证，导致其覆盖范围有限，大规模应用性能不稳定，从而限制了实用性和支持的应用规模，安全性更是没有保障。

从厂商来看，大众集团、雷诺集团、通用汽车、恩智浦半导体、以色列芯片商Autotalks、Kapsch（美国智能交通系统提供商）等一直在推广车载Wi-Fi（即DSRC）技术。DSRC技术已经经过足够的验证，在欧洲政府支持的项目中也已经完全实现标准化，能更适合用来规避碰撞事故和进行目标导航。

三 蜂窝车联网（C-V2X）技术

蜂窝车联网（C-V2X）也称为LTE-V2X，是基于全球 3GPP Release 14规范的 V2X通信技术，其基于PC5的直连通信模式在5.9GHz智能交通系统（ITS）频段上运行，支持车对车（V2V）、车对基础设施（V2I）、车对人（V2P）的直接通信。此外，C-V2X拥有强大的5G新空口（5G NR）演进路径，支持高速运动、高密度车辆场景，可实现非视距传感等功能，是未来安全自动驾驶的重要组成部分。相比 802.11p，C-V2X以专为高速移动应用设计的技术为基础，并且对汽车应用进行了专门的优化，802.11p多年研究中的实战经验和无线通信的基础进展也被应用其中。此外，它还支持一系列全新的汽车应用，带来更高的安全性和自动驾驶性能。

V2X包括直接通信和基于网络的通信。直接通信支持车对车（V2V），车对基础设施（V2I）和车对人（V2P）等的连接。而汽车到网络（V2N）技术则已从最初的远程信息服务，发展到如今的信息娱乐服务以及针对自动驾驶的远程操作应用，具有极高的价值。C-V2X全方位网络如图8-11所示。

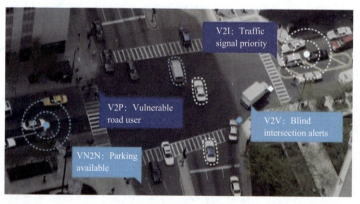

图8-11　C-V2X 全方位网络

与欧盟偏爱DSRC相比，C-V2X在中国和美国得到推广，而中国一直是C-V2X发展的开拓者与牵引者，产业规模不断扩大，产业链主体也逐步完善。C-V2X具有以下关键技术优势：增强的传输距离和可靠性、支持高密度车辆场景、直连自主通信降低成本和系统复杂性、协同远程信息处理平台、复用DSRC/C-ITS协议层、蜂窝网路生态系统的影响力、支持车辆高速运动场景并且能平滑演进到5G。C-V2X催生了大量新的产品应用，能够实现V2V以及V2I、V2P等应用场景。而C-V2X的跨行业融合创新生态体系也已经初步完成，在芯片模组、平台运营、汽车制造等厂商中都有其拥护者。

C-V2X以4G（LTE）和5G等通信技术实现V2X，相较DSRC技术，C-V2X的优势在于通信范围、延迟与可扩展性，其频谱频宽分配有弹性，具备覆盖广、高可靠与支援大频宽等特色。目前支持C-V2X技术的车厂包括福特、宝马、戴姆勒、奥迪、杜卡迪、标致雪铁龙、上汽（SAIC）与特斯拉等，相关机构包括德国电信、爱立信等，他们认为C-V2X技术能够使汽车通过蜂窝网络连接其他网联设备。福特、大众、捷豹路虎、英特尔、爱立信、三星、高通等16家行业巨头向美国联邦通信委员会（FCC）提交了意见，以支持5G汽车协会（5GAA）向FCC提交的"豁免请求"，要求取得在5.9 GHz频段部署蜂窝车联网（C-V2X）技术的行政许可。据汽车行业业内预计，2022年全球智能联网汽车的规模将约占全球市场规模的70%，欧盟的选择标准可能会影响部分设备商的生产。

四 5G-V2X及未来趋势

随着5G商用阶段的临近，802.11p的天花板已经显露。C-V2X正在向5G-V2X演进，通过车中内置的蜂窝调制解调器来实现。5G的到来不仅对于手机是一场革命性风暴，对于LTE-V2X也是最关键的一步。5G时代除了下载速度快以外还有最重要的一点——低时延，5G强大的通信能力可以让汽车更安全、更高效地运行。智能网联汽车通信标准化的演进路线是：整个标准化按照3GPP演进的版本，完成了第一版的标准化；LTE-V（包括车与车、车与路、车与人的通信，也包括蜂窝网结合的通信）实现了进一步标准化；现在开展的标准化是演进和增强版。基于5G新技术的标准化处在研究阶段，整个标准化过程保证了技术不断平滑地演进。

5G是在4G基础上实现更快速的网络传输，拥有更快的用户体验速率、更大的连接数密度和更短的端到端时延，对固网传输速率提出了更高的要求，对光器件使用密度和速率也提出了更高的要求。5G的关键性能指标如下：①传输速率：提供100Mbps~1 Gbps的用户体验速率；②系统容量：百万/km^{2}连接数密度；③空口时延：低至1ms的空口时延；④可靠性：接近100%的业务可靠性保证；⑤超低功耗、超低成本等。5G关键能力体现在：高速率、大容量、低时延。为了满足连续广域覆盖、热点高容量、低功耗大连接、低时延高可靠等应用场景的需求，5G相比4G在重要指标上有大幅提升。例如，5G的峰值速率要求达到20Gbps，是4G峰值速率1Gbps的20倍，5G每平方千米的终端连接能力可达100万，是4G的10倍，延时要求从10ms降低至1ms。

5G诞生的核心驱动力来自于四个方面，如图8-12所示。

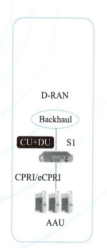

移动数据流量的持续爆发增长　　海量设备的连接与入网

5G诞生的驱动力

新业务类型的不断涌现　　应用场景的丰富化与复杂化

图8-12　5G诞生的核心驱动力

4G时代，核心网大多采用省集中部署方式。面对多样化业务场景需求，5G核心网将实现云化演进，根据超可靠和低延迟通信（uRRLC）、增强移动宽带（eMBB）、大型机器类型通信（mMTC）等不同业务需求集中部署或部分下沉，实现更加灵活的网络架构，具体为应用网关下移、协同就近转发、流量本地终结、去中心化趋势明显。

5G的大带宽和低时延，对无线接入网（RAN）体系架构进行了改进。4G网络是BBU、RRU两级结构，一个基站对应一个机房，5G演进为CU、DU和AAU三级结构，把BBU拆成CU和DU，CU放在云端，DU可以部署在远端，实现了中心化管控，核心网下移及云化成为5G发展趋势，对应的承载网也分为三级。5G RAN部署架构如图8-13所示。

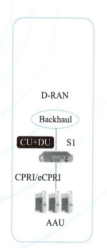
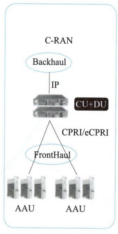
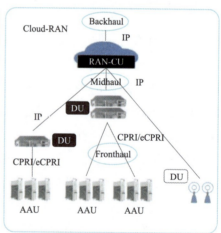

图8-13　5G RAN部署架构

不同于3G/4G有不同的标准制式，5G将实现全球统一的标准，中国深度参与了5G各项标准制定。2016年11月，以华为为代表，由中国主导推动的Polar Code码被3GPP采纳为5G eMBB控制信道标准方案。2017年6月，3GPP正式确认中国移动牵头5G核心网的SBA架构作为统一基础架构。中国企业参与标准的深度也是前所未有。

5G将支持海量的机器通信，以智慧城市、智慧建筑等为代表的典型应用场景与第五代移动通信深度融合，预期千亿量级的设备将接入5G网络。5G还将以其超高可靠性、超低时延的卓越性能，引爆如车联网、移动医疗、能源互联网、工业互联网等垂直行业应用。在5G网络建设初期，由于频段较高、传播损耗较大等原因，很难做到全覆盖，存在NSA（Non-standalone）/SA（Standalone）多种组网架构选择。NSA非独立组网采用LTE与5G联合组网方式，利用现有覆盖良好的4G网络实现5G NR的快速引入，而SA独立组网则可以更好地体现出5G技术优势以提高服务质量，但对5G NR连续覆盖要求更高，引入周期长。目前3GPP标准组织优先考虑非独立组网模式，预计2017年底将首先完成非独立组网标准，随后在2018年7月完成5G独立组网相关标准。

根据智慧交通、智慧城市实际场景需求，5G承载网的演进不仅需考虑满足带宽、时延等相关网络指标，还需考虑5G承载的灵活组网、4G/5G共站承载及与现有网络的衔接等实际需求，4G/5G共存组网的统一承载是5G承载网演进中的关键问题。

总的来看，迄今为止的V2X正基于DSRC和C-V2X混合模式发展。随着应用场景的不断发展，通信延迟、流量负载等将成为新的挑战。长期来看，由于5G网络建设逐步到位，可实现1ms超短时延和巨量物联网终端连接，车路协同、无人驾驶汽车、车联网将会快速发展。

第5节 国家政策法规与标准

早在2010年，我国交通运输部就提出了要推动车联网建设，并将车联网列为国家重大专项中的项目之一。2011年，《物联网"十二五"规划》出台，明确提出物联网将在智能交通、智能物流等领域率先部署。目前，低速电动车标准的制定工作已经启动。车联网（智能网联汽车）产业是汽车、电子、信息通信、道路交通运输等行业深度融合的新型产业形态。发展车联网产业，有利于提升汽车网联化、智能化水平，有利于实现无人驾驶、发展智能交通、促进信息消费，对我国推进供给侧结构性改革、推动制造强国和网络强国建设、实现高质量发展具有重要意义。

近年来，关于车联网、智能网联无人驾驶汽车的重要政策梳理如下。

1）工业和信息化部：《车联网（智能网联汽车）产业发展行动计划》

2018年12月25日，工业和信息化部印发了《车联网（智能网联汽车）产业发展行动计划》（以下简称《行动计划》）。《行动计划》提出，以融合发展为主线，充分发挥我国的产业优势，优化政策环境，加强行业合作，突破关键技术，夯实跨产业基础，推动形成深度融合、创新活跃、安全可信、竞争力强的车联网产业新生态。

《行动计划》指出将分阶段实现车联网产业高质量发展的目标。第一阶段，到2020年，车联网（智能网联汽车）产业跨行业融合取得突破，具备高级别自动驾驶功能的智能网联汽车实现特定场景规模应用，车联网用户渗透率达到30%以上，智能道路基础设施水平明显提升；第二阶段，2020年后，技术创新、标准体系、基础设施、应用服务和安全保障体系将全面建成，高级别自动驾驶功能的智能网联汽车和5G-V2X逐步实现规模化商业应用，"人-车-路-云"实现高度协同，人民群众日益增长的美好生活需求得到更好满足。

《行动计划》提出的主要任务如下：按照"系统部署、统筹推进、创新引领、应用驱动、优势互补、开放合作、强化管理、保障安全"的原则，在深入调研基础上研究提出5方面重点任务。一是突破关键技术，推动产业化发展。充分利用各种创新资源，加快智能网联汽车关键零部件及系统开发应用，推动构建智能网联汽车决策控制平台。大力支持LTE-V2X、5G-V2X等无线通信网络关键技术研发与产业化，全面构建通信和计算相结合的车联网体系架构。二是完善标准体系，推动测试验证与示范应用。全面实施《国家车联网产业标准体系建设指南》，完善制定车联网重点标准，适时发放频率使用许可，构建智能网联汽车测试评价体系。推动在机场、港口和园区开展自动驾驶出行、智能物流等场景的示范应用，构建国家级车联网先导区，不断提升交通智能化管理水平和居民出行服务体验。三是合作共建，推动完善车联网产业基础设施。加强部门合作和部省协同，构建基于LTE-V2X、5G-V2X等无线通信技术的网络基础设施。打造综合大数据及云平台，推进道路基础设施的信息化和智能化改造，支持构建集感知、通信、计算等能力为一体的智能基础设施环境。四是发展综合应用，推动提升市场渗透率。大力发展车联网用户，培育智慧出行等创新应用，发展电动汽车实时在线监测系统和大数据分析能力，推广车路交互信息服务的规模应用。推动事故预警和协同控制技术的应用，提升交通安全与拥堵主动调控能力，建立基于网络的汽车设计、制造、服务一体化体系，实现基于大数据平台的个性化汽车服务的规模应用。五是技管结合，推动完善安全保障体系。以智能网联汽车系统运行安全、数据安全和网络安全为重点，完善安全管理体系与防护机制，构建智能网联汽车、车联网数据和网络的全要素安全检测评估体系，重点突破核心技术，着力提升隐患排查、风险发现、应急处置水平。

2）工业和信息化部、国家发展改革委、科技部：《汽车产业中长期发展规划》的通知（工信部联装〔2017〕53号）

明确了"推进汽车产业供给侧结构性改革，调控总量、优化结构、协同创新、转型升级"的发展设想，提出了"力争经过十年持续努力，迈入世界汽车强国行列"的规划目标，并在汽车检测领域提出："开展智能网联汽车示范推广。出台测试评价体系，分阶段、有步骤推进智能网联汽车应用示范，稳步扩大试点范围。示范区内建设测试、验证环境及相应的数据收集分析、管理监控等平台，集中开展智能网联汽车产品性能验证的示范与评价，建立智能网联汽车与互联网、物联网、智能交通网络、智能电网及智慧城市等的信息交流和协同机制，探索适合中国国情、多领域联动的智能网联汽车创新发展模式。"

3）工业和信息化部：《关于印发贯彻落实〈国务院关于积极推进"互联网＋"行

动的指导意见〉行动计划（2015—2018年）的通知》

工业和信息化部发布了《关于印发贯彻落实〈国务院关于积极推进"互联网+"行动的指导意见〉行动计划（2015—2018年）的通知》（以下简称《通知》），首度提及车联网未来发展规划，将会出台《车联网发展创新行动计划（2015—2020年）》，在顶层设计上，全面推动车联网技术研发、标准制定，推动整个产业的发展。分析指出，从战略层面推动车联网的发展，将为整个行业指出清晰的发展方向，进一步推动基于车联网的无人驾驶等未来技术的发展。据悉，面对着新能源汽车与车联网技术的发展，多家车企已经相继推出了无人驾驶技术，百度、谷歌、沃尔沃都已经实现了相关车型的路试。《通知》是要以加快新一代信息通信技术与工业深度融合为主线，以实施"互联网"制造业为重点，以高速宽带网络基础设施和信息技术产业为支撑，不断打造新形势下产业竞争新优势，把市场对资源配置的决定性作用和政府作用有机结合起来，突出企业主体地位，大力拓展互联网与制造业融合的深度和广度，积极培育新技术、新产品、新业态、新模式，深化体制机制改革，释放发展潜力和活力，推动产业转型升级和提质增效。在《通知》中，多次提到了加快车联网产业布局，推动车联网技术研发、标准制定，组织开展车联网试点、基于5G技术的车联网示范；在系统解决方案能力提升行动方面，指出要开展行业信息物理系统（CPS）应用测试和试点示范，面向航空、汽车、电子、石化等重点行业，组织开展信息物理系统（CPS）应用示范。

国务院推出的《关于积极推进"互联网"行动的指导意见》指出：要推进重点领域智能产品创新，推动汽车企业与互联网企业设立跨界交叉的创新平台，加快智能辅助驾驶、复杂环境感知、车载智能设备等技术产品的研发与应用。工信部发布的政策也明确了车联网未来的发展方向与领域，这意味着车联网经过多年的酝酿之后，将迎来一个全新的发展5年黄金期。

4）工业和信息化部、国家标准化管理委员会：《国家车联网产业标准体系建设指南（智能网联汽车）》（〔2017〕332号）

2017年12月，工业和信息化部、国家标准化管理委员会印发的《国家车联网产业标准体系建设指南（智能网联汽车）》（〔2017〕332号）中指出：车联网产业是汽车、电子、信息通信、道路交通运输等行业深度融合的新型产业，是全球创新热点和未来发展制高点。为全面实施"中国制造2025"，深入推进"互联网+"，推动相关产业转型升级，大力培育新动能，发挥标准在车联网产业生态环境构建中的顶层设计和引领规范作用，工业和信息化部、国家标准化管理委员会共同组织制定了《国家车联网产业标准体系建设指南》系列文件，根据标准化主体对象和行业属性分为总体要求、智能网联汽车、信息通信、电子产品与服务等部分。智能网联汽车标准体系见表8-1。

智能网联汽车标准体系

表8-1

标准项目及分类		标准类型	标准性质	状态	采用的或相应的国际、国外标准号
基础（100）					
术语和定义（101）					
101-1	智能网联汽车术语和定义	国标	推荐	预研中	
101-2	先进驾驶辅助系统（ADAS）术语和定义	国标	推荐	已立项 20171038-T-339	
101-3	汽车信息安全术语和定义	国标	推荐	预研中	
分类和编码（102）					
102-1	汽车智能化、网联化信息分类与代码	国标	推荐	预研中	
102-2	汽车智能化、网联化数据结构及传输格式	国标	推荐	预研中	
102-3	汽车驾驶自动化分级	国标	推荐	已申请立项	
102-4	汽车网联化等级划分	国标	推荐	预研中	
102-5	汽车信息安全风险分类与等级划分	国标	推荐	预研中	
102-6	汽车信息安全域及防护层级化定义	国标	推荐	预研中	
标识和符号（103）					
103-1	智能网联汽车信号图形和标识	国标	推荐	预研中	
103-2	智能网联汽车报警信号	国标	推荐	预研中	
通用规范（200）					
功能评价（201）					
201-1	汽车智能化功能及性能评价通用规范	国标	推荐	预研中	
201-2	汽车网联化功能及性能评价通用规范	国标	推荐	预研中	
201-3	汽车智能化应用工况	国标	推荐	预研中	
201-4	汽车网联化应用工况	国标	推荐	预研中	
201-5	汽车软件升级技术条件及功能评价规范	国标	推荐	预研中	
人机界面（202）					
202-1	汽车人机交互界面系统评价方法	国标	推荐	预研中	
202-2	汽车报警信号优先度规范	国标	推荐	预研中	
202-3	汽车报警信号通用规范	国标	强制	预研中	
202-4	汽车人机控制转换系统性能要求及试验方法	国标	强制	预研中	
功能安全（203）					
203-1	道路车辆-功能安全（1~10部分）	国标	推荐	已发布 GB/T 34590—2017（1~10部分）	ISO 26262
203-2	智能网联汽车人机交互系统失效保护要求及评价方法	国标	强制	预研中	
203-3	汽车交互接口功能安全要求	国标	推荐	预研中	
203-4	汽车信息感知系统功能安全要求	国标	推荐	预研中	
203-5	汽车决策预警系统功能安全要求	国标	推荐	预研中	
203-6	汽车辅助控制系统功能安全要求	国标	推荐	预研中	

续上表

标准项目及分类		标准类型	标准性质	状态	采用的或相应的国际、国外标准号
信息安全（204）					
204-1	汽车信息安全通用技术要求	国标	推荐	已申请立项	
204-2	汽车信息安全风险评估指南	国标	推荐	预研中	
204-3	汽车数据保护安全和隐私保护通用要求	国标	推荐	预研中	
204-4	车载操作系统及应用软件安全防护要求	国标	推荐	预研中	
204-5	汽车信息安全通用测试与评价方法	国标	推荐	预研中	
204-6	汽车信息感知设备安全技术要求	国标	推荐	预研中	
204-7	车载 ECU 信息安全技术要求	国标	推荐	预研中	
204-8	车载总线系统信息安全技术要求	国标	推荐	预研中	
204-9	汽车网关信息安全技术要求	国标	推荐	已申请立项	
204-10	车载信息交互系统（TBOX）信息安全技术要求	国标	推荐	已申请立项	
204-11	车载诊断接口（OBD）信息安全技术要求	国标	推荐	预研中	
204-12	驾驶员身份认证系统技术要求	国标	推荐	预研中	
204-13	汽车软件升级信息安全防护规范	国标	推荐	预研中	
204-14	电动汽车远程信息服务与管理系统信息安全技术要求	国标	推荐	已申请立项	
204-15	电动汽车充电系统信息安全技术要求	国标	推荐	已申请立项	
204-16	汽车信息安全漏洞应急响应指南	国标	推荐	预研中	
产品与技术应用（300）					
信息感知（301）					
301-1	汽车倒车视野辅助性能要求及试验方法	国标	推荐	预研中	
301-2	自适应前照明系统性能要求及试验方法	国标	推荐	已发布 GB/T 30036—2013	
301-3	汽车全景影像监测系统性能要求及试验方法	国标	推荐	预研中	
301-4	汽车夜视系统性能要求及试验方法	国标	推荐	预研中	
301-5	车距监测系统性能要求及试验方法	国标	推荐	预研中	
301-6	抬头数字显示（HUD）系统性能要求及试验方法	国标	推荐	预研中	
301-7	车载卫星定位系统信号接收装置性能要求及试验方法	国标	推荐	预研中	
决策预警（302）					
302-1	道路车辆 3.5 吨以上的商用车报警系统	国标	推荐	已发布 GB/T 26776—2011	
302-2	汽车盲区监测系统性能要求及试验方法	国标	推荐	已立项 20171039-T-339	
302-3	行人监测系统性能要求及试验方法	国标	推荐	预研中	
302-4	酒精闭锁检测系统性能要求及试验方法	国标	推荐	预研中	
302-5	汽车前撞预警系统（FCW）性能要求及试验方法	国标	推荐	已报批	ISO 15623-2013, ECE R131
302-6	车道偏离预警系统（LDW）性能要求及试验方法	国标	推荐	已发布 GB/T 26773—2011	ISO 17361-2007, ECE R130

续上表

标准项目及分类		标准类型	标准性质	状态	采用的或相应的国际、国外标准号
302-7	车门开启盲区监测系统性能要求及试验方法	国标	推荐	预研中	
302-8	汽车后方交通穿行提示系统性能要求及试验方法	国标	推荐	预研中	
302-9	智能限速控制系统性能要求及试验方法	国标	推荐	预研中	
302-10	预碰撞安全系统性能要求及试验方法	国标	推荐	预研中	
302-11	汽车泊车测距警示装置性能要求及试验方法	国标	推荐	已发布 GB/T 21436—2008	
302-12	低速行驶操控辅助性能要求及试验方法	国标	推荐	预研中	ISO 17386
302-13	扩大范围的倒车辅助系统性能要求及试验方法	国标	推荐	预研中	ISO 22840—2010
302-14	弯道车速预警系统性能要求及试验方法	国标	推荐	预研中	ISO 11067
302-15	驾驶员注意力监测系统性能要求及试验方法	国标	推荐	预研中	
辅助控制（303）					
303-1	低速跟车系统性能要求及试验方法	国标	推荐	预研中	ISO 22178—2009
303-2	自适应巡航控制系统（ACC）性能要求及试验方法	国标	推荐	已发布 GB/T 20608—2006	ISO 15622—2010
303-3	全速范围自适应巡航控制性能要求及试验方法	国标	推荐	预研中	ISO 22179—2009
303-4	乘用车自动紧急制动系统（AEB）性能要求及试验方法	国标	推荐	已立项 20151489—T—339	
303-5	商用车辆自动紧急制动系统（AEB）性能要求及试验方法	国标	推荐	已立项 20170405—T—339	ECE R131
303-6	乘用车车道保持辅助系统（LKA）性能要求及试验方法	国标	推荐	已立项 20171040—T—339	
303-7	商用车辆车道保持辅助系统（LKA）性能要求及试验方法	国标	推荐	已申请立项	
303-8	正向碰撞缓解系统性能要求及试验方法	国标	推荐	预研中	ISO 22839
303-9	汽车紧急转向辅助系统性能要求及试验方法	国标	推荐	预研中	
303-10	车辆横向和纵向组合控制系统性能要求及试验方法	国标	推荐	预研中	
303-11	泊车辅助控制系统性能要求及试验方法	国标	推荐	已申请立项	
303-12	汽车驾驶远程控制辅助系统	国标	推荐	预研中	
303-13	交叉路口避撞辅助系统技术要求及试验方法	国标	推荐	预研中	
自动控制（304）					
304-1	自动泊车系统功能、性能要求及评价方法	国标	推荐	预研中	
304-2	城市工况自动驾驶系统功能、性能要求及评价方法	国标	推荐	预研中	
304-3	高速公路自动驾驶系统功能、性能要求及评价方法	国标	推荐	预研中	
304-4	车辆列队跟驰自动驾驶系统功能、性能要求及评价方法	国标	推荐	预研中	
304-5	有条件自动驾驶系统（CA）功能、性能要求及评价方法	国标	推荐	预研中	

续上表

	标准项目及分类	标准类型	标准性质	状　态	采用的或相应的国际、国外标准号
304-6	高度自动驾驶系统（HA）功能、性能要求及评价方法	国标	推荐	预研中	
304-7	完全自动驾驶（FA）功能、性能要求及评价方法	国标	推荐	预研中	
信息交互（305）					
305-1	汽车事件数据记录系统	国标	强制	已立项 20171835—Q—339	
305-2	自动驾驶记录装置要求及评价方法	国标	强制	预研中	
305-3	车载信息交互系统（TBOX）技术要求	国标	推荐	预研中	
305-4	交叉口信号信息与违规警告系统性能要求及评价方法	国标	推荐	预研中	ISO 26684:2015
305-5	碰撞事故自动报警系统性能要求及评价方法	国标	推荐	预研中	ISO 24978—2009
305-6	危险通报系统性能要求及评价方法	国标	推荐	预研中	
305-7	特殊驾驶环境预警系统性能要求及评价方法	国标	推荐	预研中	
相关标准（400）					
通信协议（401）					
401-1	基于LTE-V的中短程通信协议	国标	推荐	预研中	
401-2	基于5G的广域通信协议	国标	推荐	预研中	
界面接口（402）					
402-1	基于LTE-V的中短程通信接口	国标	推荐	预研中	
402-2	基于5G的广域通信接口	国标	推荐	预研中	
402-3	汽车安全类通信专用短程通信接口	国标	推荐	预研中	
402-4	车载定位及导航系统接口技术要求	国标	推荐	预研中	
402-5	车辆与外部终端物理接口技术要求	国标	推荐	预研中	
402-6	车辆与外部终端软件接口技术要求	国标	推荐	预研中	

5）国务院：《国务院关于印发"十三五"国家信息化规划的通知》（国发〔2016〕73号）

《国务院关于印发"十三五"国家信息化规划的通知》（国发〔2016〕73号）提出："构建现代信息技术和产业生态体系。强化战略性前沿技术超前布局。立足国情，面向世界科技前沿、国家重大需求和国民经济主要领域，坚持战略导向、前沿导向和安全导向，重点突破信息化领域基础技术、通用技术以及非对称技术，超前布局前沿技术、颠覆性技术。加强量子通信、未来网络、类脑计算、人工智能、全息显示、虚拟现实、大数据认知分析、新型非易失性存储、无人驾驶交通工具、区块链、基因编辑等新技术基础研发和前沿布局，构筑新赛场先发主导优势。加快构建智能穿戴设备、高级机器人、智能汽车等新兴智能终端产业体系和政策环境。鼓励企业开展基础性前沿性创新研究。"

6）国务院：《国务院关于印发"十三五"国家科技创新规划的通知》（国发〔2016〕43号）

《国务院关于印发"十三五"国家科技创新规划的通知》（国发〔2016〕43号）提出："发展引领产业变革的颠覆性技术。加强产业变革趋势和重大技术的预警，加强对颠覆性技术替代传统产业拐点的预判，及时布局新兴产业前沿技术研发。"同时提出："重点开发移动互联、量子信息、人工智能等技术，推动增材制造、智能机器人、无人驾驶汽车等技术的发展。"

在工业和信息化部全方位推动车联网产业发展之时，市场各方早已经闻风而动，作为车联网最主要运用领域之一的无人驾驶，更是进入了争夺的前期。

总的来看，目前我国推进智能汽车方面的政策已经非常到位，随着无人驾驶汽车和车联网相关技术和市场的发展，政策体系将进一步丰富和完善。国家层面对无人驾驶已经给予了足够重视，国家对无人驾驶技术的研发和产业化应用已基本做好顶层设计和科学规划，资金支持力度也在不断加大。目前已经出现汽车企业和互联网企业合作研发、协同创新的良好局面。无人驾驶相关的法律法规还有待修订和完善，以便为无人驾驶汽车的研发、测试和商业化应用提供制度保障。

第9章

无人驾驶汽车产业化

第1节　面向各种应用场景的特种无人驾驶汽车

随着无人驾驶汽车技术的成熟，无人驾驶客车、无人驾驶矿车、无人驾驶出租车、无人驾驶地铁列车等实用化产品不断出现，并逐步走向量产。目前，由无人驾驶汽车技术演化落地的细分场景重要商业化应用介绍如下。

一　无人驾驶矿车

矿区环境较为封闭，管理操作人员也更容易对车辆设备等进行控制，因此，矿区作业是一个非常符合无人驾驶汽车作业应用的领域。2018年9月，中国兵器工业集团北重集团北方股份172吨无人驾驶电动轮式矿用车在包钢集团进行了测试。据悉，待测试完成并改进完善后，北方股份无人驾驶电动轮式矿用车可实现车辆准确行驶与精准停靠，将横向误差和航向误差限制在厘米级别。同时，结合车辆协同运作平台，可实现无人驾驶车队协同运转，一车感知，数据共享，全局可知，实现矿区作业高效、安全。无人驾驶矿车如图9-1所示。

图9-1　无人驾驶矿车

二　无人驾驶货车

无人驾驶货车的研发与应用近年来取得了重大进展。某些公司正在进行无人驾驶货车试验，将先后进行无人驾驶货车对采矿作业领域路段的测试和港口货柜车和长途干线牵引车的测试。无人驾驶货车可广泛应用到工程领域，如建筑、铁路、能源等，可起到取代危险作业、重复作业的作用，缓解人力资源紧张现状。无人驾驶货车如图9-2所示。

图9-2　无人驾驶货车

三 无人驾驶电动客车

无人驾驶电动客车已研发成功。大型客车与小型车的线性制动、线性转向系统技术路线有所区别，典型的如2018年9月亮相2018世界人工智能大会的无人驾驶电动客车。经统计，2018年9月17日至19日，无人驾驶客车日均接待体验乘客200多人次，最高日体验人次超过500，该款车承担了整个大会期间无人驾驶区应用体验70%以上的乘客接待量。8.3m无人驾驶电动客车上配备摄像头、激光雷达以及毫米波雷达。该款车也是国内首款量产级8m无人驾驶电动客车，能够实现基于多感知系统高度融合的无人驾驶。另外，在园区里运行的无人驾驶巴士也已经开发实现，这种无人巴士没有转向盘、没有驾驶位、没有加速和制动踏板。无人驾驶电动客车如图9-3所示。

图9-3　无人驾驶电动客车

四 无人驾驶地铁列车

无人驾驶技术能使地铁列车整个运行过程实现全自动控制，使车辆按照接近优化的运行曲线运营，达到节能环保的目的。同时，地铁列车不设驾驶员，节省了人力成本。此外，全自动化运营也避免了人为操作失误导致的运营故障。2014年8月，上海轨道交通10号线实现了无人驾驶。2016年6月17日，中国首列无人驾驶地铁列车亮相"2014中国国际轨道交通展"。这辆无人驾驶地铁列车为3节编组，最大载客约1500人，外观与普通地铁相似，不设驾驶室。这种新型地铁列车将不需要司机和乘务人员介入，即可实现列车自动唤醒、自动发车离站、上下坡行驶、到站精准停车、自动开闭车门等操作。2016年12月19日，中国首列无人驾驶地铁线路南港岛线开通。无人驾驶地铁列车如图9-4所示。

图9-4　无人驾驶地铁列车

五 无人驾驶出租车

无人驾驶出租车已经面世并在某些城市开始运营，只要设定目的地，无人驾驶出租车就会根据指定道路行走。一般可以乘载4人再加一个行李舱，以蓄电池为动力，并可以25km/h的速度行驶。目前，韩国、西班牙、日本、美国均有无人驾驶出租车开通运营案例。在国外，由于驾车者年龄渐长，以及加入该行业的人数减少，许多出租车公司都已停业。在农村地区，人们对无人驾驶出租车的希望也很高。因此，未来无人驾驶出租车的市场空间很大。无人驾驶出租车如图9-5所示。

图9-5　无人驾驶出租车

六 无人物流机器人

无人物流机器人的研发和应用包括两大类，一类是运行在仓储场景下的仓储运输机器人，另一类则是运行在运输线路场景下的配送机器人。

仓储智能运输机器人方面，2017年10月，京东物流首个全流程无人仓正式亮相，这是全球首个正式落成并规模化投入使用的全流程无人物流中心，也是全球首个大型绿色无人仓库，房顶全部是太阳能电池板，白天充电，晚上供库房工作。2018年上半年，京东自主研发的飞马仓储智能运输机器人在京东亚洲一号仓库中应用。京东无人仓主要包括收货、存储、订单拣选、包装等作业系统。作为京东智能物流机器人创新的典型，飞马仓储智能运输机器人在仓储物流场景中具备自主"行驶"功能，适用于中、小件仓的入库上架、拣选、合流及搬运场景，通过人机协作减少人员走动，可极大提升拣选效率。飞马由京东集团X事业部美国硅谷与北京的研发团队合力打造，其中以人工智能驱动、无人驾驶技术为核心的美国硅谷研发团队为无人驾驶技术在物流商业化方面的大规模应用进行了深度探索，此前发布的京东L4级别无人驾驶重型载货车就是出自该团队之手。北京的研发团队致力于探索不同物流场景机器人的配合使用，并通过人工智能和大数据对仓储布局进行优化指导，提高仓储效率，引领物流行业的变革与升级。除了飞马仓储智能运输机器人，地狼AGV、天狼穿梭车、分拣机器人、智能叉车、视觉+机械臂、输送分拣等多种产品已得到规模化投用，且在不断进行技术升级与产品迭代。最新一代地狼AGV的搬运质量已经从之前的300kg提升到500kg。而二代天狼机器人相比一代，重量减少一半，体积也更加小巧，除了更加节能环保之外，还使空间存储密度提升约15%，大幅优化智能提升机效能，出入库效率相比一代提升约25%。目前，京东正继续在仓储和物流领域开拓世界最先进的磁悬浮和直驱磁动力技术，推动其在智慧物流层面的应用落地，为智慧城市建设提供技术动力。

首款无人配送机器人由京东在2016年推出（图9-6），2017年该机器人接连在中国人民大学等多所高校开启常态化配送，并在天津生态城亮相，2018年京东宣布配送机器人进入量产时代。2018年6月，20多台京东智能配送机器人在北京市海淀区正式上路，调度平台发出命令，首批载有618订单的配送机器人出发，这是全球首次全场景常态化配送运营。

图9-6 京东无人配送机器人

七 飞行汽车

飞行汽车是指能在空中飞行或在陆地上行驶（能从陆地汽车变身为飞机）的装备。飞行汽车采用环保节油的陆空两用发动机，这种发动机使用普通车用无铅汽油，一般的路边加油站就有出售。不仅如此，该车的内部操控系统同样也是陆空两用。在地面上，身形修长的飞行汽车如同豪华乘用车一样舒适，且比普通汽车更加灵巧，因为其获得设计专利的平衡系统保证了它的灵巧度；在空中，因为飞行高度低于商业航班的飞行高度，飞行汽车的驾驶者不必向有关部门提前递交飞行报告（国外很多国家放开了空中管制，例如在美国，3000m以下的空中管制较少，西欧一些国家在2000m、1500m以下也是如此）。飞行汽车的可折叠旋翼，能够保证驾驶和着陆的安全性。与普通直升机不同，飞行汽车的叶轮在空中只需空气动力即可旋转。即使发动机在空中出现故障，顶部的叶轮也可继续旋转，使飞行汽车平稳降落而非突然下坠。该车配备的卫星定位系统（GPS）、雷达、电子计算机自控系统以及卫星控制技术等，也能最大限度保证其在空中的安全性。

随着无人驾驶逐渐走入现实，飞行汽车也成为汽车业密切关注的下一代交通方式。飞行汽车既能在地面上行驶，又能在短时间内变形在空中飞行，是一种陆空两用交通工具。跟无人驾驶相比，飞行汽车看起来过于天马行空，但鲜为人知的是，历史上关于飞行汽车的记载最早可以追溯到1841年，由William Samuel Henson和John Stringfellow兄弟发明的"The Henson Aerial Steam Carriage"，这甚至比莱特兄弟发明飞机更早。1843年广告中出现The Henson Aerial Steam Carriage假想图（图9-7）。

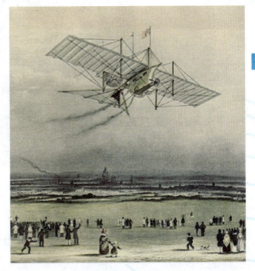

图9-7　1843年广告中出现的The Henson Aerial Steam Carriage假想图

在之后将近200年的时间里，从纸上草图到成功起飞，再到上市销售，人类没有停止过对飞行汽车的探索，但始终没有跨越的是"量产"这道鸿沟。即使是到了现代，波音公司曾经在1990年推出空中通勤车概念车（Sky Commuter Concept Car）（图9-8），目前为止也没有成功推向市场。

世界首辆飞行汽车（图9-9）于2009年3月初在美国实现了首飞，降落后只需按一个按钮就可将机翼折叠，驶上高速公路。2010年7月6日，美国terrafugia公司制造的陆空两用变形车，被美国航空主管部门允许投入商业性生产。斯洛伐克工程师兼设计师斯特凡·克莱因在飞行梦的激励下，设计制造出在飞行模式下最高时速可达200km，地面极限时速为160km；加满油后空中飞行距离为700km，地面行驶距离为500km的飞行汽车。飞行汽车的典型产品研发案例有：Arrowbile、Airphibian、ConvAirCar、Aerocar、Avrocar、折叠AirCar、X-Hawk、折叠PAL-V。

图 9-8　波音公司耗费 600 万美元打造的空中通勤车概念车

图 9-9　世界首辆飞行汽车

2018年3月6日，荷兰公司PAL-V推出了其最终量产版飞行汽车，并开始在其公司网站上接受预订，将在2019年上市，售价约60万美元。"飞车"由碳纤维、钛和铝制成，重达680kg，起飞时需要165m跑道，着陆时只需30m。在陆地上驾驶，"飞车"最高行驶速度可达160km/h，最高飞行速度可达180km/h。该飞行汽车最高飞行高度约为3352m，最远飞行距离约为563km。

西安美联航空飞行汽车如图9-10所示。

飞行汽车的头部为扁圆弧形，头部两侧装有LED灯，顶部和尾部装有旋翼，底盘安装有4个车轮，室内可容纳两人乘坐。飞行汽车采用的转向盘和座椅均与F1赛车一模一样，制作座椅的材料是玻璃钢材质。飞行汽车的外部材料采用的是碳纤维和高强度钛合金。整个飞行汽车的质量是450kg，旋翼长度为8.4m，行车模式时的长度、宽度、高度分别为4.6m、2.0m、1.46m。其最大起飞重量为600kg，巡航最大速度能达到180km/h，两轮驱动，行车速度为120 km/h。它装有一个70L的油箱，使用普通97号有铅或无铅汽油，可飞行3~4h。

图 9-10 西安美联航空飞行汽车

飞行汽车被中国熟知，很大程度上归功于浙江吉利控股集团有限公司2017年11月全资收购美国太力（Terrafugia）飞行汽车公司。Terrafugia由5个美国麻省理工学院的毕业生于2006年创立。2009年，他们发布了第一款飞行汽车Transition，这是首辆获得美国上路许可的飞行汽车，3年后Transition推出了迭代版本。太力飞行汽车预计2018年10月开始第一代产品Transition的预订工作，预售价约为19万美元，主要针对美国市场，首批量产车将于2019年问世。吉利太力飞行汽车如图9-11所示。

图 9-11 吉利太力飞行汽车

中国现在已经是全球创新最为活跃、新兴技术应用最快的国家之一，随着吉利飞行汽车的量产，必然会带动整个产业链的发展，促进汽车业与航空业的融合，也有望迎来新一波的创新浪潮。

很多科技公司与汽车公司都已经开展了对飞行汽车的布局：

（1）腾讯参与了德国飞行汽车公司Lilium 9000万美元B轮融资。

（2）谷歌联合创始人拉里·佩奇出资约1亿美元，投资Zee.Aero和KittyHawk两家飞行汽车创业公司。

（3）丰田汽车旗下飞行汽车业务商标名为SkyDrive，丰田希望SkyDrive汽车能够在2020年举行的东京奥运会上首次亮相并在奥林匹克体育场点燃圣火。

（4）波音兼并极光飞行科学公司，对飞行出租车投入重注。

（5）优步与极光公司正在研发先进的垂直起落飞机并打造未来的城市空中交通网络，将在未来5到10年内推出自动飞行出租车。优步甚至正在研发一款空航版的叫车软件Uber AIR，这款App预计将在2020年启用。

（6）保时捷也证实正在考虑开发飞行汽车，打入飞行出租车市场。该车大多数功能为自动化，车主可以在没有飞行员执照的情况下使用这辆车。

（7）荷兰飞行器制造公司PAL-V International B.V.在2018年日内瓦汽车展上正式发布了PAL-V Liberty飞行汽车的量产版，预计2019年正式交付。

飞行汽车被提出将近200年之后，人类才解决了飞行汽车的量产问题。由于飞行汽车既要在天空飞行，又要像普通汽车一样在陆地行走，甚至能停进车库，所以飞行汽车首先需要考虑的就是飞行汽车如何在两种不同形态间切换，并满足安全性、易用性、低噪声、轻量化等技术要求，其次飞行汽车需要考虑成本控制与规模量产问题，最后飞行汽车还要符合政府相关法律法规监管。

第2节　无人驾驶汽车测试场设计

一 行业分析

2015年，工信部发布了《关于印发贯彻落实〈国务院关于积极推进"互联网＋"行动的指导意见〉行动计划（2015—2018年）的通知》，明确了车联网未来的发展方向与领域，这意味着车联网经过多年的酝酿之后，将迎来一个全新的发展5年黄金期。

无人驾驶测试场是重现无人驾驶汽车使用中遇到的各种各样道路条件和使用条件的测试场地，用于验证和试验无人驾驶汽车的软件算法的正确性。试验道路是实际存在的各种各样的道路（经过集中、浓缩、不失真的强化并典型化的道路），包括高速公路、城市道路、乡村道路等正常路面，及可造成汽车强烈颠簸的坏路等。此外，测试场还要布局GPS基站、通信基站、智能红绿灯等基础设施，提供无人驾驶和车联网技术的测试环境。汽车在试验场试验比在实验室或一般行驶条件下的试验更严格、科学、迅速、实际。

二 全球无人驾驶汽车测试场发展现状

目前，世界各国都积极投入和支持无人驾驶技术，美国、欧洲、日本等发达国家及地区更是斥巨资建设无人驾驶测试场，推动无人驾驶汽车尽早上路。

目前，世界上已经建立多个相关测试基地与测试道路，例如美国的Mcity、欧洲的ITS走廊等。各国都力求在保证安全的前提下，丰富无人驾驶汽车的测试场景，提升智能网联汽车的研发速度。

1. 世界上第一座专业无人驾驶汽车测试场Mcity

在无人驾驶汽车测试场的建设方面，美国走在世界前列。由密歇根大学主导、密歇根州交通部门支持的无人驾驶虚拟之城Mcity位于密歇根州的安娜堡市，占地12.9万m^2，由密歇根大学和密歇根州交通部共同出资1000万美元，是世界上第一座专为测试无人驾驶汽车及V2V/V2I车联网技术打造、经过环境变量控制设计的模拟小镇。

Mcity中有两车道、三车道和四车道公路，还有交叉路口、交通信号灯以及指示牌，人行道上有长凳和街灯将公路和建筑隔离开来。从外表上看，这里就像是一个精心打造的好莱坞外景地。Mcity主要由2013年成立的密歇根大学交通改造研究中心设计，目前参与该项目的汽车企业包括福特、通用、本田、日产、丰田等。

虽然密歇根州早在2013年便允许无人驾驶汽车进行公路测试，但出于安全方面的考虑仍然建设了Mcity。密歇根大学交通改造研究中心工作人员表示，这主要是考虑到要在无人驾驶技术足够可靠之前，将其放置在一个相对封闭的模拟环境中进行测试，以最大限度地降低因不可避免事故造成的人员伤亡。

2. 美国弗吉尼亚无人驾驶汽车测试专用道路

美国弗吉尼亚州计划在北部地区划出一条112km长的公路，用于测试无人驾驶汽车，这条道路被称为"弗吉尼亚自动驾驶走廊"，任何计划在弗吉尼亚州进行测试的无人驾驶汽车都必须首先在这条智能道路上进行测试。

该项目由弗吉尼亚科技交通学院负责，学院主管麦拉·布兰科（Myra Blanco）表示，相比其他允许测试无人驾驶汽车的州，弗吉尼亚会提供更大便利。一方面，弗吉尼亚科技交通学院将向测试车辆提供车牌和保险，而弗吉尼亚州交通部将负责道路的养护，特别是让交通线清晰可见。另一方面，HERE地图将为测试道路开发3D地图技术，为无人驾驶汽车提供实时道路信息，让汽车能识别交通线的位置以及道路方向。

无人驾驶汽车测试阶段的安全问题是美国各州关注的焦点。现在，加利福尼亚和佛罗里达等州都允许测试无人驾驶汽车。汽车通过测试后，在真正上路测试时还要有驾驶人在车上，以防出现故障和意外情况。

3. 加拿大安大略省对无人驾驶汽车测试开放所有道路

相对于其他国家为无人驾驶汽车单独建设测试场与测试道路不同，加拿大则直接将一个省的道路用作无人驾驶研究测试。加拿大安大略省表示，由于无人驾驶及与高科技相衔接的汽车技术可以提升燃油的经济性，并缓解交通拥堵、减少温室气体的排放、提升车辆行驶的安全性，安大略省将成为加拿大首个允许无人驾驶技术测试的省份。而奔驰、谷歌以及特斯拉等公司预计很快将在这里开启无人驾驶技术试验。

对于安全，安大略省方面表示，无人驾驶汽车试验项目推行期间，他们将确保省内道路如常维持安全。不过，虽然无人驾驶的车辆可以在任何时间内在安大略省的任何路段行驶，但项目参加方却仅限于汽车生产厂家、技术公司、学术研究组织以及涉及无人驾驶技术的零部件公司。而且,无人驾驶汽车需要有一位拥有驾驶执照的驾驶人在车内把关,相关公司还需要预先投保至少500万美元。

现阶段世界领先的无人驾驶测试场案例如下。

1.美国无人驾驶示范区

美国无人驾驶示范区分为两大竞争阵营,东部的底特律Motor City(位于密歇根州)和西部的硅谷Silicon Valley(位于加利福尼亚州),分别有两个汽车测试示范区。

除了Mcity(世界上第一座为测试无人驾驶汽车、V2V/V2I车联网技术而打造的无人驾驶试验区),密歇根大学还参与了一个项目:在16.1km外的伊普斯兰提小镇建设一个更复杂的测试场,这个测试场的名称为"American Center for Mobility",占地1.4km^2,它拥有很长的历史,二战时期,此处的工厂用来生产轰炸机。基地有供测试使用的高速路,里面还会配备各种复杂的十字路口、三层立交桥以及越野路面,路面上还有天然的坑洞。American Center for Mobility测试基地全景图如图9-12所示。

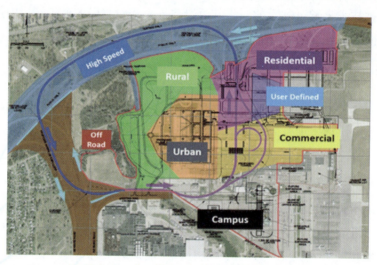

图9-12 American Center for Mobility 测试基地全景图

GoMentum Station位于旧金山硅谷以北64.3km的康科德海军武器站内,是一座废弃的海军基地,占地8.5km^2。基地已经铺好32.2km的公路和街道,其中立交桥、隧道、铁路等城市基础设施一应俱全,还有一堆兵营和大楼,环境类似于城区,是一个理想的无人驾驶汽车测试地。其"得天独厚"的地理环境使得苹果、谷歌等互联网公司,以及大众和日产等汽车厂商的本地研发部门都对它感兴趣。GoMentum Station卫星图如图9-13所示。

2014年,谷歌租用加利福尼亚Castle空军基地内约0.2km^{2}土地(现0.07km^{2}左右)用来测试它的无人驾驶汽车(Self Driving Cars,SDC)并培训无人驾驶汽车驾驶人。封闭试验场内部有类似于郊区和城市街区的街道、支路和公路延伸,同时还有模拟工作的交通信号灯灯、停止符和交通环岛,甚至还有雨天模拟器。测试现场有53辆无人驾驶汽车。Castle全貌如图9-14所示。

图 9-13　GoMentum Station 卫星图

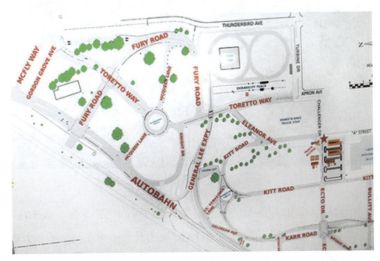

图 9-14　Castle 全貌

2.瑞典 AstaZero测试场

瑞典的AstaZero测试场最早，它位于瑞典西南部的布罗斯，这座小城位于瑞典第二大城市哥德堡以东56km，人口仅有10万。AstaZero测试场于2011年开始设计，2012年动工，2013年移入设备，2014年8月21日正式开放。AstaZero测试场总投资仅5亿瑞典克朗，大约折合4亿人民币，这是因为瑞典土地价格非常便宜，而国内同样类型的测试场投资在10亿人民币以上。

AstaZero测试场的首要任务是测试防止事故发生的主动安全系统，测试场拥有拥挤的城市道路、高速公路、多车道并行路况、环岛以及交叉路口，而这些都对研究车与车，以及车与其他交通参与者（行人、自行车、电动自行车、摩托车、突然出现的动物等移动障碍物）的相互影响至关重要。AstaZero测试场的另外一项重要功能是成为未来安全技术的研发平台。在这里，通过与大学以及行业机构的合作，致力于研究如何使世界交通实现零死亡。AstaZero测试场全景图如图9-15所示。

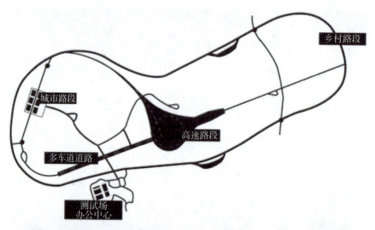

图 9-15 AstaZero 测试场全景图

该测试场占地面积约200万m^2，总建筑面积25万m^2。四周有一条5.7km长的乡村道路，设置4个（40×25）m的活动模块用以模拟城市环境；同时还有一个直径为240m的环形高速测试区，通过减速带与另一条700多m长的多车道道路相连。测试场可以全景模拟城市、乡村、高速路等多种路段，并且可以供无人驾驶汽车和机器人进行测试实验。AstaZero测试场实景图如图9-16所示。

图 9-16 AstaZero 测试场实景图

3.新加坡维壹科技城

2014年8月,新加坡成立了无人驾驶汽车动议委员会,用于监管无人驾驶汽车的研究和测试,并提出在维壹科技城中进行无人驾驶试验,试验由新加坡的土地与交通部门主导,这也是新加坡首个被允许在公共道路测试的试验区。新加坡作为亚洲地区为数不多的参与汽车无人驾驶研究的国家,其与麻省理工学院联合成立的研究组织早已在研究无人驾驶的可能性。

三 中国无人驾驶汽车测试场发展现状

关于当前无人驾驶测试基地的建设现状,国内有众多智能汽车、智慧交通应用示范区,包括上海国家智能网联汽车试点示范区、重庆智能汽车、智慧交通测试评价及试验示范区、北京通州国家营运车辆自动驾驶与车路协同测试基地和常熟中国智能汽车综合技术研发测试中心。

我国经工信部批准的智能互联示范区覆盖上海、浙江、北京、重庆。

2016年6月7日,由工信部批准的国内首个"国家智能网联汽车(上海)试点示范区"(图9-17)封闭测试区正式开园运营。该示范区由上海国际汽车城(集团)有限公司承担建设,名为"A NICE CITY"。封闭测试区立足服务测试及演示智能汽车、网联通信两大类关键技术,涵盖V2X多种通信场景,以及安全、效率、信息、新能源汽车等四大类技术应用。上海国际汽车城相关负责人介绍,示范区从2015年到2017年底,分三期工程进行建设和运营,三期示范面积分别为5km^2、27 km^{2}和90 km^2,一期示范仅有约200辆车运行,到三期计划有1万辆车加入示范。

图9-17 国家智能网联汽车(上海)试点示范区

当日开园的封闭测试区(一期)位于上海市嘉定区伊宁路,可用于测试的道路长度达3.6km,测试区内建设了1座GPS差分基站、2座LTE-V通讯基站、16套DSRC、4套

LTE-V路测单元、6个智能红绿灯和40个各类摄像头,整个园区道路实现了北斗系统的厘米级定位和Wi-Fi的全覆盖,完成了隧道、林荫道、加油/充电站、地下停车场、十字路口、丁字路口、圆形环岛等模拟交通场景,可以为无人驾驶、自动驾驶和V2X网联汽车提供29种场景的测试验证。

基地内还将模拟雨、雾、冰、涉水、白天、夜晚和人工照明等各类自然环境,以及行人、非机动车和干扰车辆,为测评构建接近真实的交通场景。在测试维度上,上海无人驾驶示范区会兼顾安全、效率、交通、信息服务类、移动服务等试验项目,以保证无人驾驶车未来在上路行驶时,已经经过了各个方面的演练。

2015年9月11日,工业和信息化部与浙江省人民政府签署《工业和信息化部浙江省人民政府关于基于宽带移动互联网的智能汽车、智慧交通应用示范合作框架协议》。浙江省将以杭州市云栖小镇和桐乡市乌镇为核心区域,建立一个集智能汽车、智慧交通、宽带移动互联网于一体的试验验证示范区。2016年1月,工信部又先后与北京、河北和重庆签订基于宽带移动互联网的智能汽车与智慧交通应用示范合作框架协议。同时地方政府合作的示范区项目多地开花,武汉、深圳拟建"无人驾驶"小镇,辽宁盘锦与北汽合作智能商用车项目。

综上所述,目前国内外投入使用的知名无人驾驶测试场均包含高速公路、城市道路、乡村道路等多种道路类型,部分测试场提供雨、雾等不同天气情况模拟,测试范围除最重要的无人驾驶技术外,还涉及V2X等车联网技术。目前多数测试场处于工程建设初期阶段,均已制定好了后期发展规划。

无人驾驶测试场发展的首要阶段是尽可能提供完善的测试设施,在无人驾驶汽车的新技术和安全性能通过验证之后,才能在公众道路上推进,万物互联是未来的发展方向,但网联的前提是让出行更安全。第二阶段,以无人驾驶测试场为平台,联合多方企业、政府、个人进行融合协作的方式(其中包括技术与研发合作、合资合作、收购等多种形式的合作),将使得无人驾驶测试场商业价值最大化。

四 市场分析

车联网目前是全球最热门的新兴产业之一,其最重要的应用领域就是智能汽车与智慧交通。目前,国内车联网产业还处在发展初期,市场规模较小,2018年,中国车联网市场规模达到2000亿元,占全球份额的60%左右。

《中国无人驾驶汽车行业市场发展分析及2016—2020年投资趋势研究报告》显示,目前,全球无人驾驶技术的市场规模约为1.29万亿美元。到2020年我国市场无人泛智能驾驶的市场空间有望达到2300亿元。

国外的谷歌、丰田、本田、日产、戴姆勒、通用、福特、沃尔沃、宝马等全球知名互联网企业和汽车制造商都在研发无人驾驶技术。作为汽车未来发展战略之一,国外车企巨头早已经对国内车联网市场虎视眈眈。凭借着技术优势,国外车企在传统汽车上纷纷运用了无人驾驶的部分辅助功能，例如自动泊车、自动跟随、自动制动等。

国内主要车企在自动驾驶领域基本都已定下了目标。简况如下：

一汽：将于2019年小批量生产红旗L4级自动驾驶汽车，2020年全面量产。

广汽：将于2020年初量产L3级自动驾驶车，成为国内第一家真正推出自动驾驶车辆的车企；2022年达到L4级量产能力。

北汽：预计于2020年实现拥堵情况下的L3级自动驾驶功能；L4级的有限制条件路况自动驾驶要等到2025年或更晚。

长城：将于2020年量产L3级自动驾驶商品车；2023年计划量产L4级商品车；2025年推出达到L5级自动驾驶商品车。

长安：预计于2020年量产L3级自动驾驶汽车；2025年实现量产L4级自动驾驶汽车。

奇瑞：争取于2020年实现L3级自动驾驶汽车量产；2025年计划实现L4/L5级或完全层面的自动驾驶。

吉利：2019年实现L2级各车型量产；2020年发布L3级（GPILOT3.0）平台。

江淮：2019年完成L3级别研发。

蔚来：2020年发布L4级自动驾驶车型。

拜腾：2020年后实现L4级自动驾驶。

车和家：2019年完成L4级自动驾驶样车；2023—2025年实现量产。

小鹏：2018年底、2019年初，大批量交付搭载L3级系统车辆。

奇点：2019年实现L3级自动驾驶。

零跑：2020年前软件升级至L3级自动驾驶。

互联网企业在自动驾驶领域也早有布局。百度与交通运输部公路科学研究院达成合作，双方将在智能驾驶、交通安全、车路协同、政策法规研究、技术标准化等方面共同开展工作，推进无人驾驶汽车行业在中国的发展。上汽集团和阿里牵手，国内巨头加速布局互联网汽车行业。谷歌、特斯拉、宝马、奥迪及印度马恒达等知名厂商均宣布了无人驾驶汽车的研发项目。

五 典型案例

1.上海安亭镇无人驾驶示范区（图9-18）

上海安亭镇无人驾驶示范区，面积达90km²，这里将开展智能网联汽车总体测试和智慧交通示范。在封闭测试区，一期将形成29个功能测试场景，三年内将形成近百个测试试验场景，在总计20km路段上开展车路协同应用试点，逐步在开放道路上探索实现车-车通信预警、公交优先、自动泊车等示范应用，并结合智慧照明改造开展相关应用。这些相关测试将带动车载芯片、车载软件、汽车零部件、整车一体化等产业链，从而加快上海汽车电子产业朝高端发展。

图 9-18　上海安亭镇无人驾驶示范区（右下方矩形区域为无人驾驶示范区）

首批进入园区的合作单位涉及整车制造的有上汽、沃尔沃、通用、福特、长安等，涉及芯片设计的有华为，涉及智能交通的有上电科，涉及导航系统的有北斗、航天802所，另外还有清华、同济等高校。园区将在汽车城核心区安驰路、汽车创新港等区域新增部分场景，并在汽车博览公园一期7个场景的基础上开始二期示范，实现15~20个场景体验。在汽车城核心区形成1000辆以上的多种车型智能网联汽车示范规模，实现信息提示、安全预警与控制、绿色节能等智能网联化应用，推动车联网、位置网和道路交通网三网融合，提升行车安全性，提高道路通行能力。

道路乱停车，一直是造成道路拥堵的原因之一。治理乱停车，需要疏堵结合，既要严查，又要让百姓方便找到停车位。目前，上海已有"上海停车"APP，但这主要针对场库停车信息的大数据整理，路边停车位的动态信息还不精确。据市经信委透露，目前正联合市交通委在中心路段推进智能道路停车应用试点，相关信息成熟后将争取纳入"上海停车"APP中。使用了新系统后，不仅可以动态获悉路边停车位实时动态信息，还能尝试通过微信、支付宝等网络手段支付，减少人工现金支付。不仅停车收费电子化，方便市民出行，还能使管理智能化。将人、车、位三者信息绑定后，如果有车辆占了两个车位，协管员将实时知晓，及时指导车辆停好位置，减少扯皮现象。

2. 北京"基于宽带移动互联网的智能汽车与智慧交通示范应用"示范区

2016年1月，工信部、北京市人民政府、河北省人民政府就"基于宽带移动互联网的智能汽车与智慧交通示范应用"签署了部省合作框架协议，千方科技、乐视、百度、北汽新能源、亦庄国投、北京航空航天大学等发起单位共同签署《北京智能汽车与智慧交通产业联合创新中心发起人合作协议书》，成立北京智能汽车与智慧交通产业联合创新中心，亦庄开发区则成为智能汽车与智慧交通示范区。

目前，百度公司已经在亦庄辖区范围内开展了无人驾驶测试工作，运行情况良好。北京的应用示范方向包括绿色用车、智慧路网、智能驾驶、便捷停车、快乐车生活、智慧管理等。示范区的最大特点是智能汽车与智慧交通同步进行。示范区封闭试验场选址已基本确定，总占地面积91.4万m^2，试验场建设工作正在紧张推进中。

第3节　无人驾驶特色小镇设计

一、战略定位

项目的战略定位为打造中国首个无人驾驶汽车及智能网联驾驶特色小镇（简称"无人驾驶特色小镇"），在小镇中植入无人驾驶汽车产业生态圈和智慧社区。无人驾驶汽车产业生态圈包括：智能汽车、机器人与人工智能、智慧交通、智慧能源、新一代信息技术5大产业集群。项目应做到如下几点。

1. 全球示范

打造全球首个服务于智慧城市的无人驾驶汽车及智能网联驾驶测试区。

2. 全国示范

（1）打造中国首个无人驾驶汽车及智能网联驾驶特色小镇。

（2）国家分级分类新型智慧城市—智慧交通类开发区级试点示范。

（3）打造绿色生态文明标准化示范基地。

目前在全球还没有这样一个完善的产业生态。希望以本项目无人驾驶社会实验室为内核，把全球分散的产业生态在这个小镇里做一个聚合，让相关的生产、研发、销售机构能够快速地找到合作伙伴，迅速地把无人驾驶汽车、智能网联驾驶技术、智慧交通技术开发出来，形成可供借鉴的先进商业模式，向全国乃至世界输出。

二、技术方案

1. 平台构成

无人驾驶汽车社会实验室平台主要由封闭场地、公共小区、社会场景和未来城市4个部分组成（图9-19）。

封闭场地：指封闭式的无人驾驶汽车技术的测试场，该测试场规划占地面积约200万m^2，总建筑面积25万m^2。四周有一条5.7km长的乡村道路，设置4个（40×25）m的活动模块用以模拟城市环境；同时还有一个直径为240m的环形高速测试区，通过减速带与另一条700多m长的多车道道

图9-19　无人驾驶汽车社会实验室平台组成

路相连。

公共小区：指城市和郊区环境，主要包括居民社区、道路、林荫道、加油站和花园等，社会实验室将建造40栋大楼的正面外观、成直角的十字路口、交通圈、砾石道路以及建筑护栏和大量道路障碍物等。

社会场景：包括社会、城市居民现实存在的体验场景，如嬉戏打闹的街道儿童、接送乘客的公交车站、学校、医院、商场和停车场等。

未来城市：主要包括智慧医疗系统、智能交通系统、智能环境管理和开放互联网应用和智能汽车产业聚集区等。无人驾驶汽车社会实验室平台预期效果图如图9-20所示。

图 9-20 无人驾驶汽车社会实验室平台预期效果图

2. 空间布局

本测试场项目建设规模：总体规划面积约56km²。国家级经济技术开发区测试场实景图如图9-21所示。

图 9-21 国家级经济技术开发区测试场实景图

1）规划范围

规划适用范围：东至大盘浅滩、南至工业路、西至山体、北至招商大道，总规划面积16.51km²。

2）规划规模

（1）人口规模：本规划居住人口约为16.3万人，不含厦门大学漳州校区师生（3.0

万人）和双鱼岛（2.0万人）。

（2）用地规模：规划总用地约16.51km²，其中城市建设用地14.42km²，水域及其他用地2.08km²。

3）用地布局

（1）居住用地：规划居住用地5.85km²，占规划建设用地的35.41%。

（2）公共设施用地：规划公共设施用地3.69km²，占规划建设用地的22.39%。

（3）市政公用设施用地：规划市政公用设施用地合计0.25km²，占规划建设用地的1.49%。

（4）绿地：规划绿地总面积2.57km²，占规划建设用地的15.59%，其中公共绿地1.52km²。

国家级经济技术开发区用地布局如图9-22所示，在此基础上考虑无人驾驶测试如何融入市民生活。

图9-22　国家级经济技术开发区用地布局

4）道路交通规划

规划道路广场用地1.78km²，占规划建设用地10.77%。其中道路用地1.72 km²，广场用地0.06km²。本区道路系统根据城市道路划分标准分为三级：主干路、次干路、支路，规划交通设施主要包括社会停车场、广场等交通设施。

国家级经济技术开发区道路交通图如图9-23所示，在此基础上考虑如何布局无人驾驶测试场车道。

3. 功能和设施规划

1）功能描述

无人驾驶汽车社会实验室是一个人、车、路和环境即时交互的智能生态系统，可以同时实现多辆汽车、多种场景测试，包括：城市道路、高速公路、乡村道路、信号灯、气候、隧道、高架桥、路口通行等。

图 9-23 国家级经济技术开发区道路交通图

2）场景设计分布

用于模拟高速公路环境的高速实验区域：该区域包含四车道公路，以及交叉路口、交通信号灯以及道路交通标志、标线，同时配备各种复杂的十字路口、三层立交桥、匝道以及收费站，路面材料有水泥路面和沥青路面两种，路面上有天然的坑洞。

用于模拟市区和近郊的低速实验区域：低速试验区包含两车道、三车道道路，还有平面交叉路口、立体交叉路口、交通信号灯以及道路交通标志、标线。路面有沥青路面、土路面、砖路面、树叶覆盖路面等。该区域实验室有类似于郊区和城市街区的街道、支路和公路延伸。

低速实验区域道路场景中主要包含以下组成元素：无人驾驶汽车、错综复杂的地形、可以改变位置的建筑正面模型、无线道路设备、固定位置的机械行人和自行车、道路标志、信号和交通控制设备、一系列的道路障碍物等，还包括汽车在城市和郊区可能遇到的问题，例如路牌污损、车道标记褪色等。

3）设施设备

无人驾驶汽车社会实验室中，路面、路灯以及红绿灯等设施配备Wi-Fi和传感器，整个园区道路实现北斗系统的厘米级定位和Wi-Fi的全覆盖。道路测试区内建设1座GPS差分基站、2座LTE-V通讯基站、16套DSRC、4套LTE-V路测单元、6个智能红绿灯和40个各类摄像头。

4）建筑规划与建设

无人驾驶汽车社会实验室建设工程分为三期。

一期完成封闭测试场地建设：建成高速公路、隧道、加油站、充电站、十字路口、丁字路口、圆形环岛、立交桥等多种模拟交通场景，该期工程建好后能够实现在$5km^2$范围内布局200辆左右测试车辆和15km封闭道路，模拟无人驾驶汽车在"高速城市乡村"的试跑状况，为智能网联及无人驾驶等技术应用进入城市综合示范区打下基础。

二期完成公共小区和社会场景的构建：社会实验室将建造40栋大楼的正面外观，包括学校、医院、商场等。公共小区规划建设花园、林荫道、停车场、砾石道路和交通障碍物等。城市道路路网中完成快速路、主干路、次干路和支路的建设工程，进一步完成社会场景的构建，如接送乘客的公交车站和加油站等。该期工程建设完成后，希望能够实现无人驾驶汽车的道路开放性测试。

三期完成无人驾驶汽车社会实验室综合示范区建设：以封闭测试区域和公共小区建设为核心，进一步拓展建设，社会实验室面积进一步扩大，并将新能源车和路面无线充电纳入三期建设工程，新增智慧医疗系统、智能交通系统、智能环境管理和开放互联网应用和智能汽车产业聚集区建设等，打造无人驾驶汽车社会实验室综合示范区。

4. 测试内容、测试方法及标准建设规划

测试内容及测试方法如下。

无人驾驶汽车在社会实验室的主要测试内容是对道路对象、交通标识对象、车辆对象、行人对象等开展封闭测试和局部路网开放测试，测试能力主要包括基本认知能力、高级认知能力和综合认知能力。

（1）基本认知能力测试项目：主要是对交通信号、行驶灯信号、笛声等视听觉信息的认知能力测试，根据难易程度的不同分为被测试车辆处于静止状态时，识别标准的视听觉信息和识别模糊的视听觉信息两种。

①识别标准的信息，要求无人驾驶汽车输出代表相应视听觉信息的图像、文字、符号或声音，主要考察指标为正确识别视听觉信息的个数以及识别所需时间。标准的视听觉信息包括交通信号（交通标志、交通标线、交通信号灯和交通警察指挥）、行车灯信息、笛声。交通信号主要是符合国家标准的交通信息。行车灯信息主要指车辆在参与交通过程中使用的灯光，例如转向灯、前照灯、制动灯等。笛声主要指车辆在参与交通过程中喇叭或特种车辆上的警报器发出的声音，例如警车、消防车、救护车的警报等。

②识别模糊的信息，主要包括以下3种：一是对不标准的视听觉信息的认知，例如标准视听觉信息受到阴影、污损、遮挡、倾斜、褪色、光照、变形等干扰因素影响时；二是在具有特征绑定的条件下对相应视听觉信息目标的提取和认知；三是在多元信息条件下所需视听觉信息目标的提取和认知，要求无人驾驶汽车输出代表相应视听觉信息的图像、文字、符号或声音。

（2）高级认知能力测试项目：测试无人驾驶汽车在一定的交通场景中对交通环境和交通行为的认知能力。具体测试可分为两大类：视听觉信息动而无人驾驶汽车不动和视听觉信息不动而无人驾驶汽车动。

视听觉信息动主要指视听觉信息源或目标源远近位置纵向变动较大，而左右位置（即横向）变动相对较小的情况，这与实际道路情况比较相符，车辆距离视听觉信息源总是由远及近（即纵向）变化较大，而受道路宽度和设置位置的限制，横向变化相对较小。无人驾驶汽车动是指无人驾驶汽车处于行驶状态。

这里的交通场景包括交叉口、环岛、城市快速匝道、泊车区域、隧道、立交桥、高架桥、急转弯道路、上下坡路、具有横向倾斜角度的道路等；具体的交通现象包括转向、变道、超车、会车、倒车、掉头、泊车、交叉路口通行、铁道口通行、立交桥和铁路桥桥底通行、紧急制动、行人避让、货物散落、道路上静止障碍物等。

（3）综合认知能力测试项目：主要测试无人驾驶汽车对交通场景的综合认知能力以及自主驾驶和智能导航的能力。此项测试主要分为面向城市道路环境、城际公路环境、乡村道路环境以及三者结合的道路环境，在一定长的距离内，无人驾驶汽车需要识别障碍物、交通信号、行驶灯信息、笛声、交通基础设施和交通现象等，并按照要求完成自主驾驶和智能导航，主要的考查指标为识别视听觉信息的个数以及识别所需时间、指定任务的完成情况（包括认知目标、速度、位置、时间、行为）等。

三 商业模式

形成以智能汽车产业小镇为载体，以产业母基金为纽带，以系列专项子基金为基础的战略布局，快速构建无人驾驶和智能网联驾驶产业链，协同推进技术、资金、人才发展，使之形成紧密连接的多链条，内生创造价值，向外输出价值。

通过产业链、供应链、服务链、价值链、资金链等上下延伸，构筑智能汽车产业集群，引入智慧社区，引发信息消费。引入智能汽车厂家，为汽配企业提供就近配套，带动区域零部件产值，对相关产业产生拉动效应。

无人驾驶汽车社会实验室智能制造产业链、无人驾驶汽车社会实验室智能制造产业链演进模式分别如图9-24和图9-25所示。

四 资源整合能力及盈利来源

1.资源整合

政府：整合工业和信息化部、住房和城乡建设部、国家发展改革委、交通运输部、科技部、中央网信办、民政部、商务部的相关资源。

企业：引入北汽、上汽、比亚迪、大众、长安、福特、通用、本田、日产等国内外知名车企入驻。

高校：引入清华大学、北京大学、北京理工大学、北京工业大学相关学科的优势资源，并可帮助引入美国、德国相关知名高校的资源。

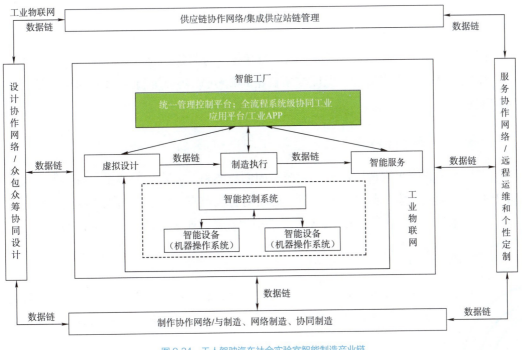

图 9-24　无人驾驶汽车社会实验室智能制造产业链

媒体：引荐新华网、人民网、中国网、人民日报社、中央电视台、中国科技网等媒体资源，对本项目进行跟踪报道、持续宣传。

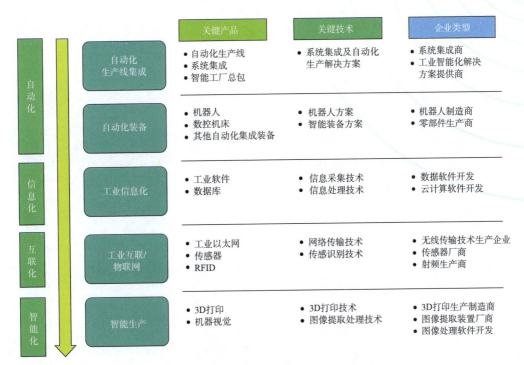

图 9-25　无人驾驶汽车社会实验室智能制造产业链演进模式

2.盈利来源

国家产业基金申请、民间资本引入、自身技术与服务盈利。

按照以上商业模式运行,保证该项目在3年内可以实现盈利,3年后可以创造百亿元/年的价值。

五 测试场对产业导入、产业孵化与产业聚集的作用

在构建新型汽车制造业体系、区域协同创新体系、人才培养体系、政策保障体系等方面开展深入探索。测试场的建成,必将对智能汽车、机器人与人工智能、智慧交通、智慧能源、新一代信息技术5大产业综合体及其产业集聚产生巨大促进作用。

六 敏感性分析与风险防范

本方案可保证开发区、投资人、入区企业的利益得到最大化保障,可从国家政策制定、高端学术资源引入、先进技术引入等各方面综合保障测试场规划的可行性,有效规避风险。

第10章

从无人驾驶汽车走向人工智能城市

第1节 无人驾驶汽车技术催生智慧交通新业态

来自工业和信息化部（以下简称工信部）的数据显示，传统燃油汽车近年来呈现出销量下滑趋势，新能源汽车近年来呈现出销量上升趋势。

2019年1—6月，汽车产销分别完成1213.2万辆和1232.3万辆，同比分别下降13.7%和12.4%。6月，汽车产销分别完成189.5万辆和205.6万辆，同比分别下降17.3%和9.6%。2016—2019年月度汽车销量及同比变化情况如图10-1所示。

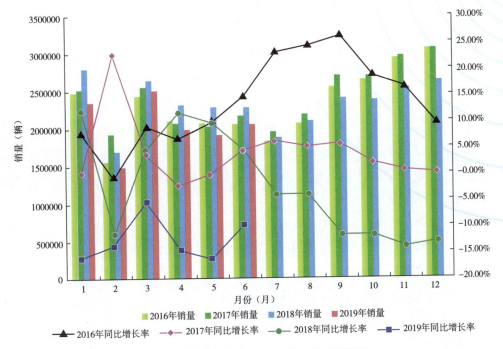

图10-1 2016—2019年月度汽车销量及同比变化情况

资料来源：工信部网站—工信数据。

2019年1—6月，中国品牌乘用车累计销售399.8万辆，同比下降21.7%，占乘用车销售总量的39.5%；其中，轿车销量100.1万辆，同比下降16.2%，市场份额20.2%；SUV销量229.5万辆，同比下降23.3%，市场份额53.4%；MPV销量50.9万辆，同比下降25.9%，市场份额75.9%。2016—2019年月度商用车销量及同比变化情况如图10-2所示。

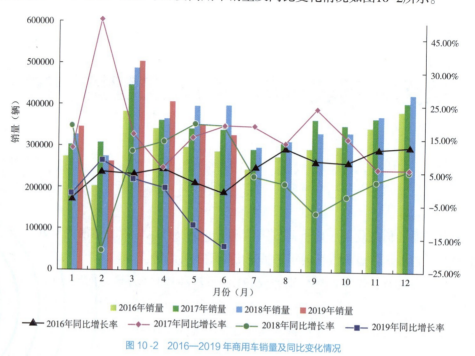

图10-2 2016—2019年商用车销量及同比变化情况

资料来源：工信部网站—工信数据。

2019年1—6月，新能源汽车产销分别完成61.4万辆和61.7万辆，同比分别增长48.5%和49.6%。其中，纯电动汽车产销分别完成49.3万辆和49万辆，同比分别增长57.3%和56.6%；插电式混合动力汽车产销分别为11.9万辆和12.6万辆，同比分别增长19.7%和26.4%。2016—2019年月度新能源汽车销量及同比变化情况如图10-3所示。

在汽车行业总体不断变化发展的大背景下，以智能化、网络化为主要特征的无人驾驶汽车产业成为拉动汽车经济增长的强劲动力，自动驾驶技术也将有望成为未来交通行业竞争的制高点。

无人驾驶汽车的发展历程及未来趋势如图10-4所示。

2016—2025年是部分无人驾驶阶段，将实现L4级别的自动驾驶。2025年以后将实现L5级别的完全无人驾驶。

智能网联汽车发展趋势如图10-5所示。

到2025年，在完全无人驾驶技术成熟的前提下，将实现市区无人驾驶及城市车联网、车路协同控制。

由无人驾驶汽车技术带来的无人驾驶技术、汽车电子技术、车联网技术等将引发智慧交通技术与系统的本质性变革，催生出智慧交通新业态。

随着无人驾驶汽车技术的商业化落地及新型智慧城市行动计划的深入执行，无人驾驶汽车与智慧城市的融合发展逐步走向纵深，并不断引领智慧交通行业的发展。无人驾驶汽车企业生态圈基本形成，无人驾驶汽车催生的智慧交通新生态如图10-6所示。

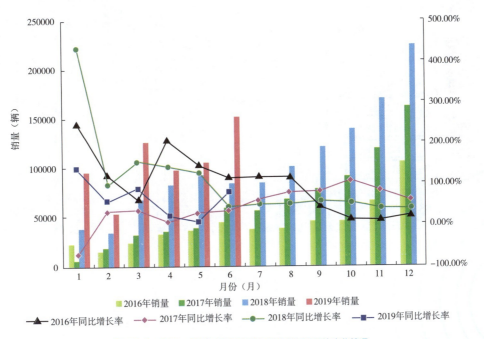

图 10-3 2016—2019 年月度新能源汽车销量及同比变化情况

资料来源：工信部网站—工信数据。

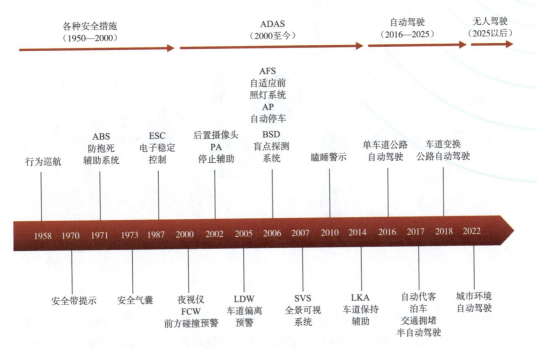

图 10-4 无人驾驶汽车的发展历程与趋势

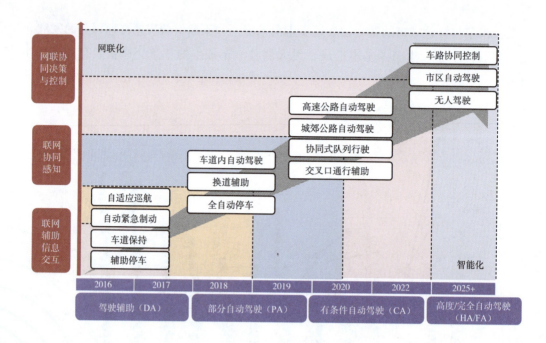

图 10-5 智能网联汽车发展趋势

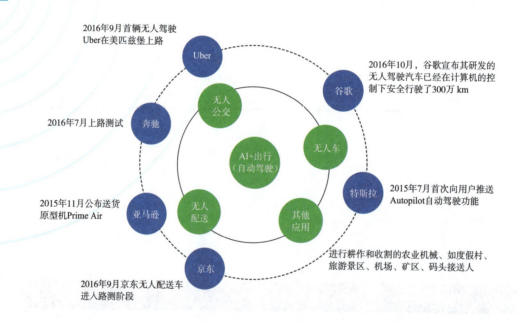

图 10-6 无人驾驶汽车催生的智慧交通新生态

高精地图巨头Here公司的成功模式值得借鉴，Here从最大的地图商已逐步发展为ADAS、云服务、无人驾驶、车联网、交通金融综合服务商。Here的商业模式如图10-7所示。

图 10 -7　Here 的商业模式

基于AI+和5G+的未来智慧交通系统将成为的主流方向，未来智慧交通系统模型要素集合 = {车，路，人，事，信，环，法}，即包含7大最基础的模型要素。其中，"环"指的是交通运行综合环境状况，"信"指的是网络与信息通信，"法"指的是法律法规和政策标准。由7大要素综合驱动的智慧交通系统将在交通时空大数据基础上，为城市交通状况改善与服务改善提供保障，从而为新一代智慧城市的构建贡献力量。基于交通时空大数据的交通行为典型分析方法及结果如图10-8所示。

挖掘车、路、人、事、信、环、法之间的关系是挖掘城市模型知识的前提和基础。社区模型具有用户行为丰富、需求直接、覆盖面广泛、实时性好、准确性高等特点，是衔接交通与市民的关键环节。城市模型知识挖掘是目标，城市智慧规划、城市资源分配、城市智慧治理、城市人口布局、城市功能区布局等都有望依赖城市知识挖掘结果，这也是能够真正提高人民群众生活质量、改善人们生活环境的关键切入点。

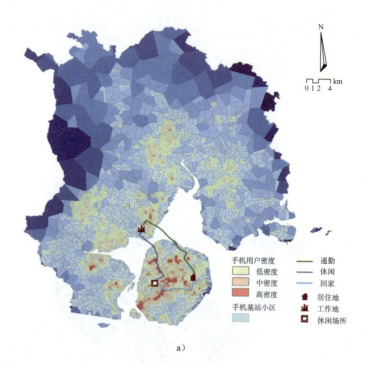

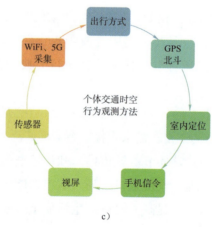

图 10-8

图 10-8 基于交通时空大数据的交通行为分析

a) 基于手机用户密度分析交通行为；b) 城市交通行为模式分类；c) 个体交通时空行为观测方法；d) 出行去向热力图

近两年无人驾驶汽车、车联网、交通大数据、交通云平台的发展大大促进了智慧交通行业的迅速发展，催生出智慧交通新生态。目前，人工智能与智慧交通系统的融合发展集中体现在以下5个类别：无人驾驶汽车及车联网、网约车、共享出行，汽车后服务，车险智能服务。逐步形成的智慧交通产业生态地图如图10-9所示。

智慧交通是智慧城市各领域中相对发展较为成熟的领域，特别是近两年无人驾驶汽车、车联网、交通大数据、交通云平台的发展大大促进了智慧交通板块的迅速发展。目前，智慧交通系统的发展热点集中体现在以下几个方面：无人驾驶汽车及车联网、网约车、共享出行、汽车后服务、车险智能服务、无人机、智慧停车场、交通大脑。

阿里ET城市大脑是人工智能城市初步实践的一个典型案例。它利用实时全量的城市数据资源全局优化城市公共资源，即时修正城市运行缺陷，实现城市治理模式、服务模式和产业发展的三重突破。在城市事件感知与智能处理方面，通过视频识别交通事故、拥堵状况，融合互联网数据及接警数据，即时全面地对城市突发情况进行感知。结合智能车辆调度技术，对警、消、救等各类车辆进行联合指挥调度，同时联动红绿灯对紧急事件特种车辆进行优先通行控制。在社区安全方面，城市大脑用视频分析技术为整个城市建立索引，并使用算法对视频进行实时识别和分析，改善城市安全质量。在交通拥堵与信号控制方面，通过高德、交警微波、视频数据的融合，对高架和地面道路的交通现状做全面评价，精准地分析和锁定拥堵原因，通过对红绿灯配时优化，实时调控全城的信号灯，从而降低区域拥堵。在公共出行与运营车辆调度方面，通过视频、高德、Wi-Fi探针、运营商等数据对人群密集区域进行有效的感知监控，测算所需要的运力。根据出行供需调整和规划公交车班次、接驳车路线、出租车调度指挥，将重点场馆与重要交通枢纽的滞留率降到最低。

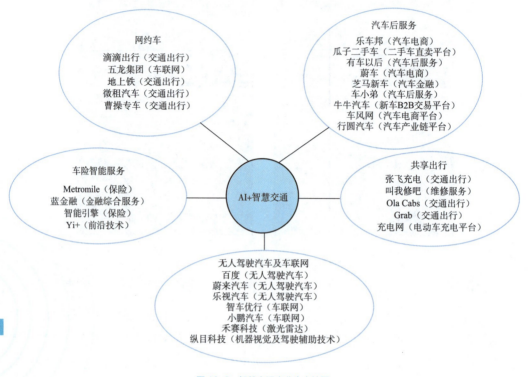

图 10-9　智慧交通产业生态地图

ET城市大脑总体架构如图10-10所示。

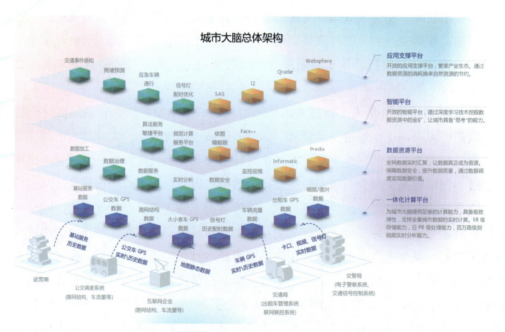

图 10-10　ET 城市大脑总体架构

ET城市大脑的实际运行效果如图10-11所示。

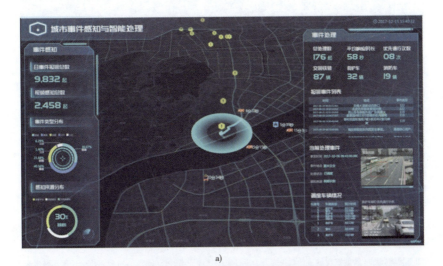

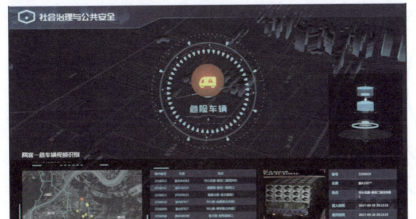

图 10-11

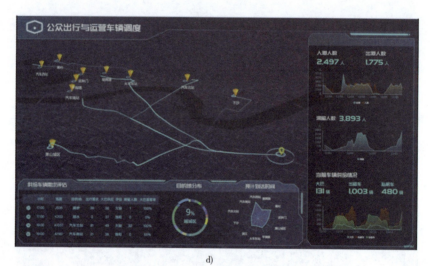

d)

图 10-11　ET 城市大脑的实际运行效果

a) 城市事件感知与智能处理（智能发现的事件数目提升，事件发生处理平均时长降低）；b) 社区安全（提高城市应急效率、改善城市安全质量）；c) 交通拥堵与信号控制（试点区域的拥堵指数下降，通行时间缩短）；d) 公共出行与运营车辆调度（人群滞留率降低，公共出行利用率提高）

第 2 节　中国智慧城市发展演进阶段

目前，我国正处于城镇化加速发展的时期，部分地区"城市病"问题日益严峻，城市化带来的诸多经济和资源挑战引发了人们对"智慧城市"的向往，智慧城市成为各地城市转型发展的重要手段。随着人类社会的不断发展，未来城市将承载越来越多的人口。预计到2050年，世界上将有超过70%的人口居住在城市里，而城市面积只占地球陆地面积的2%。智慧城市的理念一经问世就已引起了世界各国的广泛关注。近10年来，世界发达国家和地区均投入巨资建设本国的智慧城市。在我国，智慧城市建设是贯彻党中央、国务院关于创新驱动发展、推动新型城镇化、全面建成小康社会的重要举措。智慧城市的发展演进一直与数字经济、第四次工业革命、新型城镇化的发展密切相关。

18世纪中叶以来，人类历史上总共经历了四次工业革命：蒸汽技术革命（第一次工业革命）、电力技术革命（第二次工业革命）、计算机技术革命（第三次工业革命），绿色智能工业革命（第四次工业革命）。工业4.0是由德国政府《思想·创新·增长——德国2020高技术战略》中所提出的高技术战略的一部分，旨在提升制造业的智能化水平，建立具有适应性、资源效率及基因工程学的智慧工厂，在商业流程及价值流程中整合客户及商业伙伴，其技术基础是网络。工业4.0的目标是建立一个高度灵活的个性化、数字化的产品与服务生产模式。在这种模式中，传统的行业界限将消失，会产生各种新的活动领域和合作形式。目前世界各国都在积极采取行动，迎接并深度参与到新一轮工业革命中来：美国提出"先进制造业伙伴计划""再工业化""工业互联网",英国提出"工业2050",法国提出"新工业法国计划",日本提出"社会5.0",韩国提出"制造业创新3.0计划"。

新一轮产业革命的本质是智能制造生态系统主导权之争。目前,如何掌握实体经济生态系统的主导权,是各国政府和企业普遍关心的重要问题。新一轮工业革命成为驱动城市发展的强大外部动力,另一方面,城市内部矛盾、需求侧变化成为城市发展的内在动力。当前,城市发展正面临着产业转型升级、城市环境修复、社会治理、城市病防治等诸多问题,智慧城市已成为城市转型升级的一种必然路径。工业4.0理念和技术在城市中的应用,为智慧城市的发展提供了新思路,拓宽了发展空间。工业4.0所倡导的大规模网络化协同、个性化定制、服务化延伸正成为智慧城市发展历程中新的强大驱动力,工业互联网、区块链、人工智能正重新定义和重构着城市产业链,催生着城市新经济形态,成为智慧城市高质量发展的基石和纽带。

中国智慧城市发展阶段如图10-12所示。

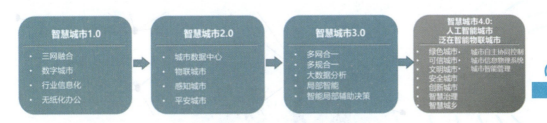

图10-12 中国智慧城市发展阶段

智慧城市1.0(2008—2012年):2008年IBM提出智慧地球概念,智慧城市进入萌芽期(或初步探索期)(智慧城市1.0),网络化、信息化是这个阶段智慧城市建设的首要任务,因此也称可为"数字城市"阶段。

智慧城市2.0(2012—2016年):智慧城市2.0主要以城市信息化基础设施建设、电子政务、信息惠民为主,形式上更多的是以碎片化方式推进,在顶层设计方面考虑得较少,可以看作是我国智慧城市建设发展的起步期(或探索期)。2012年工信部发布了征求智慧城市评估指标体系意见的通知,2012年住建部正式发布了国家智慧城市试点工作通知和智慧城市试点指标体系,并先后公布上百个国家智慧城市试点城市。国家新型城镇化规划(2014—2020年)明确提出推动新型智慧城市建设。

智慧城市3.0(2016—2018年):"十三五"时期开始探讨的新型智慧城市可以称为智慧城市3.0。随着"创新、协调、绿色、开放、共享"发展理念的全面贯彻,城市被赋予了新的内涵,对智慧城市建设提出了新的要求。国家互联网信息办在全面调查和摸清全国智慧城市建设情况的基础上,面对智慧城市建设遇到的新挑战和新要求,提出了新型智慧城市的概念,并且牵头组织国家发改委等26个部委联合推动新型智慧城市建设。

智慧城市4.0(2018年至今):本阶段的智慧城市更加强调产业,特别是战略性新兴产业的重要性，也更加强调数字经济在城市转型升级及可持续发展中的核心作用，新一代信息技术与实体经济的加速融合将在智慧城市4.0中找到坚实落脚点，以尊重社会组成单元（个人、企业、政府机构等）发展需求为特点的分布式、个性化、高技术含量型创新正成为驱动城市发展的原始驱动力。随着乡村振兴、城乡一体化战略的部署，智慧城乡逐步提上日程，城乡一体化的智慧治理将成为未来的重要方向。伴随国务院《新一代人工智能发展规划》（国发〔2017〕35号）、"智能+"战略的推进与实施，以及5G商用时代的到来，我国智慧城市的发展迈进"人工智能城市""泛在智能物联城市"阶段，可以称之为智慧城市4.0，2018年是人工智能城市的历史元年，2019年是泛在智能物联城市的历史元年。

第3节 新一代人工智能发展情况

本书对人工智能内涵的理解如图10-13所示。

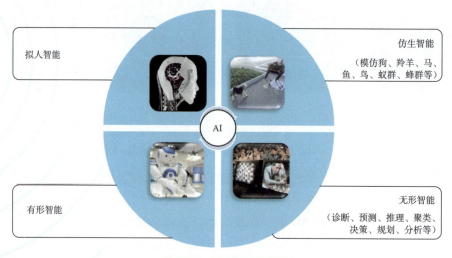

图10-13 人工智能内涵的理解

从机器模拟源头看，人工智能不仅包括模拟人类智能，还包括模拟动物（狗、羚羊、马、鱼、鸟、蚁群、蜂群等）的仿生智能。从人工智能存在的形态来看，人工智能不仅包括有形智能（如机器人、无人驾驶汽车、无人机、智能语音终端等装备或装置），也包括无形智能（广泛存在于各种系统中的智能推理、诊断、选择、预测、分类、聚类、规划、分析、决策、优化、控制）。

2017年7月，国务院发布的《新一代人工智能发展规划》（国发〔2017〕35号）指出人工智能发展进入新阶段。经过60多年的演进，特别是在移动互联网、大数据、超级计算、传感网、脑科学等新理论或新技术以及经济社会发展强烈需求的共同驱动下，人工智能加速发展，呈现出深度学习、跨界融合、人机协同、群智开放、自主操控等新特征。大数据驱动知识学习、跨媒体协同处理、人机协同增强智能、群体集成智能、自主智能系统成为人工智能的发展重点，受脑科学研究成果启发的类脑智能蓄势待发，芯片化、硬件化、平台化趋势更加明显，人工智能发展进入新阶段。为贯彻落实《中国制造2025》和《新一代人工智能发展规划》，加快人工智能产业发展，推动人工智能和实体经济深度融合，工信部于2017年12月印发了《促进新一代人工智能产业发展三年行动计划（2018—2020年）》。2018年10月，中共中央政治局就人工智能发展现状和趋势举行第九次集体学习。习近平总书记在主持学习时强调，人工智能是引领这一轮科技革命和产业变革的战略性技术，具有溢出带动性很强的"头雁"效应。加快发展新一代人工智能是我们赢得全球科技竞争主动权的重要战略抓手，是推动我国科技跨越发展、产业优化升级、生产力整体跃升的重要战略资源。

算法、算力和数据是人工智能的基础层，与上一代人工智能相比，新一代人工智能在算力和数据方面有质的提升。

近年来中国人工智能产业进入爆发式增长期。截至2017年底，中国人工智能核心产业规模超过180亿元，相关产业规模达到2200亿元。中国累计获得1.57万项人工智能领域的专利，位居世界第二。2018年，中国人工智能进入加速发展期，国际领先企业争先进入中国市场，资本市场投入力度持续加大。目前中国地区人工智能领域获得投资最多的五大细分领域是计算机视觉（研发类）、自然语言处理、私人虚拟助理、智能机器人和语音识别。从投资领域和趋势来看，未来国内人工智能行业的资本将主要涌向机器学习与场景应用两大方向。在政策和市场的双重驱动下，中国智慧城市、智慧社会领域的人工智能应用取得了显著进展，体现在：①研究和技术创新方面，国际科技论文发表量和发明专利授权量已居世界第二，语音识别、机器视觉、中文信息处理、无人驾驶汽车、智能服务机器人等细分领域的研究和商业化应用已进入国际先进行列。②AI产业和企业方面，产业规模持续壮大，涌现出一批独角兽企业和领军型上市公司，预计到2020年核心产业的规模将超过1500亿元，带动相关产业规模超过1万亿元。③AI与新型城镇化的融合方面，AI已在城市的制造、交通、物流、建筑、家居、医疗、安防、零售、金融等领域落地应用，细分领域新的商业模式不断涌现，正在推动城市消费生活和城市产业不断升级，迈向高质量发展阶段。

以无人驾驶技术为核心，将催生人工智能城市的蓬勃发展（图10-14）。

本书提出的人工智能城市（Artificial Intelligence City，AI City）是指：在遵循城市发展规律和满足社会经济发展需求前提下，以

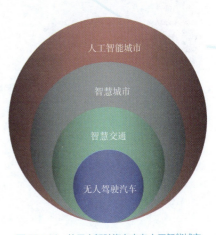

图10-14 从无人驾驶汽车走向人工智能城市

城市科学、人工智能、信息物理系统（Cyber-Physical Systems，CPS）、系统工程理论为支撑，在城市大脑统一管理下，在人类智慧空间、信息空间、物理空间3大空间支撑下，综合采用人工智能、大数据、云计算、物联网、移动互联网、工业互联网、现代通信、区块链、量子计算等新一代信息技术实现实时感知、高效传输、自主控制、自主学习、智能决策、自组织协同、自寻优进化、个性化定制8大特征的高度智能化城市。"人工智能城市"简称为"AI城市"。"人工智能城市"兼具"人工智能+城市"和"城市+人工智能"双重内涵。"人工智能+城市"注重的是人工智能科技，"城市+人工智能"注重的是城市垂直应用。

人工智能城市的本质是：由数据和算法组成的智能体在人类智慧空间、信息空间、物理空间3大空间之间闭环流动，人类智慧空间赋能城市信息物理系统（City Cyber-Physical Systems，CCPS）空间，实现城市拟人智能及经过自学习后超越人类的高级智能，用"智能+"的手段解决现代城市系统在互联互通、配置共享、能耗环境、服务管理、经济发展等方面存在的问题。

人工智能城市的目标是：实现城市自动化运行与管理、城市经济体系中供给侧与需求侧的最优匹配和按需响应、城市智慧化治理，为城市中的人创造更美好的生活，促进城市的健康可持续发展。

人工智能城市AICITY全景图如图10-15所示。

图10-15 人工智能城市AICITY全景图

人工智能城市AICITYC1.0全景简化图如图10-16所示。

本书认为人工智能城市的支撑体系由人工智能理论体系、人工智能伴随技术体系、人工智能细分应用系统体系及智慧城市行业领域应用场景体系4部分构成，并彼此支撑、交互、协作，形成如图10-14所示的同心圆结构，共同服务于AI城市的8个核心特征：实时感知、高效传输、自主控制、自主学习、智能决策、自组织协同、自寻优进化、个性化定制。

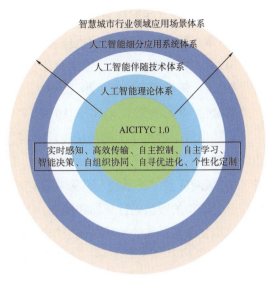

图10-16 人工智能城市AICITYC1.0全景简化图

第4节 人工智能城市

从系统论角度看，智慧城市是一类典型的复杂巨系统。城市复杂巨系统是指：以信息物理系统（CPS）理论与人工智能理论为基础，融合城市领域知识与城市业务系统模型，以服务城市生产、生活为目标的具有自组织、自学习、可互通、可重构、可信任等特征的经济社会系统。其总体层级架构及组成部分如图10-17所示。

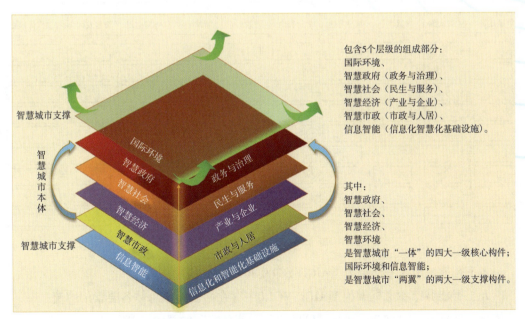

图10-17 城市复杂巨系统总体层级架构及组成部分

城市复杂巨系统划分为4级：

第1级：城市级（1大脑+4板块）。

第2级：领域级（20垂直领域）。

第3级：领域子系统级（20 × Ni）。

第4级：单元级（20 × Ni × Mi）。

上述括号中的数字为每一层级所含构件数量的基准数（依据当前行业发展情况给出的计数，有可能上下浮动），Ni（i=1, 2, …），Mi（i=1, 2, …）为每一层级内部构件（第3级对应着"子系统"，第4级对应着"单元"）的数目。城市群系统的计算可依据单个城市的数据进行叠加和递推。

城市复杂巨系统的树状结构组织模型，如图10-18所示。

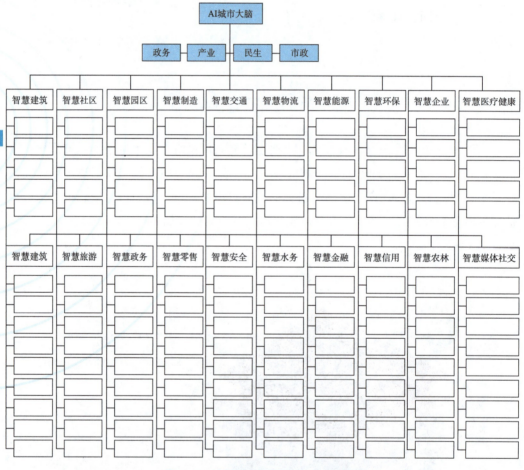

图10-18 城市复杂巨系统的树状结构组织模型

人工智能城市参考框架模型AICITYC1.0如图10-19所示。

人工智能城市参考框架模型AICITYC1.0中存在两套连接总体各要素的"流"——价值流、信息流，AICITYC1.0的"价值流""信息流"如图10-20所示。

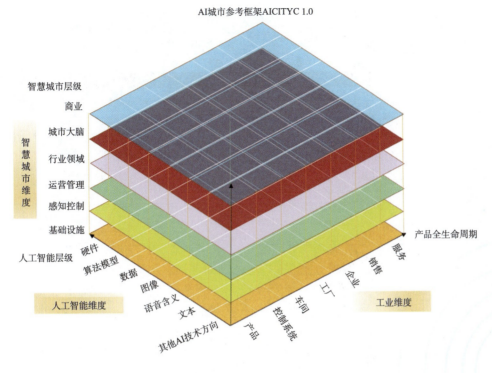

图 10-19 人工智能城市参考框架模型 AICITYC1.0

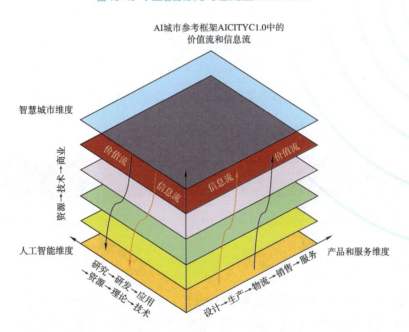

图 10-20 AICITYC1.0 的"价值流""信息流"

参考框架模型AICITYC1.0中存在三个维度,即三条"线",分别是:智慧城市维度(线)、人工智能维度(线)、产品和服务维度/工业维度(线)。

AICITYC1.0智慧城市维度(线)的框架如图10-21所示。

智慧城市维度(线):

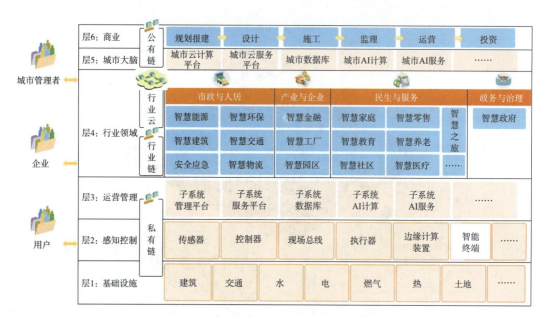

图 10-21 AICITYC1.0 智慧城市维度（线）的框架

AICITYC1.0人工智能维度（线）的框架如图10-22所示。

人工智能维度（线）：

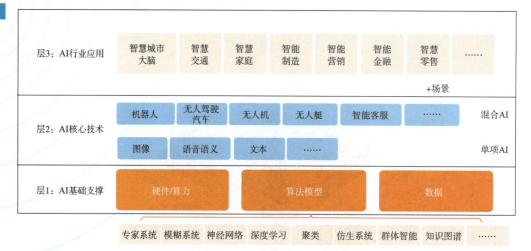

图 10-22 AICITYC1.0 人工智能维度（线）的框架

人工智能维度包括4层：

层1是基础资源层，包括硬件（体现算力）、算法模型、数据3部分。

算法模型部分包括：专家系统、模糊系统、神经网络、深度学习、聚类、仿生系统、群体智能、知识图谱等人工智能研究分支。

层2是AI技术层，包括通用的单项AI技术（图像、语音语义、文本）和混合AI技术（机器人、无人驾驶汽车、无人机等）。

层3是人工智能的行业应用领域，是人工智能+场景后衍生出的行业应用。

层1（基础资源层）为层2（AI技术层）的构建提供核心资源，产生各种相对通用的AI技术方向，供层3（AI行业应用层）使用，层3的开发实现需建立在层1和层2基础之上。在层1、层2基础之上，融入行业场景，可实现层3的各种实际应用。

AICITYC1.0产品和服务维度/工业维度（线）的框架如10-23所示。

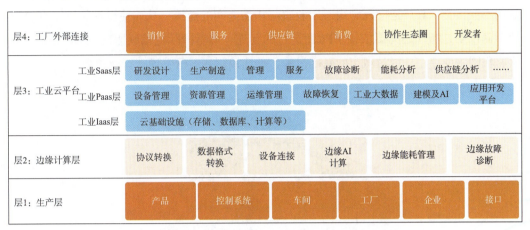

图10-23 AICITYC1.0产品和服务维度/工业维度（线）的框架

产品和服务维度/工业维度（线）：

"产品和服务维度/工业维度（线）"即智慧城市产品和服务产业链，指的是服务于城市建设、消费及应用的各智能制造产业部门、生产要素、企业、消费者、使用者之间的链条式技术经济关联形态。

基于人工智能维度的3层架构，可构建"AI+城市"产业链。"AI+城市"产业链包含价值链、企业链、供需链和空间链4个维度，4个维度在相互对接、相互均衡协调过程中形成了产业链。人工智能产业链是在现代经济体系框架下各产业部门之间基于一定的技术经济关联，并依据特定逻辑关系和时空布局关系客观形成的链条式关联关系形态。人工智能城市产业链模型如图10-24所示。

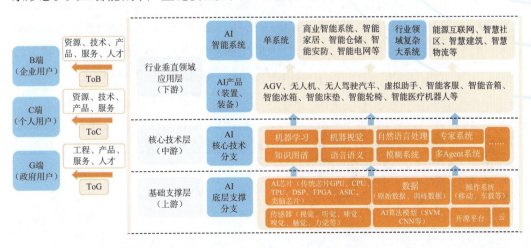

图10-24 人工智能城市产业链模型

本书认为，AI城市的互联网模型如图10-25所示，由三部分组成：

1）第一部分：城市物联网

城市物联网主要解决城市中物品与物品（Thing to Thing，T2T）、人与物品（Human to Thing，H2T）、人与人（Human to Human，H2H）之间的互连。与传统互联网不同的是，H2T是指人利用通用装置与物品之间的连接，从而使得物品连接更加简化，而H2H是指人之间不依赖于PC而进行的互连（参考国际电信联盟ITU的定义）。城市物联网主要存在于智慧城市的基础设施、感知控制、运营管理、行业领域层。

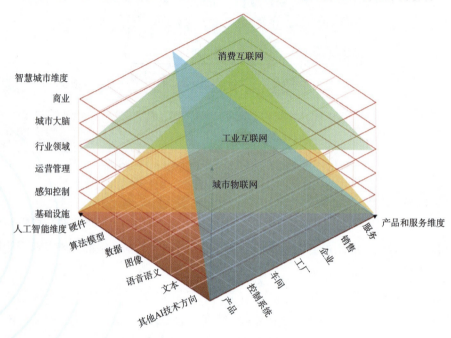

图10-25 AI城市的互联网模型

2）第二部分：城市消费互联网

以城市消费为服务目标，主要以PC、手机作为互联工具而形成的人与物品（Human to Thing，H2T）、人与人（Human to Human，H2H）之间的互连，与城市中人的生活密切相关。主要存在于智慧城市的行业领域、城市大脑、商业层。

3）第三部分：城市工业互联网

直接服务于城市产业发展，间接服务于城市生活的互联网，与工厂和生产密切关联。

城市互联网的3部分与国民经济第一、二、三产业——农业、工业、服务业及数字经济的关系如图10-26所示。

智慧城市中的核心要素城市、信息、人及其相互之间的关系，可用图10-27所示的智

图10-26 城市互联网与农业、工业、服务业及数字经济的关系

慧城市赛博物理空间描述。智慧城市赛博物理空间如图10-27所示。

AICITYC1.0 AI-CPS空间模型由城市、信息、人、人工智能大脑四个子空间构成，AI-CPS空间 = CPS空间+AI空间（对应图10-27中的"人工智能大脑"）。第一代智慧城市基本上处于半自主状态，相应的可称为半自主城市；第二代智慧城市（由"人工智能大脑"协同指挥的城市）处于自主状态，相应的可称为自主城市。

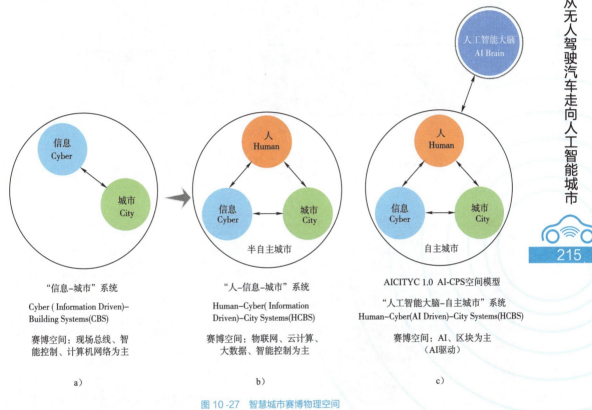

图10-27　智慧城市赛博物理空间
a) 数字城市；b) 第一代智慧城市；c) 第二代智慧城市

"人工智能大脑"中存储着物理城市系统的映像，因此可与现实中的物理城市构成智能孪生城市。

"人工智能大脑"也可看作是集成了技术与商业的城市操作系统"AI-CPS City OS"，利用"AI-CPS City OS"形成"数字化+智能化"力量，实现城市的自组织、自优化、自进化、自治理。

基于AICITYC1.0 AI-CPS空间模型，本书提出AICITYC1.0数字孪生城市（AICITYC1.0 Digital Twin City）概念模型，如图10-28所示。在两个"城市体"之间，信息双向传输：当信息从物理城市传输到数字城市，来自传感器的数据可用于观察城市机运行情况；反之，当信息从数字城市传输到物理城市，数据和模型可用来监视、控制、修正、改进物理孪生城市，加上人工智能算法，可用于挖掘、预测、仿生、学习物理城市的特征和行为，帮助构建更加智能的物理城市。即实现C端（信息）与P端

（物理）的相互控制。

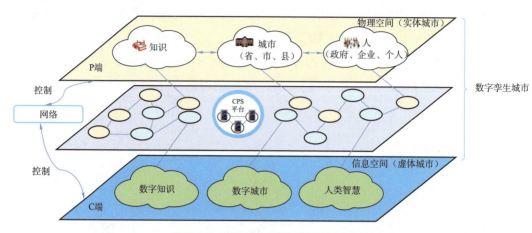

图 10-28　AICITYC1.0 数字孪生城市概念模型

本书提出的 AICITYC1.0 开放生态系统模型如图 10-29 所示。

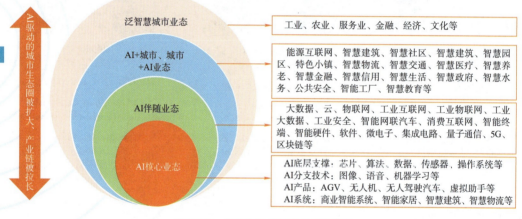

图 10-29　AICITYC1.0 开放生态系统模型

区块链技术模型由自下而上的数据层、网络层、共识层、激励层、合约层、应用层及评价层组成。数据层、网络层、共识层是构建区块链技术的必要元素，缺少任何一层都将不能称之为真正意义上的区块链技术。激励层、合约层、应用层及评价层不是每个区块链应用的必要因素，一些区块链应用并不完整包含后 4 层结构。数据层封装了底层数据区块的链式结构，以及相关的非对称公私钥数据加密技术和时间戳等技术，这是整个区块链技术中最底层的数据结构。网络层包括 P2P 组网机制、数据传播机制和数据验证机制等。共识层封装了网络节点的各类共识机制算法。共识机制算法是区块链的核心技术，因为这决定了到底是谁来进行记账，而记账决定方式将会影响整个系统的安全性和可靠性。目前已经出现了十余种共识机制算法，其中最为知名的有工作量证明机制（PoW）、权益证明机制（PoS）、股份授权证明机制（DPoS）等。激励层将经济因素集成到区块链技术体系中来，包括经济激励的发行机制和分配机制等，主要出现在公有链当中。合约层封装各类脚本、算法和智能合约，是区块链可编程特性的基础。应用层封装了区块链的各种应用场景和案例，未来的可编程城市和可编程社会将会搭建在应用层。评价层封装了应用后的评价及反馈内容，包括可信等级水平、信用评分、改进措施等。

本书提出的AICITYC1.0城市区块链模型如图10-30所示。

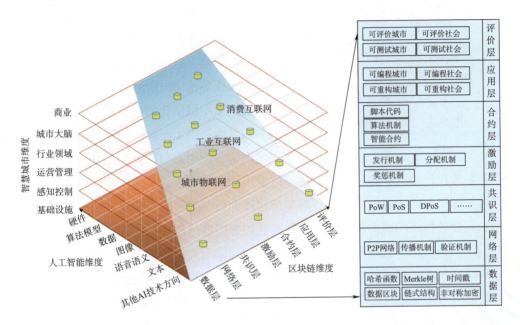

图10-30　AICITYC1.0 城市区块链模型

随着人工智能城市的进一步发展，城市智能化将呈现出如图10-31所示的总体演进趋势。

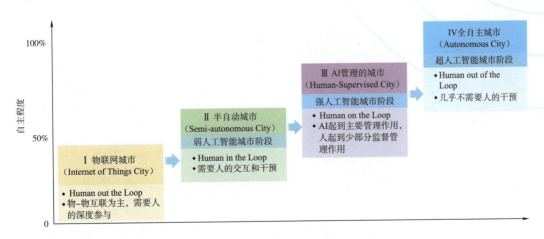

图10-31　城市智能化演进趋势

随着5G商用时代的到来，5G和AI将共同催生出"泛在智能物联城市"，这也代表了智慧城市的未来（图10-32）。

人工智能城市是第四次工业革命历史背景下智慧城市演进发展过程中以"AI+"为标志性驱动力的智慧城市新形态，拥有3大核心要素：技术、经济、人文，每一要素自成体系且相互作用。未来，智慧城市将朝着"人工智能城市"方向发展。人工智能城市的发展将促使智慧城市的产业维度向柔性化、定制化、个性化、实时协同、多元主体方向落地，将促进城市自然禀赋与经典文化、现代产业的有机融合，进而促使城市治理、社会治理朝着透明化多元化方向演进。

图10-32　未来智慧城市：泛在智能物联城市

我国新型城镇化的快速发展已为人工智能城市的发展提供了足够大的空间和舞台，以新一代人工智能为总引擎的新一代信息技术经过数年开发应用已经逐步趋于成熟。从整体发展情况来看，人工智能与智慧城市的融合尚有较长的路要走，我国的人工智能城市建设尚处于起步阶段，众多细分领域的成功应用、新商业模式的成功，及价值互联网的加速塑造，都让我们看到了足够的希望，使我们对未来人工智能城市的发展充满了信心。以无人驾驶汽车及其产业生态为切入口，可以加速人工智能城市的落地，带动其迅速发展。不难预见，在不久的将来，以人工智能城市为支撑的数字中国将以崭新的面貌呈现在世界面前。

参 考 文 献

［1］杜明芳. 基于视觉的自主车道路环境理解技术研究［D］. 北京：北京理工大学，2015.

［2］刘隆娇，蒋金隆. 汽车燃油系统布置要点解析［J］. 南方农机，2016，47（12）：98+107.

［3］甘琳. 汽车燃油系统结构原理与故障诊断分析［J］. 南方农机，2017，48（15）：144-145.

［4］岳崇会. 微型纯电动汽车动力系统设计［D］. 南京：南京航空航天大学，2012.

［5］廖承林，李均锋，马中原. 无线电能传输技术在电动汽车无线充电中的应用［J］. 现代物理知识，2015，27（02）:51-53.

［6］高大威，王硕，杨福源. 电动汽车无线充电技术的研究进展［J］. 汽车安全与节能学报，2015，6（04）:314-327.

［7］李斌，刘畅，陈企楚，等. 电动汽车无线充电技术［J］. 江苏电机工程，2013，32（01）:81-84.

［8］刘浩. 无线充电技术研究及其在电动汽车充电中的应用［D］. 北京：华北电力大学，2017.

［9］赵广宣. 纯电动汽车动力传动系统匹配与整体优化研究［D］. 镇江：江苏大学，2017.

［10］姚方. 油电混合动力汽车概述及其分类［J］. 科技情报开发与经济，2007（09）:173-174.

［11］元勇伟，许思传，万玉. 燃料电池汽车动力总成方案分析［J］. 电源技术，2017，41（01）:165-168.

［12］吴兵，陈沛，冷宏祥，等. 车载供氢系统［J］. 上海汽车，2007（09）:9-11.

［13］倪光正，倪培宏，熊素铭. 现代电动汽车、混合动力电动汽车和燃料电池车——基本原理、理论和设计［M］. 2版. 北京：机械工业出版社，2016.

［14］惰升，郭雪岩，李平，等. 氢与燃料电池——新兴的技术及其应用［M］. 2版. 北京：机械工业出版社，2015.

［15］国务院."十三五"国家信息化规划（国发〔2016〕73号）［Z］. 2016.

［16］德国联邦政府. 思想·创新·增长——德国2020高技术战略［Z］. 2010.

［17］日本政府. 第五期科学技术基本计划（2016—2020）［Z］. 2016.

［18］德国政府. RAMI4.0（Reference Architecture Model Industry 4.0）［Z］. 2015.

［19］日本政府. 日本智能制造参考框架IVRA（Industrial Value Chain Reference Architecture）［Z］. 2016.

［20］美国工业互联网联盟（IIC）.工业互联网参考架构（IIRA）（1.8版）［Z］. 2017.

［21］中共中央，国务院.国家新型城镇化规划（2014—2020）［Z］. 2014.

［22］阿莱克斯·彭特兰.智慧社会：大数据与社会物理学［M］.杭州：浙江人民出版社，2015.

［23］中共中央办公厅，国务院办公厅.中华人民共和国国民经济和社会发展第十三个五年规划纲要［Z］. 2016.

［24］国务院."十三五"国家战略性新兴产业发展规划（国发〔2016〕67号）［Z］. 2016.

［25］国务院.国务院关于印发《中国制造2025》的通知（国发〔2015〕28号）［Z］. 2015.

［26］国务院.国务院关于深化制造业与互联网融合发展的指导意见（国发〔2016〕28号）［Z］. 2016.

［27］国务院.国务院关于印发新一代人工智能发展规划的通知（国发〔2017〕35号）［Z］. 2017.

［28］工业和信息化部.促进新一代人工智能产业发展三年行动计划（2018—2020年）［Z］. 2017.

［29］杜明芳.新型智慧城市应用系统AI建模与实践［J］.中国建设信息化，2017（18）：34-37.

［30］杜明芳，王军政，等.基于语义树Markov随机场模型的地面机器人多尺度道路感知［J］.兵工学报，2016，37（03）：512-517.

［31］杜明芳，王军政，等.应用单层小波包近似压缩感知的道路理解［J］.计算机辅助设计与图形学学报，2014，26（11）：2007-2015.

［32］杜明芳，等.自主移动机器人自适应室外道路检测［J］.中国图象图形学报，2014，19（07）：1046-1053.

［33］杜明芳.智能互联网助推无人车快速发展［J］.中国信息界，2018（02）：70-73.

［34］美国国会. 2018美国人工智能安全委员会法（征求意见稿）［Z］. 2018.

［35］杜明芳，朱岩，等.未来智慧城市新形态——可信人工智能城市［J］.雄安数字城市，2018（01）.

［36］陈辰，刘少山.高精地图在无人驾驶中的应用［EB/OL］. CSDN，2016-12-29.

［37］杜明芳.高度跨界融合的时代，人工智能如何赋能智慧城市？［EB/OL］.［2018-09-13］. http://www.sohu.com/a/253857482_99947626.

［38］德国政府，RAMI4.0（Reference Architecture Model Industry 4.0）［Z］. 2015.

［39］日本政府，日本智能制造参考框架IVRA（Industrial Value Chain Reference

Architecture）［Z］. 2016.

［40］美国工业互联网联盟（IIC），工业互联网参考架构（IIRA）（1.8版）［Z］. 2017.

［41］AdamShan. CSDN博客［EB/OL］.［2018-01-29］. https://blog.csdn.net/AdamShan/article/details/79193775?utm_source=copy.

［42］AdamShan. CSDN博客［2018-06-09］. https://blog.csdn.net/AdamShan/article/details/80633099?utm_source=copy.

［43］Continuous control with deep reinforcementlearning［EB/OL］. https://arxiv.org/abs/1509.02971.

［44］工业和信息化部科技司.《车联网（智能网联汽车）产业发展行动计划》解读［EB/OL］. http://www.miit.gov.cn/n1146285/n1146352/n3054355/n3057497/n3057503/c6565736/content.html.

［45］李力，林懿伦，曹东璞，等. 平行学习—机器学习的一个新型理论框架［J］. 自动化学报，2017，43（01）：1-8.

［46］Fei-Yue Wang, Jie Zhang, Qinglai Wei, et al. PDP: Parallel Dynamic Programming［J］. IEEE/CAA Journal of Automatica Sinica，2017，4（01）:1-5.

［47］葛斌，韩江洪，魏臻，等. 最小最大车辆路径问题的动态自适应蚁群优化算法［J］. 模式识别与人工智能，2015，28（10）：930-938.

［48］徐建闽，王钰，林培群. 大数据环境下的动态最短路径算法［J］. 华南理工大学学报（自然科学版），2015，43（10）：1-7.

［49］莫元富. 车联网环境下交通信息分发与处理关键技术研究［D］. 长春：吉林大学，2016.

［50］张伟. 基于机器视觉的驾驶人疲劳状态识别关键问题研究［D］. 北京：清华大学，2011.

［51］胡满江. 基于车载机器视觉的安全带识别方法研究［D］. 镇江：江苏大学，2014.

［52］蒋如意. 视觉辅助驾驶系统多维度道路建模及车辆定位优化［D］. 上海：上海交通大学，2012.

［53］沈峘. 智能车辆视觉环境感知技术的研究［D］. 南京：南京航空航天大学，2010.

［54］余贵珍，李芹，王迪. 车辆智能化车道线跟踪方法研究［C］. 第八届中国智能交通年会优秀论文集——智能交通与安全，2013.

［55］王俊. 无人驾驶车辆环境感知系统关键技术研究［D］. 合肥：中国科学技术大学，2016.